高职高专道路桥梁工程技术专业"十三五"规划教材

# 公路勘测与设计

主　编　张义海　胡　欣
副主编　胡　青
主　审　芶　洁

武汉理工大学出版社
·武汉·

## 内 容 提 要

本书以公路勘测设计项目为导向,将公路勘测设计项目分解为:路线勘测、平面设计、纵断面设计、横断面设计、选线与定线等五个学习情境。使学生在掌握公路勘测与设计的基本知识、实践技能的基础上,培养学生勘测能力、看图读图能力,以及运用国家现行施工规范、规程、标准的能力。

本书适合作为高职高专道路桥梁工程技术专业及其相关专业的教学用书,也可作为从事道路桥梁设计、施工等工程技术人员的参考用书。

**图书在版编目(CIP)数据**

公路勘测与设计/张义海,胡欣主编. —武汉:武汉理工大学出版社,2016.8
ISBN 978-7-5629-5276-3

Ⅰ.① 公… Ⅱ.①张 … ②胡… Ⅲ.①道路测量 ②道路工程-设计 Ⅳ.①U412

中国版本图书馆 CIP 数据核字(2016)第 181883 号

| | | |
|---|---|---|
| **项目负责人:**张淑芳 戴皓华 | **责 任 编 辑:**戴皓华 | |
| **责 任 校 对:**张明华 | **装 帧 设 计:**一 尘 | |

**出 版 发 行:**武汉理工大学出版社
**地　　　　址:**武汉市洪山区珞狮路 122 号
**邮　　　　编:**430070
**网　　　　址:**http://www.wutp.com.cn
**经 销 者:**各地新华书店
**印 刷 者:**荆州市鸿盛印务有限公司
**开　　　　本:**787×1092　1/16
**印　　　　张:**11.25
**插　　　　页:**2
**字　　　　数:**280 千字
**版　　　　次:**2016 年 8 月第 1 版
**印　　　　次:**2016 年 8 月第 1 次印刷
**印　　　　数:**1～2000 册
**定　　　　价:**25.00 元

# 出 版 说 明

根据教育部《关于全面提高高等职业教育教学质量的若干意见》和全国普通高等学校教学工作会议的有关精神,武汉理工大学出版社在各高等职业院校积极践行和创新先进职业教育理念,深入推进"工学结合,校企合作"人才培养模式和推行与社会实践相结合的学习模式的大背景下,走访了数十所开办有道路桥梁工程技术专业的高职院校,做了大量的调查研究,分析了图书市场上现有教材的特点和存在的问题,并广泛听取了相关院校的宝贵意见和建议,决定根据新的课程标准和教学要求,组织出版一套高质量的高职高专道路桥梁工程技术专业规划教材。

本套教材具有如下特点:

1. 坚持以培养职业能力为核心,以工作实践为主线,以工作过程(项目)为导向,用任务进行驱动,构建以行动(工作)体系为框架的现代课程体系;

2. 坚持以就业为导向、以能力为本位的理念,兼顾项目教学和传统教学;

3. 按照职业岗位(群)对教学的具体要求,用新思想、新观点合理精简和完善教材内容,根据公路工程建设发展,突出新材料、新技术和新工艺的应用;

4. 教材中的专业术语、符号和计量单位全面反映了近年来公路工程行业已颁布实施的新标准、新规范;

5. 由骨干教师和施工企业工程技术人员共同参与编写工作,以保证教材内容符合工程实际情况。

本套教材适用于高等职业教育道路桥梁工程技术专业、公路监理、高等级公路维护与管理及其他相近专业的教学和自学要求,也可以作为职业技术培训和有关工程技术人员的参考用书。

教材建设是我们全体编写者、出版者共同的事业和追求,出版高质量的教材是我们共同的责任和义务,我们诚挚地希望广大专家、学者和读者在使用这套教材的过程中提出宝贵意见和建议,以便今后不断地修订和完善。

武汉理工大学出版社

2015 年 5 月

# 参 编 学 校

| | |
|---|---|
| 杨凌职业技术学院 | 甘肃建筑职业技术学院 |
| 甘肃林业职业技术学院 | 黑龙江林业职业技术学院 |
| 兴安职业技术学院 | 河北交通职业技术学院 |
| 陕西交通职业技术学院 | 黄河水利职业技术学院 |
| 福建船政交通职业技术学院 | 江西交通职业技术学院 |
| 中州大学 | 广西建设职业技术学院 |
| 湖南交通职业技术学院 | 湖南城建职业技术学院 |
| 湖南水利水电职业技术学院 | 湖南高速铁路职业技术学院 |
| 湖北三峡职业技术学院 | 鄂州大学 |
| 长江工程职业技术学院 | 湖北水利水电职业技术学院 |
| 武汉交通职业技术学院 | 湖北城市建设职业技术学院 |

# 前　言

　　高等职业教育以适应社会需要为目标,以培养技术应用能力为主线,从学生的知识、能力、素质结构方面入手,强调理论教学和实践训练并重,毕业生具有直接上岗工作的能力。

　　"公路勘测与设计"是高职院校道路桥梁工程技术专业的核心课程。武汉交通职业学院交通工程学院道路桥梁工程技术专业是中央财政重点支持建设的专业,专业教学团队通过对公路工程建设各阶段的职业岗位和典型工作任务进行调研、分析、论证;深入企业调研,了解企业对毕业生知识结构及能力的要求;确定了面向施工一线的道路桥梁工程技术专业高技能人才的专业能力要求,并结合公路勘测与设计环节的各项工作任务,明确了与公路勘测与设计相关的学习目标。要求通过本课程的学习,使学生在掌握公路勘测与设计的基本知识、实践技能的基础上,培养学生的勘测能力、识图能力,以及运用国家现行施工规范、规程和标准的能力。

　　对公路勘测与设计课程的设计,是基于公路勘测设计系统化的原则,以培养公路勘测为主、公路设计为拓展能力的主线,贯穿课程的始终。以公路勘测设计项目为导向,将公路勘测设计项目分解为:路线勘测、平面设计、纵断面设计、横断面设计、选线与定线等五个学习情境进行内容安排。

　　本书由武汉交通职业学院张义海、胡欣担任主编,陕西省建筑职工大学胡青担任副主编,武汉交通职业学院苟洁担任主审。本书在编写过程中,参考和引用了大量有关文献资料,在此,对原作者一并致以诚挚的谢意。

　　由于时间仓促,编者水平有限,书中难免存在疏漏与不妥之处,欢迎各位读者提出宝贵的意见。

编　者

2016 年 6 月

# 目　录

# 0 引　　言

【学习任务】

　　1. 国内外公路发展情况调查;
　　2. 了解公路的分级与技术标准基础知识;
　　3. 掌握公路勘测设计的依据和程序。

【学习重点】

　　1. 公路发展规划;
　　2. 公路分级与主要技术标准。

## 0.1　本课程的性质与研究对象

　　本课程是道路桥梁工程技术专业的核心课程,目标是围绕公路勘测与公路设计两个主线让学生掌握相关知识,熟悉相关规范,并具备公路工程施工图纸识图的能力,为后续相关课程的学习打好基础。课程的整体设计旨在以培养学生的实际工作能力为目标的项目化课程。

　　本课程的教学主要围绕公路勘测,平面、纵断面、横断面设计及选线与定线的项目进行,并在每个学习情境中安排一个阶段项目。通过完成阶段项目来学习相关的知识,训练相应的技能,实现能力培养的目标。

## 0.2　公路勘测设计的认知

 0.2.1　交通运输的特点

　　交通运输是国民经济的基础产业之一,是国家经济发展的大动脉。它把国民经济各个领域和各个地区联系起来,在社会物质财富的生产和分配过程中,在广大人民生活中起着极为重要的作用。

　　(1)国家综合运输系统(网)的构成

　　国家综合运输系统即现代交通,是由铁路、公路、水运、航空及管道等五种运输方式所组成。这些运输方式在技术经济上各具特点。

铁路运输:适用于远程的大宗货物及人流运输。其特点是运量大、速度快,特别是高速铁路的出现,使得铁路运输的优势得到进一步的提高。其不足的地方是它属于线性运输,受铁路轨道控制,有时需转运多次,装卸费用较高。

公路运输:适于人流及货物的各种运距的小批量运输。其特点是机动、灵活,适应性强、直达、迅速、单车运量小。

水路运输:是通航地区最廉价的运输方式,运量较大,但速度较慢,受自然因素影响较大。运输方式包括内河、海洋(近海、远洋)等。

航空运输:适于快速运送旅客及贵重紧急商品、货物,运速快、舒适,但运费最高。

管道运输:运送液体、气体和粉状货物的专用方式。专业性强(专用),连续性强,运输成本低,损耗少,安全性好。

(2) 公路运输在国民经济中的地位

公路运输方式机动灵活,可以深入到城市、工厂、矿山、村庄,可实现门到门的运输,能迅速集中和分散货物,避免中转重复装卸,批量不受限制,时间不受约束。公路运输投资少、资金周转快、社会效益显著,是我国综合运输体系中最活跃的一种运输方式。因为公路运输的这些特点,使得我国公路基础设施建设得以迅速发展,公路运输能力大大提高,在国民经济增长和人民生活水平提高方面发挥着越来越重要的作用。随着未来公路智能运输系统(简称 ITS) 的推广应用,公路运输的智能化、安全性将会让这种运输方式成为国民经济和人民生活中的重要组成部分。

 ## 0.2.2　我国公路现状与发展规划

(1) 我国公路现状

目前全国已形成了贯通城乡、四通八达的公路交通网。全国公路路网结构改善,但是与国际上发达国家相比,差距仍很大;与国内其他工业相比,仍相当滞后,远不能满足新形势下对公路运输的要求。归纳起来,还存在如下几个方面的问题。

① 公路通车总里程少。截至 2015 年底,全国公路通车总里程达 457 万千米,高速公路里程突破 12 万千米,农村公路里程突破 397 万千米。目前通车里程虽已达 457 万千米,但与发达国家相比,仍然相差较大,如美国为 630 万千米。

② 公路密度低。由于我国人口众多,以目前的公路里程数来看,每万人拥有公路长度与美国的还有一定的差距。

③ 公路网等级低、高等级公路少、路面质量差、标准低。在通车里程中,二级以上的公路,只占公路总里程的 12.2% 左右,等级以上公路所占比重为 77.4%,还有达不到技术标准的等外公路 56.31 万千米,占 12.6% 左右。有的公路防护设施不全,抗灾能力很差,据统计每年水毁就达几亿元人民币。

当前最突出的问题是公路建设发展速度跟不上经济发展的速度,也跟不上交通量发展的速度。据统计,我国干线公路有 50% 的路段,其交通量都在 2000 辆／昼夜以上,处于超负荷运行状态。这就是说,有 50% 的现有干道需要改造成二级以上的公路,而现有的 10.8 万千米的国道网中二级以上的公路只占 30%。因此,加快公路建设是当务之急。

④ 发展不平衡。东西部差距较大,平原地区与山区差别大。

⑤ 通行能力低。通行能力大、运营效益高的公路主骨架尚未形成。

⑥ 服务水平低。公路运输服务不满足要求。

除上述公路现状外,据交通运输部预计,到 2020 年我国汽车的保有量将会达到 1.4 亿辆(10 人一辆,达到发达国家水平),这也意味着公路建设仍需持续发展。

(2)国家公路发展规划

① 发展方向

A. 提高等级与加大密度并举。

B. 新建公路,沟通断头路;加强国道主干线高速公路网建设。

C. 旧路技术改造。直接改造:二级公路以下公路可直接改建为二级或一级公路。
　　　　　　　新建复线:二级公路改造,增设高速公路复线。

D. 运输工具向专业化方向发展:鼓励大型车、小型车发展,控制中型车发展。

E. 运输服务向高效优质发展。

F. 管理向信息化发展。

② 发展规划

在新的一轮国家公路网建设规划(2013—2030 年)中提出建设形成布局合理、功能完善、覆盖广泛、安全可靠的国家干线公路网络,实现首都辐射省会、省际多路连通、城市高速通达、县县国道覆盖的网络。1000 千米以内的省会间可当日到达,东中部地区省会到地市可当日往返,西部地区省会到地市可当日到达;区域中心城市、重要经济区、城市群内外交通联系紧密,形成多中心放射的路网格局;有效连接国家陆路门户城市和重要边境口岸,形成重要的国际运输通道,与东北亚、中亚、南亚、东南亚的联系更加便捷。

国家公路网规划总规模为 40.1 万千米,由国家高速公路和普通国道两个路网层次构成。

A. 国家高速公路网

国家高速公路网由 7 条首都放射线、11 条北南纵线、18 条东西横线,以及地区环线、并行线、联络线等组成,约 11.8 万千米,另规划远期展望线约 1.8 万千米。按照"实现有效连接、提升通道能力、强化区际联系、优化路网衔接"的思路,补充完善国家高速公路网:保持原国家高速公路网规划总体框架基本不变,补充连接新增 20 万人以上城镇人口城市、地级行政中心、重要港口和重要国际运输通道;在运输繁忙的通道上布设平行路线;增设区际、省际通道和重要城际通道;适当增加有效提高路网运输效率的联络线(表 0.1)。

**表 0.1　国家高速公路网规划方案**

| 北京放射线 | | 北南纵线 | | 东西横线 | |
|---|---|---|---|---|---|
| 序号 | 起终点 | 序号 | 起终点 | 序号 | 起终点 |
| 1 | 北京 — 哈尔滨 | 1 | 鹤岗 — 大连 | 1 | 绥芬河 — 满洲里 |
| 2 | 北京 — 上海 | 2 | 沈阳 — 海口 | 2 | 珲春 — 乌兰浩特 |
| 3 | 北京 — 台北 | 3 | 长春 — 深圳 | 3 | 丹东 — 锡林浩特 |
| 4 | 北京 — 港澳 | 4 | 济南 — 广州 | 4 | 荣成 — 乌海 |
| 5 | 北京 — 拉萨 | 5 | 大庆 — 广州 | 5 | 青岛 — 银川 |
| 6 | 北京 — 乌鲁木齐 | 6 | 二连浩特 — 广州 | 6 | 青岛 — 兰州 |
| 7 | 北京 — 昆明 | 7 | 呼和浩特 — 北海 | 7 | 连云港 — 霍尔果斯 |
| | | 8 | 包头 — 茂名 | 8 | 南京 — 洛阳 |
| | | 9 | 银川 — 百色 | 9 | 上海 — 西安 |
| | | 10 | 兰州 — 海口 | 10 | 上海 — 成都 |
| | | 11 | 银川 — 昆明 | 11 | 上海 — 重庆 |
| | | | | 12 | 杭州 — 瑞丽 |
| | | | | 13 | 上海 — 昆明 |
| | | | | 14 | 福州 — 银川 |
| | | | | 15 | 泉州 — 南宁 |
| | | | | 16 | 厦门 — 成都 |
| | | | | 17 | 汕头 — 昆明 |
| | | | | 18 | 广州 — 昆明 |

B. 普通国道网

普通国道网由 12 条首都放射线、47 条北南纵线、60 条东西横线和 81 条联络线组成,总规模约 26.5 万千米。按照"主体保留、局部优化、扩大覆盖、完善网络"的思路,调整拓展普通国道网:保留原国道网的主体,优化路线走向,恢复被高速公路占用的普通国道路段;补充连接地级行政中心和县级节点、重要的交通枢纽、物流节点城市和边境口岸;增加可有效提高路网运行效率和应急保障能力的部分路线;增设沿边沿海路线,维持普通国道网相对独立。

# 0.3　公路的分级与技术标准

## 0.3.1　公路分级

交通运输部 2015 年 1 月颁布实施的行业标准《公路工程技术标准》（JTG B01—2014）（以后简称《标准》）将公路根据功能和适应的交通量分为五个等级，即高速公路、一级公路、二级公路、三级公路和四级公路。

（1）高速公路

高速公路为专供汽车分向、分车道行驶，并应全部控制出入的多车道公路。高速公路的年平均日设计交通量宜在 15000 辆小客车以上。

（2）一级公路

一级公路为供汽车分向、分车道行驶，并可根据需要控制出入的多车道公路。一级公路的年平均日设计交通量宜在 15000 辆小客车以上。

（3）二级公路

二级公路为供汽车行驶的双车道公路。二级公路的年平均日设计交通量宜为 5000 ～ 15000 辆小客车。

（4）三级公路

三级公路为主要供汽车、非汽车交通混合行驶的双车道公路。三级公路的年平均日设计交通量宜为 2000 ～ 6000 辆小客车。

（5）四级公路

四级公路为供汽车、非汽车交通混合行驶的双车道或单车道公路。双车道四级公路年平均日设计交通量宜在 2000 辆小客车以下；单车道四级公路年平均日设计交通量宜在 400 辆小客车以下。

## 0.3.2　公路技术标准

公路技术标准是指一定数量的车辆在车道上以一定的设计速度行驶时，对路线和各项工程的设计要求。公路技术标准是部颁的技术要求，公路设计时必须遵守。各级公路的具体标准是由各项技术指标来体现的，主要技术指标一般包括设计速度、行车道数及宽度、路基宽度、最大纵坡、平曲线最小半径、行车视距、桥梁设计荷载等。设计速度是技术指标中最重要的指标，对工程费用和运输效率的影响最大。在公路网中具有重要经济、国防意义，交通量较大，地形平易的路线，可规定较高的设计速度;反之则规定较低的设计速度。

确定一条公路的等级,应首先确定该公路的功能:是用于干线公路还是集散公路,属于直达还是连接,以及是否需要控制出入等。根据预测交通量初拟公路等级。结合地形、交通组成等,确定设计速度、路基宽度。

（1）公路等级选用的基本原则

① 公路等级的选用应根据公路功能、路网规划、交通量,并充分考虑项目所在地区的综合运输体系、远期发展规划等,经论证后确定。

一条公路,可分段选用不同的公路等级或同一公路等级不同的设计速度、路基宽度,但不同公路等级、设计速度、路基宽度间的衔接应协调,过渡应顺适。

② 拟建公路为主要干线公路时,应选用高速公路;为次要干线公路时,应选用二级及二级以上公路。

③ 拟建公路为主要集散公路时,宜选用一、二级公路;为次要集散公路时,宜选用二、三级公路。

④ 支线公路宜选用三、四级公路。

公路等级应根据公路网的规划,从全局出发,按照公路的使用功能和远景交通量综合确定。

（2）各级公路设计交通量的预测

确定一条公路建设标准的主要因素是公路功能、路网规划和交通量（指设计年限末期的设计交通量）。因此确定公路技术等级以前,首先应做好可行性研究,掌握该条公路各路段的近期交通量资料并合理地预测远期交通量;认真分析该条公路在整个公路网中所占的地位,即公路的使用功能,从而正确地确定公路的标准。避免一条公路投入使用不久,因为交通量不适应而又改建。

各级公路设计交通量的预测应符合下列规定:

① 高速公路和具干线功能的一级公路的设计交通量应按 20 年预测;具集散功能的一级公路,以及二、三级公路的设计交通量应按 15 年预测;四级公路可根据实际情况确定。

② 设计交通量预测的起算年应为该项目可行性研究报告中的计划通车年。

③ 设计交通量的预测应充分考虑走廊带范围内远期社会、经济的发展和综合运输体系的影响。

④ 设计路段长度。

公路建设是带状的建设项目,沿途的社会环境、经济环境和自然环境都会有很大差异,其地形、地物以及交通量不会完全相同,甚至会有很大的差别。因此,对于一条比较长的公路可以根据沿途情况的变化和交通量的变化,分段采用不同的车道数或不同的公路等级。

按不同设计速度设计的路段长度不宜太短。高速公路设计路段长度不宜小于 15km;一、二级公路设计路段不宜小于 10km。不同设计速度的设计路段间必须设置过渡段。

对于执行新《标准》以前已存在的各等级公路,仍然可以继续使用,发挥其应有的作用;对于某些需要改造的公路,根据需要与可能的原则,按照公路网发展规划,有计划地进行改善,提高通行能力及使用质量,以达到相应等级公路标准的规定。

公路分期修建必须遵照统筹规划、总体设计、分期实施的原则,使前期工程在后期仍能充分利用。高速公路整体式断面路段不得横向分割分期修建。

###  0.3.3 城市道路分类与技术分级

按照道路在城市道路网中的地位、交通功能以及对沿线建筑物的服务功能,城市道路分为四类:

(1)快速路

快速路为城市中大量、长距离、快速交通服务。快速路对向行车道之间应设中间分车带,其进出口应采用全控制或部分控制。

快速路两侧不应设置吸引大量车流、人流的公共建筑物的进出口,两侧一般建筑物的进出口应加以控制。在进出口较多时,宜在两侧另建辅道。

(2)主干路

主干路为连接城市各主要分区的干路,以交通功能为主。自行车交通量大时,宜采用机动车与非机动车分隔形式,如三幅路或四幅路。

主干路两侧不应设置吸引大量车流、人流的公共建筑物的进出口。

(3)次干路

次干路与主干路结合组成城市道路网,起集散交通作用,兼有服务功能。

(4)支路

支路为次干路与街坊路的连接线,解决局部地区交通,以服务功能为主。

城市道路交通量达到饱和状态时的设计年限,《城市道路工程设计规范》[(CJJ 37—2012),简称《城规》]规定:快速路、主干路应为20年;次干路应为15年;支路宜为10~15年。

各种类型路面结构的设计使用年限应符合表0.2的规定。

表 0.2 路面结构的设计使用年限(年)

| 道路等级 | 路面结构类型 | | |
|---|---|---|---|
| | 沥青路面 | 水泥混凝土路面 | 砌块路面 |
| 快速路 | 15 | 30 | — |
| 主干路 | 15 | 30 | — |
| 次干路 | 10 | 20 | — |
| 支路 | 8(10) | 15 | 10(20) |

注:①支路采用沥青混凝土时,设计年限为10年;采用沥青表面处治时,设计年限为8年。

②砌块路面采用混凝土预制块时,设计年限为10年;采用石材时,设计年限为20年。

# 0.4　公路勘测设计的依据、阶段及任务

 ## 0.4.1　公路设计的依据

公路设计的控制性因素和依据很多,但基本的是与汽车性能有关的因素和反映这些车辆特性的要求和条件,如设计车辆、设计速度、设计交通量、通行能力及服务水平等。这些都是公路几何设计的基本依据。

(1) 设计车辆

公路上行驶的车辆主要是汽车,对于混合交通的公路还有一部分非机动车。汽车的物理特性及行驶于路上各种大小车辆的组成对于公路的几何设计有决定意义。因此,选择有代表性的车辆作为设计的依据(即设计车辆)是必要的。

作为公路设计依据的车型为设计车辆。车辆的几何尺寸、质量、性能等,直接关系到行车道宽度、弯道加宽、公路纵坡、行车视距、公路净空、路面及桥涵荷载等。因此,设计车辆的规定及采用对确定公路几何尺寸和结构具有重要意义。

《标准》规定公路设计所采用的设计车辆外轮廓尺寸见表 0.3。

表 0.3　设计车辆外轮廓尺寸

| 车辆类型 | 总长(m) | 总宽(m) | 总高(m) | 前悬(m) | 轴距(m) | 后悬(m) |
|---|---|---|---|---|---|---|
| 小客车 | 6 | 1.8 | 2 | 0.8 | 3.8 | 1.4 |
| 大型客车 | 13.7 | 2.55 | 4 | 2.6 | 6.5＋1.5 | 3.1 |
| 铰接客车 | 18 | 2.5 | 4 | 1.7 | 5.8＋6.7 | 3.8 |
| 载重汽车 | 12 | 2.5 | 4 | 1.5 | 6.5 | 4 |
| 铰接列车 | 18.1 | 2.55 | 4 | 1.5 | 3.3＋11 | 2.3 |

注:铰接列车的轴距为(3.3＋11)m;其中,3.3m 为第一轴至铰接点的距离,11m 为铰接点至最后轴的距离。

公路上行驶的汽车有各种不同的车型,特别是我国的二级及二级以下的公路上,还有相当大比例的非机动车。为了设计方便,《标准》将公路上行驶的各种车辆折合成小客车。

各种车辆的折算系数与车辆的行驶速度和该车型行车时占用公路净空有关。《标准》规定交通量换算采用小客车为标准车型,各种车型和车辆折算系数见表 0.4。

表 0.4　代表车型与车辆折算系数

| 代表车型 | 车辆折算系数 | 说明 |
|---|---|---|
| 小客车 | 1.0 | 座位 ≤ 19 座的客车和载质量 ≤ 2t 的货车 |
| 中型车 | 1.5 | 座位 > 19 座的客车和 2t < 载质量 ≤ 7t 的货车 |
| 大型车 | 2.5 | 7t < 载质量 ≤ 20t 的货车 |
| 汽车列车 | 4.0 | 载质量 > 20t 的货车 |

注:① 畜力车、人力车、自行车等非机动车按路侧干扰因素计。

② 公路上行驶的拖拉机每辆折算为 4 辆小客车。

③ 公路通行能力分析所要求的车辆折算系数应针对路段、交叉口等形式,按不同的地形条件和交通需求,采用相应的折算系数。

（2）设计速度

一条公路在客、货运输方面是否方便,是与运行速度和交通安全直接相关的。在驾车行驶中,驾驶人员采用的速度,除了本身的驾驶技术和汽车的性能以外,还取决于公路及其路侧的外部特征、气候、其他车辆的影响因素以及限速标志或设施的设置。上述任何一个条件都能控制速度。当交通量与气候条件良好时,公路的外部特征（包括公路本身的道路条件）基本上决定着驾驶人员采用的速度。

① 设计速度的定义

设计速度是指在保证安全的前提下,公路受限制部分汽车能够达到的最大速度,是公路受限制部分的主要指标,是公路等级、平面、纵断面和横断面的重要技术指标之一。

根据国内外观测研究,当设计速度高时,运行速度低于设计速度;而当设计速度低时,运行速度高于设计速度。

设计速度是公路设计时确定其几何线形的最关键参数。技术标准根据车辆动力性能和地形条件,确定了不同等级公路的设计速度指标。设计速度一经选定,公路设计的所有指标如圆曲线半径、视距、超高、纵坡、竖曲线半径等均应与其配合以获得均衡设计。

② 设计速度的规定

设计速度的最大值:根据汽车性能,并参考国内外的实际经验,从节约能源以及人在感官上的感觉考虑,设计速度的最大值采用 120km/h 是适宜的。

设计速度的最低值:考虑我国实际的地形条件、土地利用和投资的可能性,确定设计的最低值为 20km/h。各级公路设计速度规定见表 0.5。

表 0.5　各级公路设计速度

| 公路等级 | 高速公路 | | | 一级 | | | 二级 | | 三级 | | 四级 |
|---|---|---|---|---|---|---|---|---|---|---|---|
| 设计速度（km/h） | 120 | 100 | 80 | 100 | 80 | 60 | 80 | 60 | 40 | 30 | 20 |

③ 设计速度的选用

设计速度不应仅考虑地形、地质条件,而应根据公路的功能,结合地形、交通组成等条件综合评价来确定。

A. 高速公路特殊困难路段,且因新建工程可能诱发工程地质病害时,经论证,该局部路段的设计速度可采用 60km/h,但其长度不宜大于 15km;或仅限于相邻两互通式立体交叉之间,与其他相邻路段的设计速度不应大于 80km/h。

B. 一级公路作为干线公路时,设计速度宜采用 100km/h;作为集散公路时,根据混合交通量、平面交叉间距等因素,设计速度宜采用 60km/h 或 80km/h。

C. 二级公路作为干线公路时,设计速度宜采用 80km/h;作为集散公路时,混合交通量较大、平面交叉间距较小的路段,设计速度宜采用 60km/h;二级公路位于地形、地质等自然条件复杂的山区,经论证设计速度可采用 40km/h。

(3) 交通量

交通量是指单位时间内通过公路某段面的交通流量(即单位时间通过公路某段面的车辆数目)。

交通量的具体数值由交通调查和交通预测确定。交通调查、分析和交通预测是公路建设项目可行性研究阶段进行现状评价、综合分析建设项目的必要性和可行性的基础,也是确定公路建设项目的建设规模、技术等级、工程设施、经济效益评价及公路几何线形设计的主要依据。

交通调查、分析及交通量预测水平的高低,尤其是预测的水平、质量和可靠程度,将直接影响到项目决策的科学性和工程技术设计的经济合理性。交通量的概念根据单位时间可分为:日交通量(单向/双向,汽车/混合交通)、小时交通量和年累计交通量。

① 设计日交通量

一条公路交通量普遍采用的计量单位是年平均日交通量(简写为 AADT),用全年总交通量除以 365 而得。设计交通量是指拟建公路到达交通预测年限时能达到的年平均日交通量(辆/d)。它在确定道路等级、论证公路的计划费用或各项结构设计等有重要作用,但不宜直接用于几何设计。因为在 1 年中的每月、每日、每小时交通量都会变化,在某些季节、某些时段可能会高出年平均日交通量数倍,不宜作为具体设计的依据。

远景设计年平均日交通量以公路使用任务及性质,根据历年交通观测资料推算求得。一般按年平均增长率累计计算确定:

$$N_d = N_0(1 + y)^{n+1} \tag{0.1}$$

式中　$N_d$—— 预测年的平均日交通量,辆/d;

　　　$N_0$—— 起始年的平均日交通量,辆/d,包括现有交通量和道路建成后从其他道路吸引过来的交通量;

$y$——年平均增长率,%;

$n$——远景设计年限。

② 设计小时交通量

小时交通量(辆/h)是以小时为计算单位的交通量,是确定车道数和车道宽度或评价服务水平时的依据。大量的公路交通量变化图示表明,在一天以及全年时间,每小时交通量的变化量是相当大的。如果用一年中最大的高峰小时交通量作为设计依据,会造成浪费,但如果采用日平均小时交通量则不能满足实际需要,造成交通拥挤,甚至阻塞。为了设计交通量的取值既能保证交通安全畅通,又能使工程造价经济、合理,我们借助1年中小时变化曲线来确定适合于设计使用的小时交通量。方法如下:

将一年中所有小时交通量按其与年平均日交通量百分数的大小顺序排列起来并绘成图0.1所示的曲线。

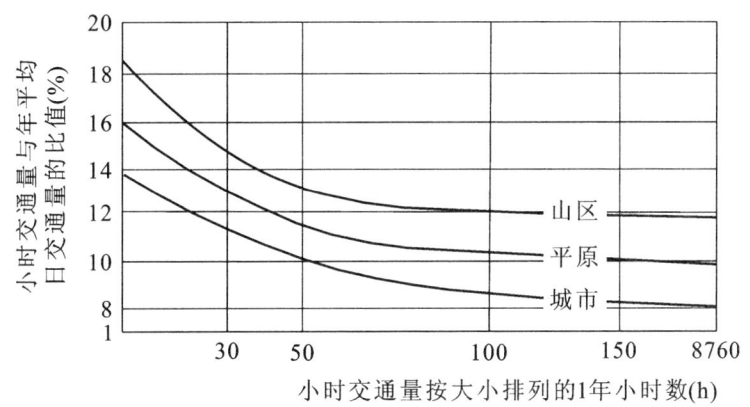

图 0.1 年平均日交通量与小时交通量关系曲线

从图0.1中可以看出在30~50位小时交通量附近曲线急剧变化,从此向右曲线明显变缓,而在它的左侧,曲线坡度则急剧加大。据此,设计小时交通量的合理取值,应选在第30~50位小时的范围以内。如以第30位小时交通量作为设计依据,意味着在1年中有29个小时超过设计值,将发生拥挤,占全年小时数的0.33%,而能顺利通过的保证率达99.67%。

目前世界许多国家,包括我国均采用第30位小时交通量作为设计依据。我国《标准》规定公路设计小时交通量宜采用年第30位小时交通量,也可根据公路功能采用当地的年第20~40位小时之间最为经济合理时位的小时交通量。

如图0.1所示的关系,对于各种不同年份、不同地区的公路都能绘出相应的曲线,虽然各条曲线的弯曲程度和上下位置各有所差别,但曲线的基本图形都是类似的。在确定设计小时交通量时,应绘制各路线交通量变化图。有日常观测资料的公路,必须使用观测资料;没有观测资料的,可参考性质相似、交通情况相仿的其他公路观测资料进行交通量的推算。

（4）通行能力及服务水平

公路通行能力是在一定的道路和交通条件下，公路上某一路段适应车流的能力，以单位时间内通过的最大车辆数表示。单位时间通常以小时计，车辆数对于多车道公路用一条车道的通过数表示，双车道公路用往返车道合计数表示，它是正常条件下公路交通的极限值。

① 基本通行能力

基本通行能力是指在理想条件下，单位时间内一个车道或车道某一路段可以通过的小客车最大数，是计算各种通行能力的基础。所谓理想条件包括公路本身和交通两个方面，即公路本身应在车道宽、侧向净宽有足够的宽度及平、纵线形和视距良好；交通上只有小客车行驶，没有其他车型混入且不限制车速。现有公路即使是高速路，基本上没有合乎理想条件的，因此可能通过的车辆数一般都低于基本通行能力。

基本通行能力的计算可采用"车头时距"或"车头间距"推求。车头时距是指连续两车通过车道同一地点的时间间隔，车头间距是指交通流中连续两车之间的距离。

如以车头时距为例，则一条车道的通行能力 $C$（单位为 pcu/h）按下式计算：

$$C = 3600/t \qquad\qquad (0.2)$$

式中　　$t$—— 连续车流平均车头间隔时间，s，可通过观测求得。

如以车头间距为例，则一条车道的通行能力 $C$ 按下式计算：

$$C = 1000v/l \qquad\qquad (0.3)$$

式中　　$v$—— 车速，km/h；

　　　　$l$—— 连续车流平均车头间隔距离，m，可通过观测求得。

② 设计通行能力

A. 服务水平及服务交通量。我国按照车流运行状态，把从小交通量自由流至交通量达到可能的受限制车流这一运行条件范围分为六级服务水平，与每一级服务水平相应的交通量称为服务交通量。

B. 设计通行能力。公路交通的运行状态保持在某一设计的服务水平时，单位时间内公路上某一路段可以通过的最大车辆数为设计通行能力。它是实际道路可能接受的通过能力，考虑了人对道路的要求，按照道路运行质量要求及经济、安全和出入口交通条件等因素而确定作为设计的依据。

③ 公路服务水平

我国《标准》采用 $v/C$（在基准条件下，最大服务交通量与基准通行能力之比）值来衡量拥挤程度，作为评价服务水平的主要指标，同时采用小客车设计行驶速度与自由流速度之差作为次要评价指标，将公路服务水平划分为六级，分别代表一定运行条件下驾驶员的感受。《标准》规定的各级公路设计采用的服务水平见表 0.6。

**表 0.6　各级公路设计采用的服务水平**

| 公路等级 | 高速公路 | 一级公路 | 二级公路 | 三级公路 | 四级公路 |
|---|---|---|---|---|---|
| 服务水平 | 三级 | 三级 | 四级 | 四级 | — |

注:① 一级公路作为集散公路时,设计服务水平可降低一级。

　　② 长隧道及特长隧道路段、非机动车及行人密集路段、互通式立体交叉的分合流区段以及交织区段,设计服务水平可降低一级。

各级服务水平的含义如下。

一级服务水平:交通流处于完全自由流状态。交通量小、速度高,行车密度小,驾驶员能自由地按照自己的意愿选择所需速度,行驶车辆不受或基本不受交通流中其他车辆的影响。在交通流内驾驶的自由度很大,为驾驶员、乘客或行人提供的舒适度和方便性非常优越。较小的交通事故或行车障碍的影响容易消除,在事故路段不会产生停滞排队现象,很快就能恢复到一级水平。

二级服务水平:交通流状态处于相对自由流的状态,驾驶员基本上可按照自己的意愿选择行驶速度,但是开始要注意到交通流内有其他使用者,驾驶员身心舒适水平很高,较小交通事故或行车障碍的影响容易消除,在事故路段的运行服务情况比一级差些。

三级服务水平:交通流状态处于稳定流的上半段,车辆间的相互影响变大,选择速度受到其他车辆的影响,变换车道时驾驶员要格外小心,较小交通事故仍能消除,但事故发生路段的服务质量大大降低,严重的阻塞后面形成排队车流,驾驶员心情紧张。

四级服务水平:交通流处于稳定流范围下限,但是车辆运行明显地受到交通流内其他车辆的相互影响,速度和驾驶的自由度受到明显限制。交通量稍有增加就会导致服务水平的显著降低,驾驶员身心舒适水平降低,即使较小的交通事故也难以消除,会形成很长的排队车流。

五级服务水平:为交通流拥堵流的上半段,其下是达到最大通行能力时的运行状态。对于交通流的任何干扰,例如车流从匝道驶入或车辆变换车道,都会在交通流中产生一个干扰波,交通流不能消除它,任何交通事故都会形成长长的排队车流,车流行驶灵活性极端受限,驾驶人员身心舒适水平很差。

六级服务水平:是拥堵流的下半段,是通常意义上的强制流或阻塞流。这一服务水平下,交通设施的交通需求超过其允许的通过量,车流排队行驶,队列中的车辆出现停停走走现象,运行状态极不稳定,可能在不同交通流状态间发生突变。

各种通行能力的计算方法参考交通工程的有关书籍。

## 0.4.2　公路勘测设计程序

(1) 公路勘测设计的技术依据

公路勘测设计主要的技术依据有:

《公路工程技术标准》(JTG B01—2014);

《公路勘测规范》(JTG C10—2007);

《公路勘测细则》(JTG/T C10—2007);

《公路路线设计规范》(JTG D20—2006);

《公路桥涵设计通用规范》(JTG D60—2015);

《公路工程基本建设项目设计文件编制文件》。

《公路工程勘察设计招标投标管理办法》。

（2）工程可行性研究

工程可行性研究是基本建设前期工作的一项重要内容,是建设程序的组成部分,是建设项目决策和编制计划任务书的科学依据,可定义为"论证工程（或产品）项目技术上的可行性和经济上的合理性,并论证何时修建或分期修建,提供业主决策,保证工程的经济效果"。

公路建设必须严格遵守国家规定的基本建设程序。所有大中型项目应根据批准的项目建议书（或委托书）,进行可行性研究,可行性研究工作完成后应进行评估。经过综合分析后,提出投资少、效益好的建设方案。

可行性研究工作是交通建设综合管理的手段,必须从运输生产的目的出发。研究技术可行性必须与经济效益相结合,研究经济效益必须考虑采用新技术的可能,重视运输领域的综合效益。

可行性研究应附有必要的图表,其中包括路线方案（及比较方案）图、历年工农业总产值与客货运量统计表、公路客货运量、交通量预测表、效益计算表等。

在可行性研究的同时,应进行环境影响分析,以工程性质、路线位置、资源利用、环境影响等为依据。同时,可行性研究还应对工程进行宏观分析,确定项目是否成立。在计划任务书下达后,进行初步设计的同时,应编制环境影响评价书,即根据预测工程对环境的影响,提出对环境污染、破坏的防治措施以及综合整治的方法。

（3）设计任务书

公路勘测设计工作是根据批准的设计任务书进行的。设计任务书一般由提出计划的主管部门下达或由下级单位编制后报批。设计任务书应包括下列内容:

① 建设的依据和意义;

② 路线的建设规模和修建性质;

③ 路线的基本走向和主要控制点;

④ 工程技术等级和主要技术标准;

⑤ 勘测设计的阶段划分及各阶段完成的时间;

⑥ 建设期限,投资估算,需要钢、木、水泥的数量;

⑦ 施工力量的原则安排;

⑧ 路线示意图等。

在计划任务书实施过程中,如对建设规模、期限、技术等级标准及路线走向等重大问题有变更时,应报原批准机关审批同意。

（4）勘测设计阶段及任务

公路勘测设计根据路线的设计和要求,可分为一阶段设计、两阶段设计和三阶段设计。

① 一阶段设计:适用于技术简单、方案明确的小型公路工程。即根据批准的设计任务书,进行一次详细定测,编制施工图设计和工程预算。

② 两阶段设计:是公路测设所采用的测设程序。其步骤为:先进行初测、编制初步设计和工程概算;经上级批准初步设计后,再进行定测、编制施工图和工程预算。也可直接进行定测、编制初步设计;然后根据批准的初步设计,通过补充测量编制施工图。

③ 三阶段设计:对于技术上复杂而又缺乏经验的建设项目或建设项目中的个别路段、特殊大桥、互通式立体交叉、隧道等,必要时应采用三阶段设计。即分初步设计、技术设计和施工图设计三个阶段。技术设计阶段主要是对重大、复杂的技术问题,落实技术方案,计算工程数量,提出修正的施工方案,修正设计概算。其深度和要求介于初步设计和施工图设计之间。

不论采用哪种阶段设计,在勘测前都要进行实地调查,它是勘测前不可缺少的一个步骤;也可以与可行性研究结合在一起,但不作为一个阶段。

（5）设计文件编制

设计文件是公路勘测设计的最后成果,经审查批准后是公路施工的依据。其组成、内容和要求随设计阶段不同而异。

根据《公路工程基本建设项目设计文件编制办法》规定,设计文件组成和内容由13篇组成:总说明书,总体设计(高速公路、一级公路),路线、路基、路面及排水,桥梁,涵洞,隧道,路线交叉,交通工程及沿线设施,环境保护,渡口码头及其他工程,筑路材料,施工方案(施工组织计划)和设计概算(施工图预算)。其表达形式有文字说明、设计图、表格三种。

**思考题与习题**

1. 简述国家高速公路网规划的主要内容。

2. 我国公路和城市道路分为哪几个等级?

3. 公路勘测设计的依据是什么?

4. 公路勘测设计可分为哪几个阶段?简述各阶段的主要任务。

# 学习情境1 公路外业勘测

## 工作任务 1.1 公路初测

**【学习目标】**

1. 能参与并胜任公路初测各测量组的工作；
2. 能收集公路初测各测量组的外业资料；
3. 能够较为熟练地查阅《公路勘测规范》(JTG C10—2007)。

**【任务描述】**

利用多媒体教学资源和教师的讲解，使同学们能理解新建公路各个阶段具备的工作内容，掌握阶段工作中主要进行的具体事项；掌握公路外业勘测中定线、中线、地形、桥涵、水准及横断面测量的外业勘测要求。

**【学习引导】**

本学习任务沿着以下脉络进行学习：

第一步，结合课件，教师讲解相关知识；

第二步，结合××公路勘测过程，采取演示教学法进行模拟演示；

第三步，通过课堂例题的分析使得学生掌握本任务的相关内容。

 **单元学习 1.1.1 视察**

### 1.1.1.1 视察的目的和任务

视察虽然不作为勘测设计阶段，但它是公路勘测前必须进行的一个重要步骤。

视察是一项政策性很强的工作，视察人员首先要了解路线的性质、等级、作用及上级对建设项目的要求。视察要认真做好路线方案比选工作，在掌握全面、可靠的资料的基础上，综合考虑影响方案选择的主要因素，提出合理的推荐方案，通过室内研究和野外视察，论证并推荐路线的基本走向、主要控制点、技术标准和主要技术指标，主要涉及原则和设计方案，提出建设期限，确定是否分期修建，设计阶段及测设和施工的原则，作为上级编制和下达计划任务书的依据。

视察工作包括经济调查和路线视察，其任务是：

（1）根据公路的性质,对与该公路有关的政治、经济、交通和自然条件进行室内研究和野外调查及勘察;全面分析、比较、论证公路的建设意义,在技术上、经济上的合理性、可行性及采用的技术标准。

（2）提出路线修建原则,即一次修建或分期修建。

（3）拟订路线的方案、主要控制点和大桥跨河位置。

（4）通过实地调查,了解和分析当地的施工条件,提出修建期限和对施工安排的原则意见。估算工程量、主材需求量、需征的土地和投资额。

（5）调查中还要对下一步勘测阶段和设计的重大原则及测设中应注意的问题,提出初步意见,并提出有关资料,为编制计划任务书提供资料。

### 1.1.1.2　经济调查

经济调查的一般步骤是:首先根据初步拟订的各路线方案及其与交通网的联系,以及地区经济区域的供求关系等,分析并确定与公路可能发生客货运输的范围,以此作为调查区,再将其分成若干小区域作为调查的单元,进行社会经济、交通情况、客货运量及其运输联系等调查,最后进行资料分析。

（1）社会经济调查

① 调查人口（包括人口自然增长率）,耕地面积,工、农业生产值,职工和农民收入,了解地区经济的历史、现状和发展趋势,掌握公路建设的经济背景。

② 调查工矿企业的分布,铁路、公路、水路等交通设施,旅游事业及各种资源开发的历史情况、现状、近期计划和远期规划。

（2）交通运输调查

① 客货运量及其运输联系

A. 收集各种经济点历年的客货运量,交汇地点,运输类别及比重,以及今后的发展趋势等信息。

B. 调查过境客货运量及流向。

C. 调查铁路、水路运输情况,包括主要货物和旅客的运量、流向、远行、短途运输情况及运输的繁忙程度等。

D. 调查车辆保有量、专业车辆和社会车辆各占总车辆的比重及运输效率等。

② 交通量调查

新建公路应调查接近新线平行的原有公路和与其交叉的公路的交通量情况;改建公路应调查公路与其他交叉的公路,以及可能被吸引的原有其他公路的交通量情况。

搜集历年的日交通量和小时交通量资料,繁忙季节的变化规律和饱和程度。当为混合交通时,应分别列出机动车、非机动车及不同车型的交通量。

③ 交通事故调查

搜集历年来接近新线平行的原有公路或与其交叉的公路发生的交通事故,改建公路则搜集该路历年来发生的交通事故,尤其是发生交通事故的地点需详细注明。

(3) 调查资料分析

① 客货运输

根据各经济点之间的客货流动状态,过境运输等资料,整理分析客货运量及其按交通类别分担的现状和发展趋势,求算出本公路远期年度分路段的客货流量,论证本公路在交通网中的作用。

② 推算远期年度交通量

远期年度交通量的推算,可根据远期年度的客货流量及车型组成、运输效率等资料进行推算;也可根据原有公路的调查交通量及其增长趋势或利用有关国民经济统计指标(如工农业产值、车辆保有量等)增长率与交通量发展的相关关系进行推算。

③ 交通事故

根据历年来车辆肇事的伤亡人数、经济损失、经常肇事地点及原因,分析肇事与路况、交通量大小、混合交通的干扰及交通管理等关系,找出引起肇事的主要原因,提出对公路建设的意见。

④ 经济效益分析

根据经济调查和路线视察资料,分析本公路建设的投资和建成后的直接经济效益及间接经济效益。

直接经济效益即分析公路建成后,在预期年度内,由于运输时间的缩短,车辆运行费用的节约,逐年交通量的增长,交通事故的减少,养护费用的降低等,再将本公路的估算投资(包括营运阶段的养护费用)对比所带来的经济效益,并计算投资费用的偿还年限,提出建设时间和施工年限。

间接经济效益则是预测本公路对沿线社会经济的影响,即分析论述公路建成后,对加速地区资源开发、增加就业人数、促进工农业生产、交通运输的合理化,以及发展旅游业等的作用。

### 1.1.1.3　路线视察

路线视察包括对路线、桥涵、工程地质和筑路材料等的视察和估算工程量。

(1) 公路方面

① 一般要求

公路视察应根据室内所拟订的公路路线方案进行,视察必须经过认真比选,提出一个合理的推荐方案。

② 路线与城镇的关系

公路路线经过沿线城镇时,应根据公路使用性质、技术标准,结合城镇的客货运输发展和规划,拟订路线是穿越、绕行还是支线连接。

③ 公路与沿线建筑设施的干扰

公路路线与已建成或计划修建的设施发生干扰时,应搜集有关资料,征询当地主管部门的意见,拟订合理的路线布局,提出处理干扰的意见。

(2)桥涵方面

① 大、中桥的视察,应按现行的有关规定进行。

② 小桥应根据河沟形态、河岸稳定情况、河槽冲刷痕迹,或调查洪水水位等因素,在现场估测孔径、桥长和选定桥型;当无明显河槽时,可在地形图上量测汇水面积,据此拟订孔径。

③ 涵洞应根据沿线地形、气候、植被、河沟水系及农田灌溉等情况,分段估计涵洞道数、孔径和平均长度。

(3)工程地质与筑路材料

工程地质与筑路材料的调查,应按照有关规定进行。

(4)其他资料

① 在视察时,还应概略调查沿线占用土地、经济林木以及需要拆迁的建筑物等资料。

② 调查沿线生活和交通条件、气候特征、地区病害等资料。边远地区还应了解当地民族的风俗习惯,提醒勘测设计时注意。

经过路线调查后,可以估算全线的工程数量、所需材料品种及数量、当地材料品种及数量、征用土地的数量、拆迁建筑物等的数量和工程造价。

通过经济调查和路线调查,然后进行可行性分析,作为下达计划任务书的依据。

 **单元学习 1.1.2　公路初测**

### 1.1.2.1　相关知识

(1)公路初测的目的和任务

公路勘测工作是公路工程设计的基础,它主要包括初测和定测。公路勘测工作中的初测是两阶段设计和三阶段设计中第一阶段(初步设计阶段)的外业勘测工作。目的是根据批复的《工程项目可行性研究报告》所拟定的修建原则和路线基本走向方案,通过现场对各比选方案的勘测,从中确定采用方案,并搜集编制初步设计文件所需的勘测资料。

初测的任务则是要对路线方案做进一步的核查落实,并进行导线、高程、地形、桥涵、隧道、路线交叉和其他资料的测量、调查工作,进行纸上定线和有关的内业工作。初测阶段的路线方案选定应采用"纸上定线法",当受地形、地质及设备等或其他条件限制时,可采用"实地定线法"。

（2）公路初测的准备工作

① 搜集资料

为满足初测和初步设计的需要,初测前应搜集和掌握以下基本资料:

A. 各种比例尺地形图、航测像片,国家及有关部门设置的三角点、导线点、水准点等资料。

B. 沿线自然地理概况、地质、水文、气象、地震基本烈度等资料。

C. 沿线农林、水利、铁路、公路等有关部门的规划、设计、规定、科研成果等资料。

D. 对改建公路除上述资料外,还应搜集原有公路的测设、施工、养护、路况等档案资料。

② 室内研究

根据工程可行性研究报告拟订的路线基本走向方案,在(1:10000)～(1:50000)地形图上或航测像片上进行各可行方案的研究,经过对路线方案的初步比选,拟订出需要勘测的方案(包括比较线)及现场需要重点调查和落实的问题。

③ 现场踏勘

初测前,应组织路线、地质、桥隧等主要专业人员,必要时,邀请当地政府和有关部门派员参加现场路线方案的核实工作。

④ 其他资料调查

A. 了解沿线地形情况,拟订路线方案的地形分界位置。

B. 了解沿线涉及测量现场的地形、地貌、地物、通视、通行等情况。拟定勘测工作的困难类别。

C. 调查沿线生活供应、交通条件等情况。

⑤ 资料整理

通过收集资料和现场的核实调查,应提出如下资料:

A. 根据已掌握的资料,概略说明沿线的地形、河流、工程地质、水文地质、气象等情况,指出采用路线方案的理由,提供沿线主要工程和主要建筑材料的情况,提出勘测中应注意的事项,需要进一步解决的问题等。

B. 估计野外工作的困难程度和工作量,确定初测队伍的组织及必需的仪器和其他装备,并编制野外工作计划和日程安排。

C. 提出主要工程(如桥涵、隧道、立交等)的工程地质勘察工作量和要求。

（3）公路初测的内容

公路初测由初测的外业测量队分组进行,主要内容包括:

① 路线平面控制测量(导线量测),包括导线布置、导线长度测量和水平角测量。

② 高程测量。

③ 地形测量。

④ 路线测量。

⑤ 其他勘测调查。

⑥ 内业工作。

### 1.1.2.2　路线平面控制测量

公路平面控制测量,即是导线量测,是测量控制点平面位置的测量,包括路线、桥梁、隧道及其他大型建筑物的平面控制测量。主要包括导线布置、导线长度测量和水平角测量。它的主要目的是控制结构物的线形和形状以及在定测中作为放线的依据。平面测量中使用的路线平面控制网是公路平面控制测量的主控制网,沿线各种工点平面控制网应联系于主控制网上,平面控制网的建立可采用全球定位系统(GPS)测量、三角测量、三边测量和导线测量等方法。平面控制测量的等级,采用三角测量、三边测量时,依次为二、三、四等和一、二级小三角;当采用导线测量时,依次为三、四等和一、二级导线。

(1) 导线布置

初测的导线布置应考虑全线的贯通,导线点的位置应该选择在地表稳固处,应尽量接近路线位置以便于测角、测距、测绘地形及放线,导线点的间距应在 50 ~ 500m 之间选择,根据需要可以加桩,加桩一般取整米桩,并做好现场记录,绘出草图。导线点的布置最终要以导线成果表的形式出现在设计文件中,见表 1.1。

(2) 导线长度测量

导线的长度应优先采用全站仪进行测量,也可以用钢尺和基线法进行测量,但需要满足相应的精度要求,单位为 cm。

(3) 水平角测量

水平角测量采用经纬仪全测回法测量,满足《公路勘测规范》(JTG C10—2007)相关的精度要求。

当路线起、终点附近有国家或其他平面控制点,且引测方便的前提下,可以与平面控制网联测,形成闭合导线。

### 1.1.2.3　高程测量

路线高程测量主要是沿导线布置水准点,测出导线点和加桩的高程,进行高程测量的公路高程系统宜采用"1985 国家高程基准"。同一条公路应采用同一个高程系统,不能采用同一系统时,应给定高程系统的转换关系。独立工程或三级以下公路联测有困难时,可采用假定高程。公路高程测量采用水准测量。在进行水准测量确有困难的山岭地带以及沼泽、水网地区和四、五等水准测量可用光电测距三角高程测量。

## 表 1.1　控制测量成果表（导线点成果表，部分）

×××高速公路

| 序号 | 导线点名 | 等级 | 坐标 X(m) | Y(m) | Z(m) | 备注 |
|---|---|---|---|---|---|---|
| 1 | 2 | 3 | 4 | 5 | 6 | 7 |
| 1 | GPS001 | 四等高程 | 3165136.289 | 485370.403 | 264.615 | 本坐标系统为：独立坐标系-7，中央子午线：东经105°52′，投影高程面：海拔370m，1985国家高程基准 |
| 2 | GPS002 | 四等高程 | 3164727.038 | 485130.416 | 275.931 | |
| 3 | GPS003 | GPS拟合高程 | 3164381.484 | 485470.052 | 276.71 | |
| 4 | GPS004 | GPS拟合高程 | 3163531.468 | 486067.051 | 305.701 | |
| 5 | GPS005 | GPS拟合高程 | 3162221.703 | 487904.874 | 357.993 | |
| 6 | GPS006 | GPS拟合高程 | 3161665.378 | 488617.802 | 326.612 | |
| 7 | GPS007 | 四等高程 | 3160058.67 | 491855.249 | 428.472 | |
| 8 | GPS008 | 四等高程 | 3160118.814 | 492374.056 | 420.961 | |
| 9 | GPS009 | 四等高程 | 3160470.494 | 492798.968 | 391.174 | |
| 10 | GPS010 | 四等高程 | 3160418.14 | 493208.508 | 410.271 | |
| 11 | GPS011 | 四等高程 | 3159392.917 | 493363.441 | 450.932 | |
| 12 | GPS012 | 四等高程 | 3159232.912 | 493837.161 | 483.86 | |
| 13 | GPS013 | 四等高程 | 3158986.481 | 494539.785 | 490.236 | |
| 14 | GPS014 | 四等高程 | 3158892.641 | 494868.167 | 514.799 | |
| 15 | GPS015 | 四等高程 | 3158783.392 | 495257.88 | 525.728 | |

| 序号 | 导线点名 | 等级 | 坐标 X(m) | Y(m) | Z(m) | 备注 |
|---|---|---|---|---|---|---|
| 1 | 2 | 3 | 4 | 5 | 6 | 7 |
| 33 | GPS033 | 四等高程 | 3146629.48 | 507911.657 | 336.128 | |
| 34 | GPS034 | 四等高程 | 3146326.712 | 507818.951 | 339.841 | |
| 35 | GPS035 | 四等高程 | 3143976.954 | 506688.515 | 424.81 | |
| 36 | GPS036 | 四等高程 | 3143783.548 | 506051.992 | 389.741 | |
| 37 | GPS037 | 四等高程 | 3143473.986 | 506084.631 | 289.177 | |
| 38 | GPS038 | 四等高程 | 3143143.526 | 505776.561 | 287.987 | |
| 39 | GPS039 | GPS拟合高程 | 3142534.815 | 506044.044 | 299.965 | |
| 40 | GPS040 | 四等高程 | 3139917.318 | 505818.506 | 280.423 | |
| 41 | GPS041 | 四等高程 | 3139398.248 | 506432.035 | 288.176 | |
| 42 | GPS042 | GPS拟合高程 | 3153956.239 | 503531.953 | 405.83 | |
| 43 | GPS043 | 四等高程 | 3150732.032 | 507904.864 | 387.492 | |
| 44 | GPS044 | 四等高程 | 3150281.936 | 508636.051 | 477.145 | |
| 45 | GPS045 | 四等高程 | 3149780.865 | 509136.642 | 508.718 | |
| 46 | GPS046 | 四等高程 | 3149443.302 | 509218.828 | 524.568 | |
| 47 | GPS047 | 四等高程 | 3146550.131 | 507398.253 | 448.414 | |

### 1.1.2.4　地形测量

地形图分为路线地形图和工点地形图。路线地形图是以导线（或路线）为依据的带状地形图，主要供纸上定线和路线设计用。工点地形图是利用导线（或路线）或与其取得联系进行测量的，为特殊小桥涵和复杂的排水、防护、改河、交叉口等工程布设的专用地形图。地形测量的精度要求高。初测的地形测量主要是完成路线地形图的测绘，测量时要注意以下几点：

（1）路线地形图的测绘宽度，当采用"纸上定线法"初测时，路线中线两侧各测绘 200 ～ 400m；采用"实地定线法"初测时，路线中线两侧测绘宽度可减窄为 150 ～ 250m。

（2）路线地形测绘的图根点，应利用已有的平面控制点或中线控制桩作为测站；当不能满足要求时，应按规定进行图根控制测量。地形测绘的技术要求应符合《公路勘测规范》(JTG C10—2007) 的有关规定。

（3）采用"实地定线法"初测时，可采用小平板配合经纬仪或大平板仪测量；也可利用纵、横断面资料，配合仪器测量，现场勾绘。

（4）应利用国家或其他有关部门所测绘的地形图，但使用时应进行现场核查，对有变化的地形地物进行补测。

（5）高速公路和一级公路采用分离式路基时，地形图测绘宽度应覆盖两条分离路线及中间带的全部地形；当两条路线相距很远或中间带为大河与高山时，中间地带的地形可不测。

### 1.1.2.5　路线测量

各级公路应在地形测量之后，进行纸上定线；受条件限制或地形、方案较简单，也可以采用现场定线。路线定线应符合《标准》、《公路勘测规范》(JTG C10—2007) 的规定，正确掌握和运用技术标准。定线工作应做好总体布局，根据各类地形特点，结合人工构造物的布设，进行路线平面、纵断面、横断面的协调布置，定出合理的线位。对地形、地质、水文条件复杂及工程艰巨的路段，应拟订可能的比较方案，进行反复推敲、比较，确定采用的方案。

（1）纸上定线

① 应将有特殊要求或控制的地点，必须避绕的建筑物或地质不良的地带，地下建筑或管线等标注于地形图上。

② 山岭地区的越岭路线，需要进行纵坡控制的地段应在地形图上进行放坡，将放坡点标示于图上。

③ 在地形图上选定路线曲线与直线位置，定出交点，计算坐标和转角，计算平曲线要素，计算路线连续里程。

④ 沿路线中线按一定桩距从图上判读其高程，点绘纵断面图。河堤、铁路、立体

交叉等需要重点控制的地段或地点,应实测高程点绘纵断面图,并据以进行纵坡设计。

⑤ 应根据路线中线线位,在地形图上测绘控制性横断面,并按纵坡设计的填挖高度进行横断面设计,作为中线横向检验和计算路基土石方数量的依据。

⑥ 依据纸上定线的线位及实地调查资料,初步确定人工构造物的位置、交角、类型与尺寸。

⑦ 综合检查路线线形设计及有关构造物的配合情况与合理性。线形设计可采用透视图法检验平面、纵断面、横断面组合情况。

⑧ 纸上定线后,对高填深挖地段、大型桥梁、隧道、立体交叉以及需要特殊控制的地段,应进行实地放线、核对,并作为各专业工程勘测调查的依据。

⑨ 所确定的线位应总体配合恰当、工程经济合理、线形连续顺适。对需进行比较的方案,应按上述步骤方法定出线位、计算工程量,进行技术经济比较。

（2）实地定线

① 现场踏勘前应在 1：50000 地形图上对路线进行总体布局,拟定主要技术措施,确定控制点、绕避点,选择路线合适通过的最佳位置。

② 越岭路线或受纵坡控制的路段,应选择好坡面与展线方式,进行放坡试线,做出分段安排。

③ 根据《公路勘测规范》(JTG C10—2007)中各种地形的定线要点和放坡点进行布线,穿线定点需钉设交点和转点。

④ 测定交角,进行中桩、水准、横断面和地形线等测量。

⑤ 通过内业工作,对路线进行平面、纵断面、横断面综合检查,确定线位。

### 1.1.2.6  其他勘测的调查

除上述测量内容外,初测还应包括以下勘测与调查的内容:

（1）路基、路面及排水勘测与调查;

（2）小桥涵勘测;

（3）大、中桥勘测;

（4）隧道勘测;

（5）路线交叉勘测与调查;

（6）沿线设施勘测与调查;

（7）环境保护勘测与调查;

（8）沿线筑路材料调查;

（9）渡口码头勘测与调查;

（10）改移公路、铺道、连接线的勘测与调查;

（11）占用地、拆迁建筑、构筑物调查;

（12）临时工程调查；

（13）伐树、挖根、除草的调查；

（14）概算资料调查。

获取这些调查资料可以通过查阅相关规范和书籍。

### 1.1.2.7 内业工作

经过以上四个环节的测量和一个环节的调查后，初测要进行相应的内业工作，初测内业工作主要内容包括：

（1）复核、检查、整理外业资料；

（2）进行纸上定线或移线及局部方案比选；

（3）初步拟订各种构造物设计方案，并综合检查定线成果；

（4）编制勘测报告及有关图表制作与汇总；

（5）应逐日复核、检查外业中原始记录资料，如有差错、遗漏，必须及时纠正或弥补；对于从其他部门搜集的资料，应根据测设需要，检查、分析其是否齐全、可靠和适用，做到正确取用；

（6）综合检查、协调路线设计与有关专业及结构物布设的合理性，并进行现场核对。

### 1.1.2.8 初测应提交的成果

（1）各种调查、勘测原始记录及检验资料；

（2）纸上定线或移线成果及方案比较资料；

（3）各种主要构造物设计方案及计算资料；

（4）路基、路面、桥梁、交叉、隧道等工程设计方案图及比较方案图；

（5）沿线设施、环境保护、筑路材料等设计方案；

（6）平面、纵断面缩图，主要技术指标表，勘测报告及有关协议、纪要文件等。

 **相关技能**

依托某公路的《工程可行性研究报告》，试拟定初测的外业工作和内业工作。

 **小组任务**

1. 每 3～4 名学生组成一个工作小组，确定 1 名小组长，接受工作任务，做好工作准备。

2. 根据任务要求完成相关内容。工作内容以"××公路工程可行性研究报告"为基础，拟定初测的外业工作和内业工作内容，并以小组的方式讨论初测结束后要提交哪些成果。

3. 回答指导老师的现场提问，接受相关知识点的考核。

4. 完成工作任务后，每个小组讨论和自评，消化完成任务过程中的知识点。

# 工作任务 1.2　公路定测

## 【学习目标】

1. 能参与并胜任公路定测各测量组的工作;

2. 能收集和整理公路定测各测量组的外业资料;

3. 掌握公路现场定线和放线的基本方法。

## 【任务描述】

利用多媒体教学资源和教师的讲解,使同学们能理解新建公路在定测阶段中的工作内容和具体事项;掌握公路定测各个工作组的工作和相应外业勘测要求。

## 【学习引导】

本学习任务沿着以下脉络进行学习:

第一步,结合课件,教师讲解相关知识;

第二步,结合××公路勘测过程,采取演示教学法进行模拟演示;

第三步,通过课堂例题的分析使得学生掌握本任务的相关内容。

 单元学习 1.2.1　公路定测概述

### 1.2.1.1　相关知识

公路定测即定线测量,是指施工图设计阶段的外业勘测和调查工作。定测的具体任务是根据上级批准的初步设计,具体核实路线方案,实际标定路线或放线,并进行详细测量和调查,最终为施工图设计和编制施工图预算提供资料。

### 1.2.1.2　公路定测的内容

(1) 实地选定路线:测偏角、测交点间距;

(2) 标定路线中线:定中桩(直线、曲线);

(3) 布设水准点,进行纵断面测量;

(4) 横断面测量;

(5) 桥位勘测;

(6) 路基、路面及其他人工构造物设计资料调查收集;

(7) 沿线土壤地质调查及筑路材料调查;

(8) 占地、拆迁调查及预算资料调查;

(9) 检查与整理外业资料,完成外业期间规定的内业设计工作。

### 1.2.1.3　定测队的组成

根据上述 9 个公路定测的内容的不同,定测分为选线组、导线测角组、中桩组、水平组、断面组、调查组、路基路面组、桥涵组、内业组等作业组进行。如果定线采用纸上定线方法进行,则此时可将选线和导线测角组合并为放线组。

 ## 单元学习 1.2.2　定测工作分组和分工

### 1.2.2.1　选线组

(1) 任务

选线组亦称大旗组,它是整个外业勘测的核心,其他作业组都是根据它所确定的路线位置开展测量工作的,所以选线在整个公路勘测设计中起着主导作用,是最关键的一环。

选线是公路定线的第一步,其主要任务是:实地确定中线位置。其主要工作就是进行路线察看,并进一步确定路线布局方案;清除中线附近的测设障碍物;确定路线交点及转角并钉桩,初拟曲线半径,会同桥涵组确定大、中桥位,会同内业组进行纵坡设计等工作。在越岭线地带,还需进行放坡定线工作。

(2) 分工及工作内容

① 前点放坡插点

前点一般由 1～2 人担任(需要放坡时两人)。其主要工作是:在全面勘查的基础上,结合当地自然条件,研究路线布局,合理地运用技术标准,通过实测,选定路线方案,进一步加密小控制点,插上标旗(一般可用红白纸旗),供后面定线参考,即确定路线走向。

② 中点穿线定点

中点一般由 2 人担任。其主要工作是:根据技术标准,结合地形及其他条件,修正路线方案,用花杆穿直线的办法,反复插试,穿线定交点,并在长直线或在相邻两互不通视的交点间增设转点,最后初拟曲线半径及其有关元素,即根据确定的路线走向穿线定交点。

③ 后点钉柱

后点 1 人,其主要工作是:钉桩插标旗,并给后面的作业组留下初拟半径及其他有关控制条件的纸条。

### 1.2.2.2　导线测角组

(1) 任务

导线测角组紧跟选线组工作。其主要任务是:标定直线与修正点位、测角及转角计算;测量交点间距;平曲线要素计算;导线磁方位角观测及复核;交点及转点桩固定;作分角桩;协助中桩组敷设难度大的曲线等工作。

为确保测设质量和进度,定线与导线测角应紧密配合,互相协作。作为后继作业的导线测角组,要注意领会选线意图,发现问题及时提出建议并修正补充,使之完善。通过选线组,导线测角组的工作路线走向在地面上就可以标定出来了。

(2) 分工及工作内容

导线测角组一般由 4 人组成,其中司仪 1 人,记录计算 1 人,插杆跑点 1 人,固桩 1 人。其主要工作内容如下:

① 标定直线及修正点位

对于相互通视的交点,如果定线无误,就不存在点位修正问题,可以直接引用。当交点相距太远,或地形起伏较大,为了便于中桩组穿杆定向,测角组应用测量仪器在其间插设若干个导向桩,供中桩组穿线使用。

② 测角计算

A. 测右角

路线测角一般规定为测右角(即前进方向右侧路线的夹角)。右角按下式计算:

$$右角 = 后视读数 - 前视读数$$

当后视读数小于前视读数时,应将后视读数加上 $360°$,然后再减去前视读数。

B. 计算转角

转角是指后视导线的延长线与前视导线的水平夹角,根据右角计算,如图 1.1 所示。

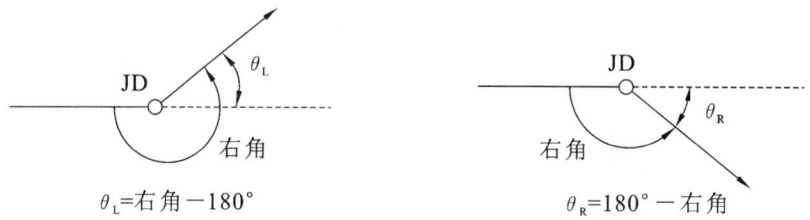

图 1.1　路线转角的计算

③ 距离测量

距离测量通常多用红外测距仪或全站仪测定两相邻交点间的平距。当交点较远时,可利用其间转点分段测距的方法。如公路等级较低且无全站仪或红外测距仪时,可利用经纬仪进行视距测量,视距测量的方法和步骤详见《工程测量》教材。

④ 作分角桩

为便于中桩组敷设平曲线中点桩(QZ),在测角的同时需做转角的分角线方向桩。分角桩方向的水平度盘读数按下式计算:

$$分角读数 = (前视读数 + 后视读数)/2　　　(右转角)$$
$$分角读数 = (前视读数 + 后视读数)/2 + 180°　　　(左转角)$$

⑤ 方位角观测与校核

观测磁方位角是为了校核测角组测角的精度和展绘平面路线图时检查展线的

精度。定测计算所得的磁方位角与观测磁方位角的校差不超过 $2°$。

磁方位角每天至少应该观测一次（一般在出工时或收工时进行观测）。

假定路线起始边的磁方位角为 $\theta_0$，则任意导线边的磁方位角为：

$$\theta_n = \theta_0 + \sum \Delta_R - \sum \Delta_L$$

式中　　$\Delta_R$—— 右转角；

　　　　$\Delta_L$—— 左转角。

即任意导线边的磁方位角等于起始边磁方位角加上从起始边到计算导线边的路线的所有右转角再减去所有的左转角。

⑥ 交点桩、转点桩的保护和固定

在测设过程中，为避免交点桩、转点桩的丢失和方便以后施工时寻找，交点桩及转点桩在定测时必须加以固定和保护。

交点桩的保护，一般采用灌注水泥混凝土的办法进行。水泥混凝土的尺寸一般深为 $30 \sim 40cm$，直径为 $10 \sim 20cm$。

固桩则是将交点桩与周围固定物（如房角、电杆、基岩、孤石等）上某一个不易破坏（损坏）的点联系起来，通过测定该点与交点桩的直线距离，将桩的位置确定下来，以便桩丢失后能及时恢复该桩。

用作交点、转点桩固定的地物点应稳定可靠，各地物点与保护桩连接之间的夹角一般不宜小于 $90°$，固定点个数一般应在两个以上，如图 1.2 所示。固桩完毕后，应及时画出固桩草图，草图上应绘出路线前进方向、地物名称、距离等。以备将来编制路线固定表之用。

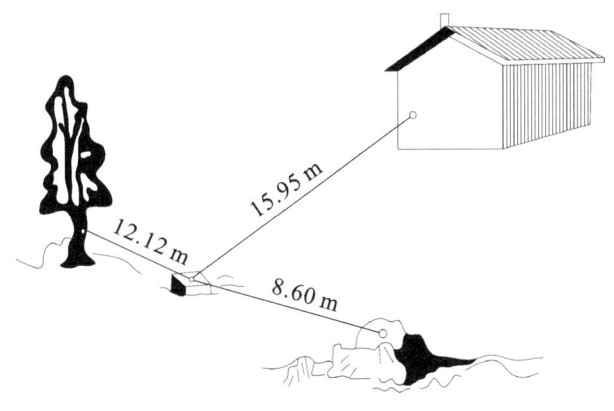

15.95 m

12.12 m

8.60 m

**图 1.2　固桩示意图**

### 1.2.2.3　中桩组

（1）任务

中桩组的主要任务是：根据选线组选定的交点位置、曲线半径、缓和曲线参数（或缓和曲线长度）及导线测角组所测得的路线转角，进行量距、钉桩、敷设曲线及桩号计算,并负责编制"直线、曲线及转角表"。选线组和测角组是确定各个交点,并通过交点控制公路路线的走向,中桩组即是在确定的路线走向上通过细化的各种中桩将路线的中线位置确定下来。

(2)分工及工作内容

① 分工

中桩组作业内容较多,一般由 7 人组成,其中:

前点 1 人,负责寻找前方交点,并插前点花杆;

拉链 2 人,分别为前链手和后链手,其中后链手还负责指挥前链手进行穿线工作;

卡链 1 人,负责卡定路线中桩的具体位置;

记录计算 1 人,负责进行桩号及敷设数据计算,并记录中桩编号,累计链距等工作;

写桩 1 人,负责中桩的具体书写工作;

背桩及打桩 1 人。

② 工作内容

A. 中线丈量

中线丈量是指丈量路线的里程,通常情况下把路线的起点作为零点,以后逐链累加计算。

量距应采用水平距离,量距时一般采用钢卷尺进行。公路等级较高时,最好采用光电测距仪和钢卷尺进行。

B. 中桩钉设

中桩钉设与中线丈量是同时进行的。

需要钉设的中桩包括:路线的起终点桩、公里桩、百米桩、平曲线控制桩(主点桩)、桥梁或隧道中轴线控制桩以及按桩距要求根据地形、地物、地质需要设置的加桩等。

直线路线上中桩的桩距一般为 20m,在平坦地段桩距一般为 50m。位于曲线上的中桩间距一般为:$R > 50m$,桩距为 20m;$20m < R < 50m$,桩距为 10m;$R < 20m$,桩距为 5m。

此外,在下列地点应设加桩,加桩一般应设在整米上:

a. 路线范围内纵向与横向地形有显著变化处;

b. 与水渠、管道、电信线、电力线等交叉或干扰地段起、终点;

c. 与既有公路、铁路、便道交叉处;

d. 病害地段的起、终点;

e. 拆迁建筑物处;

f. 占用耕地及经济林的起、终点;

g. 小桥涵中心及大中桥、隧道的两端。

C. 写桩与钉桩

所有中桩应写明桩号,转点及曲线主点桩还应写桩名,桩志的尺寸如图 1.3 所示。为了便于找桩和避免漏桩,所有中桩应按 0 ～ 9 的循环序号在背面编号。中桩的书写常用红油漆或油笔。

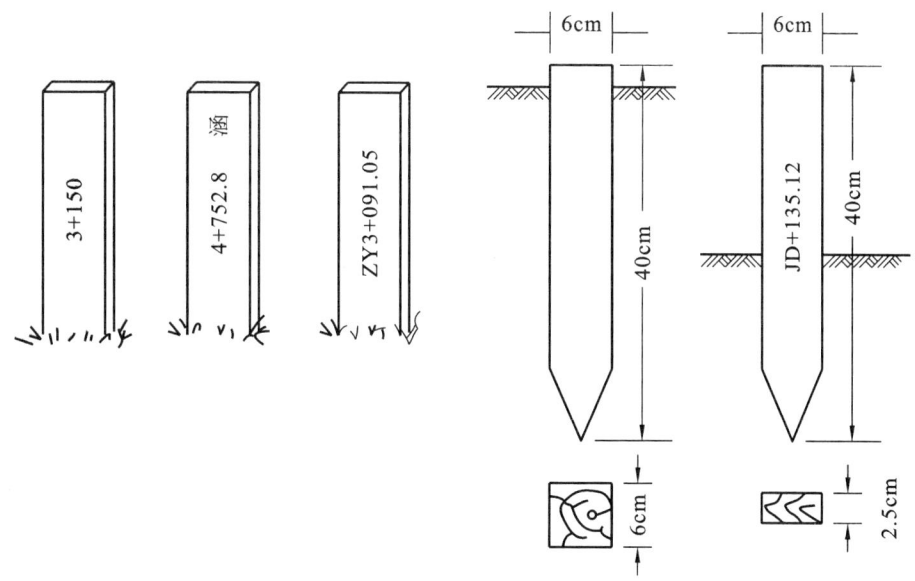

**图 1.3　桩志**

D. 断链及处理

在丈量过程中,出现桩号与实际里程不符的现象叫断链。断链的原因较多,主要有两种:一种是由局部改线、分段测量等客观原因造成的;另一种是由计算和丈量发生错误造成的。

局部改线这种情况多数发生在勘测设计文件在评审后的修改上,专家在评审设计文件中会提出很多意见。例如,有些意见会提及某路段半径要改大(或改小)一点,以便占用更少的农田;某路段要向这个方向偏移一些,以减少填方数量等。根据这些意见,一般情况下设计单位需要到现场,重新计算路线、打桩、测量,计算出相关数据,当调整的路段重新回到原设计的路线上时,会出现桩号不连续现象,称为断链。还有时候,现场勘测人员选取了两条路线方案,并按照其中一条路线方案,连续推算桩号,另一条作为比较线,推算桩号与正线汇合时,汇合点的桩号不连续,后来经过比选,改用了比较线,这时候也会发生断链。

分段测量产生的断链,例如,某一路段的外业勘测,总长 45km 左右,分两支队伍同时测量,第二测量队负责测后面那一段,勘测起点按老道路的桩号假定了一个起点桩号,很显然,这个假定的桩号肯定不会与前面那段道路测量的终点桩号正好一样,这样此处桩号不连续,就产生了断链。

道路外业勘测,就是放样出这些桩号的实际位置,再测量高程、横断面数据,可以说,每一个桩号及其相关的数据,无不渗透着勘测人员的心血。因此由各种原因造成的桩号不连续的断链是允许其存在的,因为要把断链之后的桩号重新推算,就意味着重新推算出的整 20m 桩和曲线要素桩,都要重新拉队伍到现场重新测量,实在是没必要。只需要在相应的平面图、直曲表、纵断面图等中标明具体的断链点和桩号即可(图 1.4、图 1.5、表 1.2)。

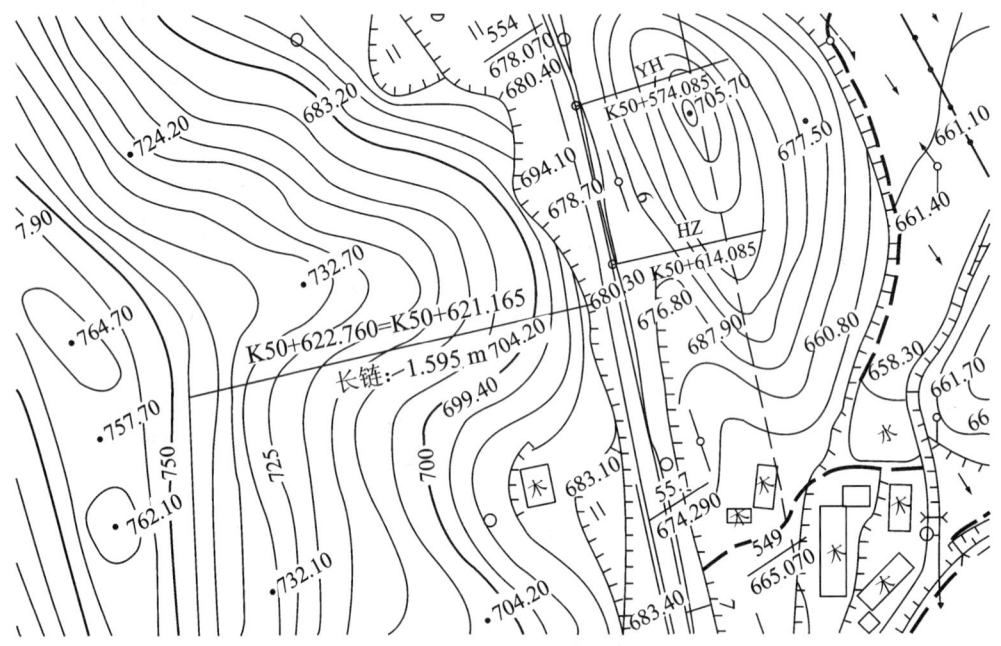

**图 1.4　平面图的断链**

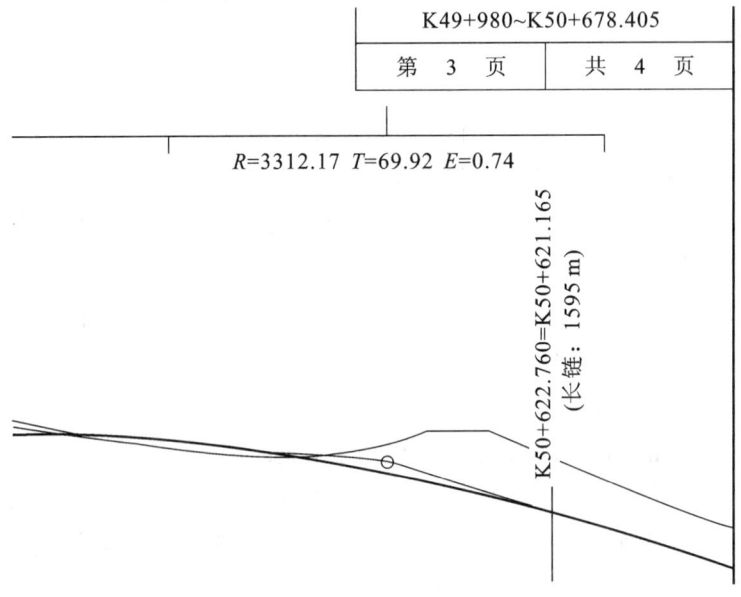

**图 1.5　纵断面图的断链**

表 1.2 直线、曲线及转角表中的断链

XX高速公路

第 1 页 共 1 页 S2-4

| 交点号 | 交点桩号 | 交点坐标(m) X | 交点坐标(m) Y | 偏角(°′″) | R | A₁ | A₂ | $L_{h1}$ | $L_{h2}$ | $T_1$ | $T_2$ | $L_s$ | E | ZH | HY(ZY) | QZ | YH(YZ) | HZ | 直线长度 | 交点间距 | 方位角 | 断链数据 | 备注 |
|---|---|---|---|---|---|---|---|---|---|---|---|---|---|---|---|---|---|---|---|---|---|---|---|
| 1 | 2 | 3 | 4 | 5 | 6 | 7 | 8 | 9 | 10 | 11 | 12 | 13 | 14 | 15 | 16 | 17 | 18 | 19 | 20 | 21 | 22 | 23 | 24 |
| | K99+678.37 | 3128892.499 | 512258.140 | | | | | | | | | | | | | | | | 0 | 485.057 | 337°46′41″ | RCTJ-19BPK100 +000.000 | |
| 1 | K100+158.931 | 3129441.528 | 512074.693 | 左 29°00′13.43″ | 710 | 311.421 | 357.268 | 136.396 | 100 | 272.266 | 360.193 | 133.91 | | +886.664 | +023.260 | | +157.172 | | | | | =RCTJ-18EPK100 +000.000 | |
| | | | | | 1600 | 357.268 | 438.178 | 100 | 120 | | | 131.578 | | | +257.172 | | +388.750 | +508.750 | 0 | 626.93 | 308°46′27″ | | |
| 2 | K100+775.487 | 3129834.146 | 511585.926 | 右 18°14′05.37″ | 1275.746 | 391.436 | 479.202 | 120.104 | 180 | 266.738 | 293.018 | 255.964 | 17.1 | +508.750 | +628.854 | | +884.818 | +064.818 | 0 | 557.969 | 32°00′33″ | | |
| 3 | K101+329.768 | 3130302.146 | 511282.109 | 左 16°40′50.31″ | 1243.5 | 402.166 | 632.395 | 130.066 | 207.347 | 264.951 | 310.694 | 113.255 | | +064.818 | +194.884 | | +308.139 | | | | | | |
| | | | | | | 632.395 | | 207.347 | | | | 121.669 | | | +515.486 | | +637.155 | | 486.794 | 1112.781 | 310°19′42″ | | |
| 4 | K102+439.242 | 3131022.303 | 510433.784 | 右 25°37′25.87″ | 1100 | 378.153 | 378.153 | 130 | 130 | 315.293 | 315.293 | 361.943 | 28.742 | +123.949 | +253.949 | +434.921 | +615.892 | +745.892 | 353.202 | 668.494 | 335°37′08″ | | |
| | K103+099.094 | 3131632.776 | 510161.375 | K103+099.094=K103+100.000 短链 0.906m | | | | | | | | | | | | | | | | | | | |
| | K103+100.000 | 3131632.776 | 510161.375 | | | | | | | | | | | | | | | | | | | | |

断链有"长链"和"短链"之分,当路线桩号长于地面实际里程时叫短链,反之则叫长链。通俗地讲,"桩号重叠为长链,桩号间断为短链",其桩号写法举例如下:

长链 $\qquad$ K3＋110＝K3＋105.21(长链 4.79m)

短链 $\qquad$ K3＋157＝K3＋207(短链 50m)

所有断链桩号应填在"总里程及断链桩号表"上,见表1.3。考虑断链桩号的影响,路线的总里程应为:

$$路线总里程 ＝ 终点桩里程 － 起点桩里程 ＋ \sum 长链 － \sum 短链$$

**表 1.3 总里程及断链桩号**

××高速公路工程 $\qquad$ S2-6 第1页 共1页

| 总里程(公里号) | 测量桩号 | 断链桩号 | 断链 | | 断链累计 | | 换算连续里程 | 备注 |
|---|---|---|---|---|---|---|---|---|
| | | | 增长 | 减短 | 长链 | 短链 | | |
| 1 | 2 | 3 | 4 | 5 | 6 | 7 | 8 | 9 |
| K22 | K22＋000.000 | K22＋459.473 ＝ BP K21＋600.000 | 859.473 | | 859.473 | | K22＋459.473 | |
| K34 | K34＋000.000 | K34＋315.149 ＝ K34＋300 | 15.149 | | 15.149 | | K35＋174.622 | |
| K35 | K35＋000.000 | | | | | | | |
| K42 | K42＋000.000 | K42＋560.817 ＝ K42＋563.813 | | 2.996 | | 2.996 | K43＋432.443 | |
| K43 | K43＋000.000 | | | | | | | |
| K49 | K49＋779.504 | EP K49＋779.504 | 874.622 | 2.996 | | | K50＋651.130 | |

### 1.2.2.4 水平组

**(1) 任务**

水平组的任务是:对线路中线各中桩高程进行测量,并沿线设置水准点,为路线纵断面和横断面设计和施工提供高程资料。水准点的资料要记录在表格里作为设计资料的一部分,见表1.4。

**(2) 分工及工作内容**

水平组通常由6人组成,分基平和中平两个组。基平测量主要是设置临时水准点并进行水准点高程的测量,中平测量主要对各中桩进行水准测量。

××高速公路

**表 1.4　控制测量成果表（水准点表）**

第 1 页　共 1 页　　S2-15

| 序号 | 水准点名 | 中心桩号 | 坐标 | | | 备注 | 序号 | 水准点名 | 中心桩号 | 坐标 | | | 备注 |
| | | | X(m) | Y(m) | Z(m) | | | | | X(m) | Y(m) | Z(m) | |
| 1 | 2 | 3 | 4 | 5 | 6 | 7 | 1 | 2 | 3 | 4 | 5 | 6 | 7 |
| 1 | BM3-7 | K98+650 | 3128979.699 | 513189.843 | 318.723 | GPS057 做水准点 | | | | | | | |
| 2 | BM3-9 | K100+000 | 3129426.248 | 512259.329 | 306.655 | I168 做水准点 | | | | | | | |
| 3 | BM3-10 | K100+350 | 3129695.012 | 512006.831 | 312.388 | I167 做水准点 | | | | | | | |
| 4 | BM3-13 | K102+100 | 3130861.724 | 510722.728 | 318.126 | GPS053 做水准点 | | | | | | | |
| 5 | BM3-14 | K102+850 | 3131468.363 | 510384.24 | 299.856 | I163 做水准点 | | | | | | | |
| 6 | BM3-15 | K103+200 | 3131755.987 | 510136.929 | 298.449 | I162 做水准点 | | | | | | | |
| 7 | BM3-16 | K104+100 | 3132385.432 | 509510.45 | 288.149 | I160 做水准点 | | | | | | | |
| 8 | BM3-17 | K104+650 | 3132777.629 | 509114.711 | 330.169 | I154 做水准点 | | | | | | | |
| 9 | BM3-18 | K105+350 | 3133420.935 | 508896.183 | 310.928 | I153 做水准点 | | | | | | | |
| 10 | BM3-19 | K106+180 | 3134213.291 | 508673.8 | 325.562 | GPS052 做水准点 | | | | | | | |
| 11 | BM3-20 | K106+650 | 3134692.423 | 508691.746 | 337.718 | GPS051 做水准点 | | | | | | | |
| 12 | BM3-21 | K106+900 | 3134928.693 | 508712.609 | 340.826 | I152 做水准点 | | | | | | | |
| 13 | BM3-22 | K107+500 | 3135516.465 | 508823.277 | 352.892 | I151 做水准点 | | | | | | | |
| 14 | BM3-23 | K108+050 | 3136057.534 | 508840.375 | 377.016 | I110 做水准点 | | | | | | | |
| 15 | BM3-24 | K108+350 | 3136367.086 | 508757.909 | 414.964 | I109 做水准点 | | | | | | | |
| 16 | BM3-25 | K108+500 | 3136664.233 | 508731.177 | 411.543 | I108 做水准点 | | | | | | | |
| 17 | BM3-26 | K109+000 | 3136974.913 | 508671.635 | 389.489 | I107 做水准点 | | | | | | | |
| 18 | BM3-27 | K109+250 | 3137163.256 | 508449.944 | 435.86 | I106 做水准点 | | | | | | | |
| 19 | BM3-28 | K109+530 | 3137484.697 | 508441.341 | 374.393 | I105 做水准点 | | | | | | | |
| 20 | BM3-29 | K109+980 | 3137832.635 | 508199.639 | 386.609 | I104 做水准点 | | | | | | | |
| 21 | BM3-30 | K110+200 | 3138037.701 | 508084.018 | 382.689 | I103 做水准点 | | | | | | | |

① 水准点的设置

水准点的高程应引用国家水准点,并争取沿线联测,形成闭合导线。采用假定高程时,假定高程应尽量与实际接近,可借助于 1:10000 或 1:50000 地图进行假定。

水准点沿线布设,应有足够的数量,平原微丘区间距为 1～2km;山岭重丘区间距为 0.5～1.0km。在大桥、隧道、垭口及其大型构造物所在处应增设水准点。水准点应设在测设方便、牢固可靠的地点。设置的水准点应在记录本上绘出草图,并记录位置及所对应的路线的桩号,以便编制"水准点表"。

② 基平测量

基平测量一般采用一组仪器,在两水准点间往返各观测一次。也可用两组仪器各作一次单程观测进行附合。水准点距定测中线应为 50～200m,过小或过大应迁移设置。其测量精度为:

A. 高等级公路容许闭合差 平原区 $\pm 20\sqrt{L}$mm($L$ 的单位为 km),山岭区 $\pm 6\sqrt{n}$mm($n$ 为测站数);

B. 低等级公路容许闭合差 平原区 $\pm 30\sqrt{L}$mm($L$ 的单位为 km),山岭区 $\pm 9\sqrt{n}$mm($n$ 为测站数)。

如实测高程在容许的闭合差范围内,则取其平均值为两水准基点的高差,否则应重测,直到闭合为止。基平测量读数应精确到毫米。

③ 中平测量

中平测量一般采用单程法,用水准仪以相邻两水准基点为一测段,从前一水准点引测,并对测段范围所有路线中桩逐一测量其地面高程,然后附合到下一水准基点,如果与基平附合,即可计算测段内全部中桩地面高程,否则应重测。中平要求附合基平精度:高速、一级公路为 $\pm 30\sqrt{L}$mm,二级及二级以下公路为 $\pm 50\sqrt{L}$mm。中桩高程检测限差:高速、一级公路为 $\pm 5$cm;二级及二级以下公路为 $\pm 10$cm。中平读数精度转点尺读至毫米,中桩尺则读至厘米。

1.2.2.5 横断面组

(1)任务

横断面组作业的主要任务是:实地测量每个中桩在路线横向(法线方向)的地面起伏变化情况,并画出横断面的地面线。路线横断面测量主要是为路基横断面设计、计算土石方数量及今后的施工放样提供资料。

(2)工作内容

① 横断面方向的确定

要进行横断面测量,必须首先确定横断面的方向。在直线路段,横断面的方向与路线垂直,而在曲线段,横断面的方向与该点处切线相垂直,即法线方向。

直线上的横断面方向,用方向架(图 1.6)或经纬仪作垂线确定。曲线上的横断面方向,根据计算的弦偏角,用弯道求心方向架或经纬仪来确定。具体方法详见《工程测量》教材。

② 测量方法

横断面测量以中线地面点即中桩位置为直角坐标原点,分别沿断面方向向两侧施测地面各地形变化特征点间的相对平距和高差,由此点绘出横断面的地面线。

A. 常用施测方法

图 1.7 利用花杆直接测得平距和高差,称为抬杆法。此法简便、易行,所以被经常采用。它适用于横向地面变化较多较大的地段,但由于测站较多,测量和积累误差较大。

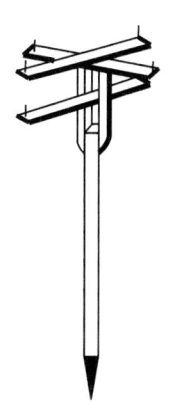

图 1.6　方向架

手水准法与抬杆法相同,仅在测高差时用水平花杆测量,量距仍用皮尺,如图 1.8 所示。与抬杆法相比,此法精度较高,但不如抬杆法简便,一般多适用于横坡较缓的地段。

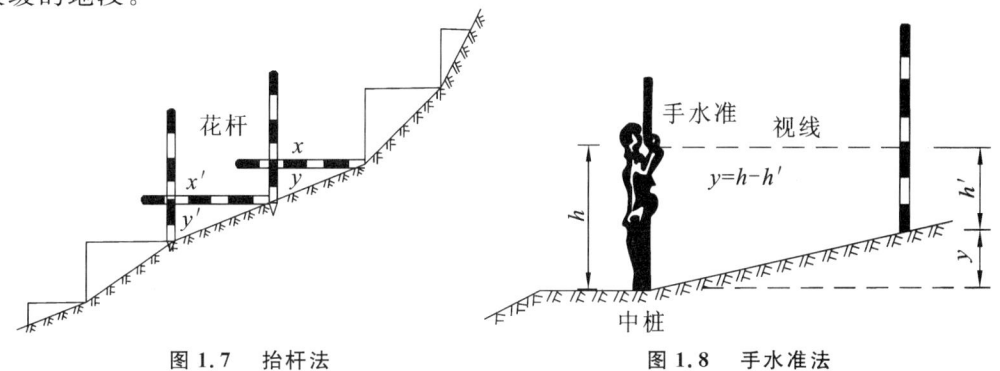

图 1.7　抬杆法　　　　　　　　图 1.8　手水准法

B. 特殊断面的施测方法

在不良地质地段需作大断面图时,可用经纬仪作视距测量和三角高程测量施测断面。

③ 横断面图的点绘

横断面图的点绘,一般采用现场一边记录一边点绘的方法。其优点是:点绘出的断面图能及时核对,消除差错。点绘的方法是:以中桩点为中心,分左右两侧,按测得的各侧相邻地形特征点之间的平距与高差或倾角与斜距等逐一将各特征点点绘在横断面图上,各点连线即构成横断面地面线。

当现场无绘图条件时,也可采用现场记录、室内整理绘图的方法,其记录的方式见表 1.5。点绘断面是由下方到上方,再从左侧到右侧的原则安排断面位置。绘图的比例一般为 1:200,对有特殊情况需要的断面可采用 1:100,每个断面的地物情况应用文字在适当位置进行简要说明,如图 1.9 所示。

表 1.5　　横断面记录格式

| 左侧（高差／平距） | 桩号 | 右侧（高差／平距） |
|---|---|---|
| $\dots \dfrac{+0.2}{1.6}\ \dfrac{+0.4}{2.2}\ \dfrac{0}{1.7}\ \dfrac{-0.7}{2.0}$ <br> $\dots$ | K1＋240 <br><br> K1＋260 | $\dfrac{+1.0}{1.5}\ \dfrac{+0.3}{2.0}\ \dfrac{+1.3}{1.8}\ \dfrac{+1.6}{2.0}\dots$ <br> $\dots$ |

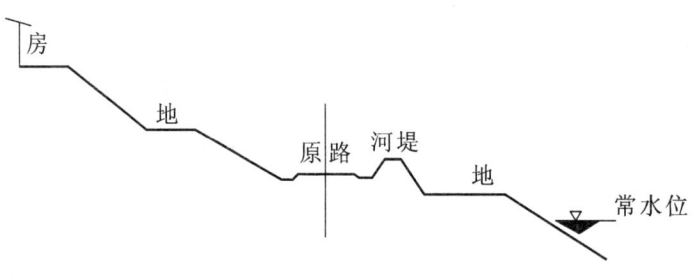

图 1.9　　路线横断面

④ 测量精度及测图范围

横断面的检测应用高精度方法进行，其限差规定如下。

高速公路、一级公路限差：

高程　　　　　　　　　　　　　$\pm\left(\dfrac{h}{100}+\dfrac{l}{200}+0.1\right)\mathrm{m}$

水平距离　　　　　　　　　　　$\pm\left(\dfrac{l}{100}+0.1\right)\mathrm{m}$

二、三、四级公路限差：

高程　　　　　　　　　　　　　$\pm\left(\dfrac{h}{50}+\dfrac{l}{100}+0.1\right)\mathrm{m}$

水平距离　　　　　　　　　　　$\pm\left(\dfrac{l}{50}+0.1\right)\mathrm{m}$

式中　　$h$——检测点与路线中桩的高差，m；

　　　　$l$——检测点到路线中桩的水平距离，m。

横断面的测量范围，应根据地形、地质、地物及设计需要确定，一般要求中线左右宽度不小于20m。在回头曲线有干扰时，应连通施测。

1.2.2.6　地形组

平面地形图是设计文件中主要的图纸之一，地形测量的方法在《测量学》中已讲述，本节着重介绍地形测量的任务与要求。

（1）任务

地形组的任务就是根据设计的需要，按一定比例测绘出沿线一定宽度范围内的带状地形图(或局部范围的专用地形图),供设计和施工使用。

地形图分为路线地形图和工点地形图两种。路线地形图是以导线(或路线)为依据的带状地形图,主要供纸上定线或路线设计之用。工点地形图是利用导线(或路线)或与其取得联系的支导线,为特殊工程(如大中桥、隧道和复杂排水、防护、改河、交叉口等工程)进行测量的专用地形图。

（2）测设要求

① 比例及范围。路线地形图常采用比例尺为1∶2000;测绘宽度两侧各为100～200m;对于地物、地貌简单、地势平坦的地区,比例可采用1∶5000;测绘宽度每侧不应小于250m。

② 等高距规定如下:

比例1∶500,等高距取 0.5m、1.0m;

比例1∶1000,等高距取 1.0m;

比例1∶2000,等高距取 1.0m、2.0m;

比例1∶5000,等高距取 2.0m、5.0m。

### 1.2.2.7　调查组

（1）任务

公路勘测综合调查工作主要是根据测设任务的要求,通过对公路所经地区的自然条件和技术经济条件进行调查,为公路选线和内业设计收集原始资料。

（2）分工及调查内容

调查的主要内容有:工程地质情况、筑路材料料场情况、小桥涵情况、预算资料及杂项情况等。对于旧路改建,还应对原路路况进行调查。调查组可由 2 ～ 3 人组成综合调查组,也可分小组同时调查。

① 工程地质调查

工程地质资料是公路设计的重要资料,通过调查、观测和必要的勘探、试验,进一步掌握与评价路线通过地带的工程地质和水文地质情况,为正确选定路线位置,合理进行纵坡、路基、路面、小桥涵及其构造物的设计提供充分准确的工程地质依据。

工程地质调查的主要内容包括路线、路基和路面三个方面。

A. 路线方面

a. 在工程地质复杂和工程艰巨地段,会同选线人员研究路线布设及所采取的工程措施;

b. 调查沿线范围的地貌单元和地貌特征、地质构造、岩石、水文地质、植被、土壤种类、地面径流及不良地质现象情况,并分段进行工程地质评价;

c. 分段测绘代表性工程地质横断面,标明土、石分类界限,并划分土、石等级;

d. 调查气象、地震及施工、养护经验等资料;

e. 编写道路地质说明书。

B. 路基方面

a. 调查分析自然山坡或路基边坡的稳定状况,根据地质构造、岩性及风化破碎程度以及其他影响边坡稳定的因素,提出路堑边坡或防护加固措施;

b. 沿溪线应查明河流的形态、水文条件、河岸的地貌、地质特征、河岸稳定情况、受冲刷程度等,进而提出防护类型、长度及基础埋置深度等意见;

c. 路基坡面及支挡构造物调查,提出路基土壤分类和水文地带类型。

C. 路面方面

a. 收集有关气象资料,研究地貌条件,划分路段所在的道路气候区,并提出土基回弹模量建议值,供路面设计时采用。

b. 调查当地常用路面结构类型和经验厚度。

特殊不良地质地区如黄土、盐渍土、沙漠、沼泽以及滑坡、崩塌、岩溶、泥石流等的综合性地质调查与观测,为制订防治措施提供资料。

② 筑路材料料场调查

筑路材料质量、数量及运距,直接影响工程的质量和造价。进行筑路材料调查的任务就是根据适用、经济和就地取材的原则,对沿线料场的分布情况进行广泛调查,以探明数量、质量及开采条件,为施工提供符合要求的料场,主要有三个方面内容:

A. 料场使用条件调查。主要对自采加工材料如块石、片石、料石、砾石、砂、黏土料源的质量和数量进行勘探,以必要的取样试验决定料场的开采价值。

B. 料场开采条件调查。主要对矿层的产状条件、水文地质条件、开采季节、工作面大小、废土堆置场地等方面调查。

C. 运输条件调查。

③ 小桥涵调查

小桥涵调查的主要任务是:调查与搜集沿线小桥涵水文、地质、地形资料,配合路线总体布设,进行实地勘测,提供小桥涵及其他排水构造物的技术要求,研究决定小桥涵的位置、结构形式、孔径大小以及上下游的防护处理等。

A. 桥涵水文资料调查

水文资料调查的目的在于提供为确定设计流量和孔径所必需的资料。调查内容应采用水文计算的方法确定。方法有:形态调查法、径流形成法、直接类比法。当跨径在 1.5m 以下时,可不进行孔径计算,通过实地勘测用目估法确定孔径。

B. 小桥涵位置的选定及测量

小桥涵的位置原则上应服从路线走向,通常情况下是由选线组根据最佳路线位置确定下来的。但是,桥涵如何布置,则由桥涵人员根据实地地形、地质水文条件综合考虑,然后进行桥址或涵址测量。

C. 桥涵结构类型的确定

小桥涵类型的选择,应结合路线的等级和性质,根据适用、经济和就地取材的原则,结合其他情况综合考虑,使所选定的类型具有施工快、造价低、便于行车和利于养护的优点。

D. 小桥涵地质调查

小桥涵地质调查的目的在于摸清桥涵基底工程地质及水文地质情况,为正确选定桥涵及附属构造物的基础埋深及有关尺寸、类型等提供资料。调查的内容包括:基底与土壤地质类型及特征、有无地质不良情况、土壤冰结深度及水文地质对基础和施工的影响等。

④ 预算资料调查

施工预算是公路设计文件的重要组成部分,进行预算资料调查的目的就是要为编制施工预算提供资料。调查应按《公路基本建设概算预测编制办法》的有关规定进行。调查的主要内容有:

A. 施工组织形式调查。主要调查施工单位的组织形式、机械化程度和生产能力以及施工企业的等级等。当施工单位不明确时,应由建设单位提供上述可能的情况及编制原则。

B. 工资标准。包括工人基本工资标准和工资性津贴(附加工资、粮价补贴、副食补贴)、其他地区性津贴及工人工资计算办法等的调查。

C. 调拨或外购材料及交通运输调查。包括材料的出厂价格、可能发生的包装费和手续费、可能供应数量、运输方式、运距、中转情况、运输能力、运杂费(包括运费、装卸费、囤存、过渡、过磅等)、水电价格等内容。

D. 征用土地和拆迁补偿费。按国务院公布的《国家建设征用土地条例》和当地政府有关补偿费用标准和办法执行。

E. 施工机构迁移和主副食运费补贴调查。

F. 气温、雨量、施工季节调查。

G. 其他可能费用资料调查。

⑤ 杂项调查

杂项调查主要是指占地、拆迁及有关项目的情况和数量调查,为编制设计文件的杂项表格提供资料。主要内容有:

A. 占用土地的测绘和调查;

B. 拆迁建筑物、构造物(包括水井、坟墓等)调查;

C. 拆迁管理、电力、电信设施调查;

D. 排水、防护、改河以及临时工程(便道、便桥等)的调查。

### 1.2.2.8 内业组

定测内业工作的复核、检查,整理外业资料,图表制作、汇总等要求与初测内业工作要求相同。

定测内业工作进程应满足及时进行路线设计和局部方案的取舍工作,外业期间宜达到做出全部路基横断面设计,并结合沿线构物造物的布设,逐段综合检查所定路线的技术经济合理性,同时应进行必要的现场核对。

 相关技能

依托《××公路工程可行性研究报告》,试拟定定测的外业工作和内业工作。

 小组任务

1. 每3～4名学生组成一个工作小组,确定1名小组长,接受工作任务,做好工作准备。

2. 根据任务要求完成相关内容。工作内容以××公路初步设计文件为基础拟定定测的外业工作和内业工作内容,模拟分成定测的若干工作小组,并以小组的方式讨论定测各个工作组的任务和如何开展工作。

3. 回答指导老师的现场提问,接受相关知识点的考核。

4. 完成工作任务后,每个小组讨论和自评,消化完成任务过程中的知识点。

 思考题与习题

1. 公路初测和公路定测的区别?

2. 公路勘测调查包含哪些内容,其作用是什么?

3. 什么叫断链?产生断链的原因是什么?应如何表示?

# 学习情境 2　路线平面结构

## 工作任务 2.1　路线平面基本线形

### 【学习目标】

　　1. 掌握平面线形的基本组成；

　　2. 掌握直线的技术标准和应用；

　　3. 掌握圆曲线的特征、技术标准和应用；

　　4. 掌握缓和曲线的特征、技术标准和应用。

### 【任务描述】

　　利用××已建公路施工图纸文件、多媒体教学资源和教师的讲解,使同学们能掌握平面基本线形技术标准和应用。

### 【学习引导】

　　本学习任务沿着以下脉络进行学习:

　　第一步,结合课件,教师讲解相关知识;

　　第二步,展示××在建公路施工图纸文件;

　　第三步,掌握平面基本线形技术标准和应用,学会应用相关知识看懂工程图纸。

 单元学习 2.1.1　相关知识

#### 2.1.1.1　路线

（1）路线的定义

　　公路是一条三维空间的实体。它是由路基、路面、桥梁、涵洞、隧道和沿线设施所组成的线形构造物。一般所说的路线是指公路中线的空间位置。我们常说的路线线形指的是道路中线的空间形状(图 2.1)。

　　路线的平面:路线在水平面上的投影称作路线的平面。

　　路线的纵断面:沿公路中线的竖向剖面图,再行展开即是路线的纵断面。

　　路线的横断面:公路中线上任意一点的法向切面是道路在该点的横断面。

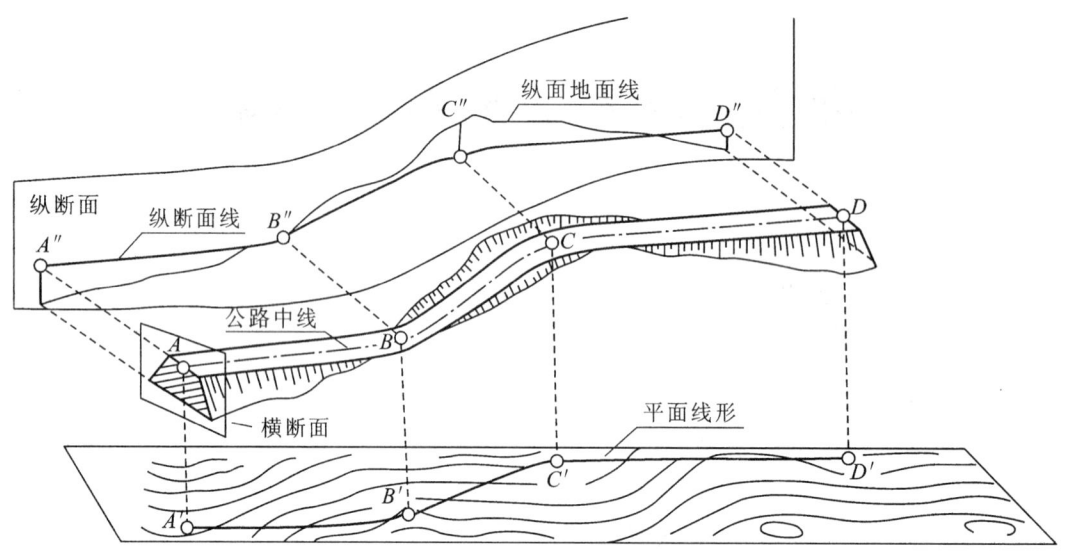

图 2.1　公路路线空间位置示意图

（2）路线设计

路线设计是指确定路线空间位置和各部分几何尺寸的工作。为研究方便，把它分为路线平面设计、路线纵断面设计和路线横断面设计，三者是相互关联的，既分别进行，又综合考虑。

在路线平面图上研究道路的基本走向及线形的过程，称为路线平面设计；在路线纵断面图上研究道路纵坡及坡长的过程，称为路线纵断面设计；在路线横断面图上研究路基断面形状的过程，称为路线横断面设计。

无论是公路还是城市道路，其路线位置受社会经济、自然地理和技术条件等因素的制约。设计者的任务就是在调查研究、掌握大量材料的基础上，设计出一条有一定技术标准、满足行车要求、工程费用最省的路线来。在设计的顺序上，一般是在尽量顾及纵、横断面的前提下先定平面，沿这个平面线形进行高程测量和横断面测量，取得地面线和地质、水文及其他必要的资料后，再设计纵断面和横断面。力求线形的均衡和土石方数量的节省，必要时再修改平面，这样经过几次反复修改，有望得到一个满意的结果。路线设计的范围，只限于路线的几何性质，不涉及结构。

### 2.1.1.2　平面线形要素

平面线形要素包括直线、圆曲线和缓和曲线三个要素。

半径为无穷大的线形称为直线。

半径为常数的线形称为圆曲线。

半径按一定规律变化的线形称为缓和曲线。可以作为缓和曲线的有：回旋曲线、三次抛物线、双扭曲线等，我国常用的是回旋曲线。

**单元学习 2.1.2　　直线**

#### 2.1.2.1　直线的特征

作为平面线形要素之一的直线,在公路和城市道路中使用最为广泛。因为两点之间以直线为最短,一般在定线时,只要地势平坦,无大的地物障碍,定线人员都首先考虑使用直线通过,加之笔直的道路给人以短捷、直达的良好印象,在美学上直线也有其自身的特点。汽车在直线上行驶受力简单,方向明确,驾驶操作简易。从测设上看,直线只需定出两点,就可方便地测定方向和距离。基于直线的这些优点,在各种线形工程中都被广泛使用。直线的特征主要是:

① 路线短捷、行车方向明确、视距良好、行车快速、驾驶操作简单。

② 线形简单,容易测设。

③ 直线路段能提供较好的超车条件(所以双车道的公路间隔适当处要设置一定长度的直线)。

④ 从行车的安全和线形美观来看:过长的直线,线形呆板,行车单调,易疲劳,也易发生超车和超速行驶,行车时司机难以估计车间距离;在直线上夜间对向行车易产生眩光。

⑤ 只能满足两个控制点的要求,难与地形及周围环境相协调。

#### 2.1.2.2　直线的规定

公路线形是在已有自然条件的基础上进行考虑的,首先考虑的不是在平面线形上尽量多采用直线,或者是必须由连续的曲线(实际上直线是半径无穷大的曲线)所构成,而是必须采用与自然地形相协调的线形。顺着自然地形平滑的线形比以直线为主而大填大挖的公路在美观上还要好,可以避免由于修建公路而破坏沿线的生活环境。无论从保护自然的角度还是从施工、工程费、养护费以及节省劳力的角度看都是好的。另外,有意识地采用曲线相连续的线形,会使驾驶人员积累疲劳,而且多数车辆在曲线上往往不能沿着车道有秩序地行车,尽管这种线形比较美观,也不应刻意追求这种线形。因此,在设计中,应根据路线所处的地段的地形、地物、驾驶员的视觉、心理状态及行车安全等因素合理布设。

（1）直线的最大长度

《标准》中规定的"避免采用长直线",是指若干千米长的直线,甚至几十千米的长直线。在这种直线上行车单调,驾驶人员易犯困,尾随车辆不易估计车速,易造成车速过快而发生事故。过去,我国西北、海南岛、山东等地修建的公路上都有几千米甚至几十千米的长直线路段。例如在新疆某公路长直线路段长达 47.5km,20 ～ 30km 长的路段也不少。目前,随着我国土地利用程度的提高,除西北等地区外,要选用那样的长直线地段是不容易的。在德国和日本,规范规定直线长度不得超过 20 倍设计速度值,亦即 120km/h 的设计速度,直线长度可用到 2000m 左右;前苏联直线长度最长为 8km;在美国直线长度最长为设计速度的 180s 行程。显然,这是指分向高速行驶的公路,而等级较低的公路就不一定适宜。针对我国的实际情况,如何采用长支线,还要因地制宜,因等级而异,不宜硬性规定。"长直线"的量化是一个需要研究的课题,我国地域辽阔,地形条件在不同的地区有很大的不同,对直线最大长度很难作出统一的规定。我国已建成十万多千米高速公路,大多位于平原微丘区,在长直线的使用上参照了国外的规定并允许稍有增长。如京津塘和济青高速公路的直线长不超过 3200m;沈大高速公路多处出现 5 ~ 8km 的长直线,最长达 13km。经过对不同路段的长直线路段,按 100km/h 的行车速度对驾驶人员和乘客调查其心理反应和感受,有如下结果:

① 位于城市附近的道路,作为城市干道的一部分,由于路旁高大建筑和多彩的城市风光,无论路基高低均被纳入视线范围,驾驶员和乘客无不良反应。

② 位于乡间平原区的公路,随季节和地区不同,驾乘人员有不同反应。北方的冬季,绿色枯萎,景色单调,长直线使人情绪受到影响;夏天稍微好一些,但驾驶人员加速行驶希望尽快驶完直线的心理普遍存在。

③ 位于大戈壁、大草原的公路,直线长度可达数十千米,司乘人员极度疲劳,车速超过设计速度很多。但在这种特殊的地形条件下,除了直线别无其他选择,人为设置弯道不但不能改善其单调,反而增加路线长度。

由此看来,直线的最大长度,在城镇附近或其他景色有变化的地点大于 $20v m$($v$ 为行车速度,单位 km/h) 是可以接受的;在景色单调的地点最好控制在 $20v m$ 以内;而在特殊的地理条件下应特殊处理,若作某种限制是不现实的。

但是必须强调,无论是汽车专用公路还是一般公路在任何情况下都要避免追求长直线的错误倾向。总的原则是:公路线形应与地形相适应,与景观相协调,当采用长的直线线形时,为弥补景观单调的缺陷,应结合具体情况采取相应的技术措施。

采用长直线线形时,应注意以下问题:

① 直线的最大长度应有所限制。当采用长的直线线形时,为弥补景观单调的缺陷,应结合沿线具体情况采取相应的技术措施。

② 长直线上纵坡不宜过大,否则极易导致下坡路段超速行驶。

③ 以长直线与大半径凹形竖曲线组合为宜,可以使生硬呆板的直线得到一些缓和。

④ 两侧地形过于空旷时,宜采取种植不同树种或设置一定建筑物、雕塑、广告牌等措施,以改善单调的景观。

⑤ 长直线或长下坡尽头的平曲线必须采取设置标志、增加路面抗滑能力等安全措施。

课堂讨论:图 2.2 所示长直线哪种线形最优?

**图 2.2　长直线线形对比**

(2)直线的最小长度

考虑到线形的连续和驾驶的方便,相邻两曲线之间应有一定的直线长度,这个直线长度是指前一曲线的终点(缓直 HZ 或圆直 YZ)到后一曲线起点(直缓 ZH 或直圆 ZY)之间的长度。

① 同向曲线间的直线最小长度

互相通视的同向曲线间若插以短直线,容易产生把直线和两端的曲线看成为反向曲线的错觉,当直线过短时甚至把两个曲线看成是一个曲线,这种线形破坏了线形的连续性,且容易造成驾驶操作的失误,设计中应尽量避免。由于这种线形组合所产生的缺陷是来自司机的错觉,所以若将两曲线拉开,也就是限制中间直线的最短长度,使对向曲线在司机的视觉以外则可以避免上述缺点。大量的观测资料证明,行车速度愈高,司机愈是注视远处的目标,这个距离在数值上大约是行车速度 $v$(以 km/h 计)的 6 倍(以 m 计),所以《公路路线设计规范》(JTG D20—2006)推荐同向曲线间的最短直线长度以不小于 $6v$ 为宜。这种要求在车速较高的道路($v > 60$km/h)上应尽可能保证,而对于低速道路($v < 40$km/h)则有所放宽,参考执行即可。在受到条件限制时,都将宜在同向曲线间插入大半径曲线或将两曲线作成复曲线、卵形曲线或 C 形曲线,如图 2.3 所示。

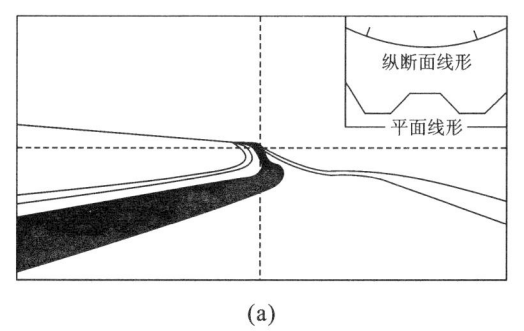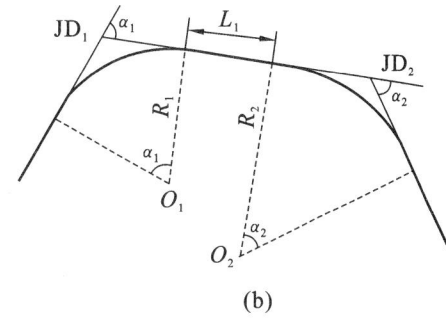

(a) (b)

**图 2.3　同向曲线间的直线**

(a)空间示意图;(b)平面图

② 反向曲线间的直线最小长度

转向相反的两圆曲线之间,考虑到为设置超高和加宽缓和段的需要以及驾驶人员转向操作的需要时,宜设置一定长度的直线(图2.4)。《公路路线设计规范》(JTG D20—2006)规定反向曲线间最小直线长度(以 m 计)以不小于行车速度(以 km/h 计)的 2 倍为宜。若两反向曲线已设缓和曲线,在受到限制的地点也可将两反向缓和曲线首尾相接,但连接的两平曲线的缓和曲线和圆曲线宜满足一定的条件。

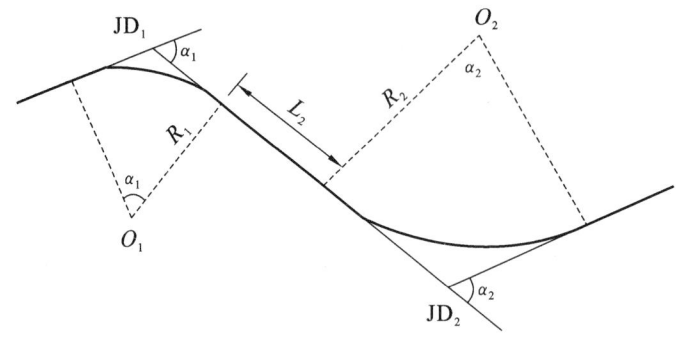

**图 2.4　反向曲线间的直线**

③ 相邻回头曲线间的直线最小长度

回头曲线是指山区公路为克服高差在同一坡面上回头展线时所采用的曲线。两回头曲线间,由一个回头曲线的终点到下一个回头曲线起点的距离,在二、三、四级公路上应分别不小于 200m、150m 和 100m。

### 2.1.2.3　直线的运用

一般情况下,下述路段宜采用直线线形:

(1) 不受地形、地物限制的平坦地区或山间的开阔谷地;

(2) 市镇及其近郊,或规划方正的农耕区等以直线条为主的地区;

(3) 长大桥梁、隧道等构造物路段;

(4) 路线交叉点及其前后;

(5) 双车道公路提供超车的路段。

 **单元学习2.1.3　圆曲线**

### 2.1.3.1　圆曲线的线形特征

各级公路和城市道路不论转角大小均应在转折处设置平曲线,而圆曲线是平曲线中的主要组成部分。在平面线形中的单曲线、复曲线、虚交点曲线和回头曲线等,一般都包括有圆曲线。圆曲线具有易与地形相适应、可循性好、线形美观、易于测设

等优点,故使用十分广泛。其具有以下线性特征:

(1) 曲线上任意一点的曲率半径 $R$ 为常数,故测设比缓和曲线简便。

(2) 汽车在圆曲线上的行驶要受到离心力;在平曲线上行驶时要多占路面宽度。

(3) 视距条件差,容易发生交通事故。

(4) 较大半径的圆曲线具有线形顺适美观、行车舒适等特点。

### 2.1.3.2 单圆曲线几何要素

(1) 单圆曲线的几何要素如图 2.5 所示,计算如下:

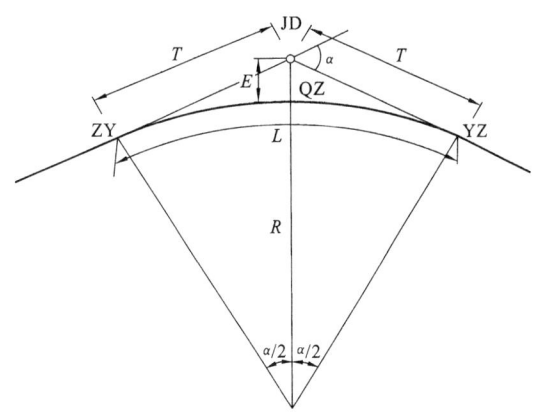

切线长 $\qquad T = R \cdot \tan \dfrac{\alpha}{2}$

曲线长 $\qquad L = \dfrac{\pi}{180} \alpha R$

外距 $\qquad E = R \left( \sec \dfrac{\alpha}{2} - 1 \right)$

切曲差 $\qquad J = 2T - L$

式中 $\quad T$—— 切线长,m;

$\quad L$—— 曲线长,m;

$\quad E$—— 外距,m;

$\quad J$—— 切曲差(或校正值),m;

$\quad R$—— 圆曲线半径,m;

$\quad \alpha$—— 转角,°。

图 2.5 圆曲线几何要素

(2) 曲线主点桩号计算如下:

$$ZY(桩号) = JD(桩号) - T$$

$$QZ(桩号) = ZY(桩号) + L/2$$

$$YZ(桩号) = ZY(桩号) + L$$

$$JD(桩号) = QZ(桩号) + J/2(校核)$$

### 2.1.3.3 圆曲线半径的计算公式与影响因素

行驶在弯道上的汽车由于受离心力作用其稳定性受到影响,而离心力的大小又与圆曲线半径密切相关,半径愈小愈不利,所以在选择平曲线半径时应尽可能采用较大的值,只有在地形或其他条件受到限制时才可使用较小的曲线半径。为了行车的安全与舒适,《标准》规定了圆曲线半径在不同情况下的最小值。

根据汽车行驶在曲线上的力的平衡式得到:

$$R = \frac{v^2}{127(\mu \pm i_b)} \qquad\qquad (2.1)$$

式中 $\quad R$—— 圆曲线半径,m;

$v$——行车速度,km/h;

$\mu$——横向力系数;

$i_b$——超高横坡度,%。

在指定车速 $v$ 下,$R_{\min}$ 的值取决于容许的最大横向力系数 $\mu_{\max}$ 和该曲线的最大超高横坡度 $i_{b,\max}$。

（1）横向力系数 $\mu$

横向力系数可近似为单位车重上受到的横向力。横向力的存在对行车产生不利影响,而且 $\mu$ 越大越不利,主要表现在以下几个方面:

① 考虑汽车行驶的横向稳定性

汽车在圆曲线上行驶的稳定性包括横向倾覆稳定性和横向滑移稳定性。由于汽车在设计和制造时,充分考虑横向倾覆稳定性,将其重心定得足够低,完全可以保证在正常装载和行驶情况下,不会在横向上产生倾覆。因此,在平曲线设计过程中,主要考虑横向滑移稳定性,保证轮胎不在路面上产生滑移即可。为此,需要满足关系式横向力 $X$ 小于或等于轮胎与路面之间的摩阻力 $F$,因为 $X = \mu G$ 和 $F = Gf$,所以只需满足条件:

$$\mu \leqslant f \tag{2.2}$$

式中　　$f$——轮胎与路面间的摩阻系数,与车速、路面种类及状态、轮胎状态等有
　　　　　　　关,在干燥路面上为 $0.4 \sim 0.8$;在潮湿的黑色路面上汽车高速行驶
　　　　　　　时,降低到 $0.25 \sim 0.40$;路面结冰和积雪时,降到 $0.2$ 以下;在光滑的
　　　　　　　冰面上可降到 $0.06$(不加防滑链)。

② 考虑驾驶员操作

弯道上行驶的汽车,在横向力作用下,轮胎会产生横向变形,使轮胎的中间平面与轮迹前进方向形成一个横向偏移角,如图 2.6 所示。致使增加了汽车在方向操纵上的困难,尤其是车速较快时,更不容易保持驾驶方向上的稳定。

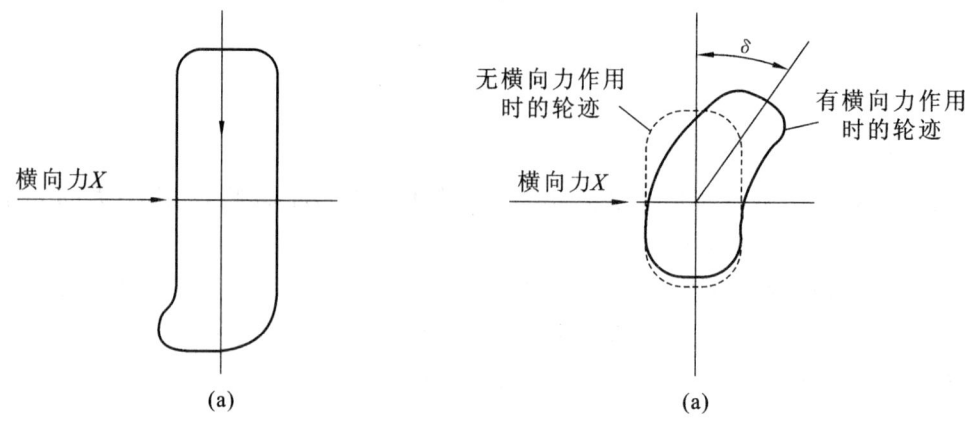

**图 2.6　汽车轮胎的横向偏移角**

(a) 轮胎横向变形;(b) 轮迹的偏移角

③ 考虑燃料消耗和轮胎磨损

由于横向力的影响,行驶在曲线上的汽车比在直线上的汽车的燃料消耗和轮胎磨损都要大,这是因为当汽车在曲线上行驶时,除了要克服行驶阻力外,还要克服横向力对行车的作用,才能使汽车沿着正确的方向行驶,为此增加了燃料的消耗。与此同时,在曲线上行驶时,横向力的作用使汽车轮胎发生变形,致使轮胎的磨损也额外增加了。表2.1列出了由于横向力系数 $\mu$ 的影响,使车辆的燃料消耗和轮胎磨损增加的情况。

表 2.1　横向力系数 $\mu$ 与燃料消耗、轮胎磨损的关系

| 横向力系数 $\mu$ | 燃料消耗(%) | 轮胎磨损(%) |
|---|---|---|
| 0 | 100 | 100 |
| 0.05 | 105 | 160 |
| 0.10 | 110 | 220 |
| 0.15 | 115 | 300 |
| 0.20 | 120 | 390 |

④ 考虑乘车的舒适性

汽车行驶在弯道上,随横向力系数 $\mu$ 值的大小不同,乘客将有不同的感受。据实验,乘客随 $\mu$ 的变化其感觉和心理反应如下:

当 $\mu < 0.10$ 时,感觉不到有曲线存在,很平稳;

当 $\mu = 0.15$ 时,稍感到有曲线存在,尚平稳;

当 $\mu = 0.20$ 时,已经感到有曲线存在,稍感不平稳;

当 $\mu = 0.35$ 时,感到有曲线存在,已感到不平稳;

当 $\mu \geqslant 0.40$ 时,非常不稳定,站不住,有倾倒的危险感。

综上所述, $\mu$ 值的采用关系到行车的安全、经济与舒适。研究表明: $\mu$ 的舒适界限,由 $0.10 \sim 0.16$ 随行车速度而变化,设计中对高、低速行驶的公路可取不同的数值。

(2) 超高横坡度(超高) $i_b$

① 最大超高横坡度 $i_{b,max}$

在车速较高的情况下平衡离心力要采用较大的超高横坡度,但公路上行驶车辆的速度并不一致,特别是在混合交通的公路上,需要兼顾快、慢车的行驶安全。对于慢车,特别是因故暂停在弯道上的车辆,其离心力宜接近于0。如超高横坡度过大,超出轮胎与路面间的横向摩阻系数,车辆有沿着路面最大合成坡度下滑的危险,因此必须满足:

$$i_{b,max} \leqslant f_w \tag{2.3}$$

式中 $f_w$ —— 一年中气候恶劣季节路面的横向摩阻系数。

确定最大超高横坡度 $i_{b,max}$ 除考虑公路所在地区的气候条件外，还必须给予驾驶员和乘客心理上的安全感。对山岭重丘区、城市附近、交叉口以及有相当数量非机动车行驶的公路上，最大超高横坡度比一般公路的要小。

《标准》对各级公路最大超高横坡度的规定见表 2.2。

**表 2.2　各级公路圆曲线最大超高横坡度值**

| 公路等级 | 高速 | 一级 | 二级 | 三级 | 四级 |
|---|---|---|---|---|---|
| 一般地区（%） | 10 | | 8 | | |
| 积雪冰冻地区（%） | 6 | | | | |

② 最小超高横坡度 $i_{b,min}$

公路的超高横坡度不应该小于公路直线段的路拱横坡度，否则不利于公路的排水，因此有：

$$i_{b,min} = i_1 \tag{2.4}$$

式中 $i_1$ —— 路拱横坡度，%。

### 2.1.3.4　圆曲线的最小半径

（1）极限最小半径

极限最小半径是各级公路按设计速度行驶的车辆能保证安全行车的最小允许半径。横向力系数 $\mu$ 视设计速度采用 $0.10 \sim 0.16$，最大超高横坡度视道路的不同环境而定，公路采用 0.10、0.08、0.06，城市道路采用 0.06、0.04、0.02，按式（2.1）计算得出"极限最小半径"。

极限最小半径是路线设计中的极限值，是在特殊困难的条件下不得已才使用的，一般不轻易采用。

（2）不设超高的最小半径

路面上不设超高，对于行驶在曲线外侧车道上的车辆来说是"反超高"，其 $i_h$ 值应为负，大小与路拱坡度相同。从舒适和安全的角度考虑，$\mu$ 也应取尽可能小的值，以使乘客行驶在曲线上的感觉与在直线上的感觉大致相同。我国《标准》制定的"不设超高的最小半径"是取 $\mu = 0.035$，$i_{b,max} = -0.015$，按式（2.1）计算取整得来的。

我国《标准》中所规定的"极限最小半径"以及"不设超高的最小半径"是考虑了我国的具体情况，并参照国外资料，取适当的 $\mu$、$i_{b,max}$，代入公式计算，将其结果取整归纳而得出的，见表 2.3。

表 2.3　圆曲线最小半径(m)

| 设计速度(km/h) | | 120 | 100 | 80 | 60 | 40 | 30 | 20 |
|---|---|---|---|---|---|---|---|---|
| 最大超高横坡度 | 10% | 570 | 360 | 220 | 115 | — | — | — |
| | 8% | 650 | 400 | 250 | 125 | 60 | 30 | 15 |
| | 6% | 710 | 440 | 270 | 135 | 60 | 35 | 15 |
| | 4% | 810 | 500 | 300 | 150 | 65 | 40 | 20 |
| 不设超高最小半径 | 路拱≤2.0% | 5500 | 4000 | 2500 | 1500 | 600 | 350 | 150 |
| | 路拱>2.0% | 7500 | 5250 | 3350 | 1900 | 800 | 450 | 200 |

### 2.1.3.5　圆曲线最大半径

选用圆曲线半径时,在与地形等条件相适应的前提下应尽量采用大半径,但半径大到一定程度时,其几何性质和行车条件与直线无太大区别,容易给驾驶人员造成判断上的错误,反而带来不良后果。所以规范规定圆曲线的最大半径不宜超过 10000m。

 单元学习2.1.4　缓和曲线

### 2.1.4.1　缓和曲线的线形特征

缓和曲线是设置在直线与圆曲线之间或大圆曲线与小圆曲线之间,由较大圆曲线向较小圆曲线过渡的曲率连续变化的曲线。《标准》规定,除四级公路可不设缓和曲线外,其他各级公路,当平曲线半径小于不设超高的最小半径时,应设缓和曲线。其线性特征是:

(1)缓和曲线曲率渐变,设于直线与圆曲线间,其线形符合汽车转弯时的行车轨迹,从而使线形缓和,消除了曲率突变点。

(2)由于曲率渐变,使道路线形美观,有良好的视觉效果和心理作用感。

(3)在直线和圆曲线间加入缓和曲线后,使平面线形更为灵活,线形自由度提高,更能与地形、地物及环境相适应、协调、配合,使平面布线更加灵活、经济、合理。

(4)与圆曲线相比,缓和曲线计算及测设均较复杂。

它的作用是:

(1)曲率连续变化,视觉效果好(线形缓和),如图 2.7 所示。

(2)离心加速度逐渐变化,旅客感觉舒适(行车缓和)。

(3)超高横坡度逐渐变化,行车更加平稳(超高缓和)。

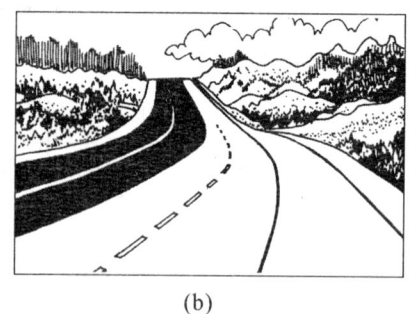

**图 2.7 缓和曲线平面示意图**

(a)未设置缓和曲线;(b)设置缓和曲线

### 2.1.4.2 缓和曲线的性质与选择

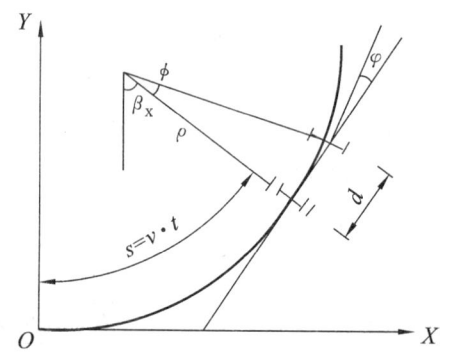

**图 2.8 汽车驶入曲线行驶轨迹**

考察汽车由直线进入圆曲线的行驶轨迹,先假定汽车是等速行驶,驾驶员匀速转动方向盘,当方向盘转动角度为 $\varphi$ 时,前轮相应转动角度为 $\phi$,通过理论推导得出弧长和曲率半径的关系,发现由直线驶入圆曲线转弯时,其轨迹上的任一点的曲率半径与其行程 $l$(自转弯开始点算起)成反比,此轨迹方程为回旋曲线方程,如图 2.8 所示。我国《标准》规定缓和曲线采用回旋曲线。

已知回旋线的数学表达式为:

$$l \cdot \rho = A^2 \qquad (2.5)$$

式中 $l$——回旋线上某点至回旋线起点的曲线长,m;

$\rho$——回旋线上某点的曲率半径,m;

$A$——回旋线的参数。

汽车行驶理论方程与回旋线基本方程相符,回旋线是公路路线设计中最常用的缓和曲线,经过多年实践证明回旋线作缓和曲线是比较好的线形。

回旋线参数 $A$ 的确定:

$$A^2 = RL_s$$
$$A = \sqrt{RL_s} \qquad (2.6)$$

式中 $R$——圆曲线半径,m;

$L_s$——缓和曲线长度,m。

只要设计选定圆曲线半径和缓和曲线长度,回旋线参数就确定了。

#### 2.1.4.3　缓和曲线的最小长度

汽车在缓和曲线上行驶时,要有足够的缓和曲线长度,以保证驾驶员操纵方向盘所需的时间、限制离心加速度的增长率及满足设置超高与加宽过渡等的要求。一般从以下四个出发点考虑:

(1) 根据离心加速度变化率求缓和曲线最小长度;

(2) 根据驾驶员操作方向盘所需经行时间,一般为 3s;

(3) 根据超高渐变率适中;

(4) 从视觉上应有平顺感的要求考虑。

目前,《公路路线设计规范》(JTG D20—2006)规定按设计速度来确定缓和曲线最小长度,同时考虑了行车时间和附加纵坡的要求,各级公路的缓和曲线最小长度见表 2.4。

表 2.4　各级公路的缓和曲线最小长度

| 公路等级 | 高速 | | | 一级 | | | 二级 | | 三级 | | 四级 |
|---|---|---|---|---|---|---|---|---|---|---|---|
| 设计速度(km/h) | 120 | 100 | 80 | 100 | 80 | 60 | 80 | 60 | 40 | 30 | 20 |
| 缓和曲线最小长度(m) | 100 | 85 | 70 | 85 | 70 | 50 | 70 | 50 | 40 | 25 | 20 |

注:四级公路为超高、加宽缓和段。

#### 2.1.4.4　直角坐标与缓和曲线常数

(1) 切线角

在图 2.9 中,以缓和曲线起点 ZH(HZ) 为坐标原点,以该点切线为 $X$ 轴,法线为 $Y$ 轴,缓和曲线上任意一点 $P$ 的切线与起点(ZH 或 HZ)切线相交所组成的角为 $\beta_x$ 角,设 $P$ 处曲率半径为 $\rho$,曲线长度为 $l$,$P$ 点处坐标为 $(X,Y)$。

$$\beta_X = \frac{l^2}{2L_S R} \tag{2.7}$$

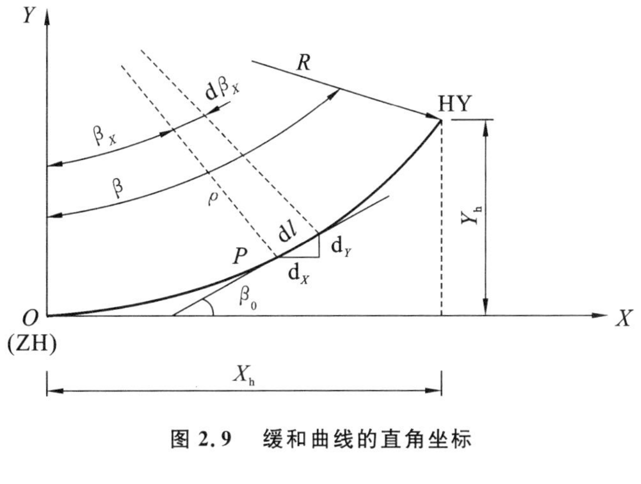

图 2.9　缓和曲线的直角坐标

当到达缓和曲线终点时,即当 $l = L_s$ 时有:

$$\beta = \frac{L_s}{2R} \qquad (2.8)$$

式中　$l$——从缓和曲线起点 ZH(HZ) 点至缓和曲线上任意一点的弧长,m;

　　　$L_s$——缓和曲线全长,m;

　　　$R$——缓和曲线终点处 HY(YH) 点的半径,即圆曲线半径,m;

　　　$\beta_x$——缓和曲线任意一点的切线角,rad;

　　　$\beta$——缓和曲线终点处 HY(YH) 的切线角,rad。

(2) 缓和曲线直角坐标

缓和曲线上任意点的直角坐标为:

$$\left. \begin{array}{l} X = l - \dfrac{l^5}{40R^2 L_s^2} \\[3mm] Y = \dfrac{l^3}{6RL_s} - \dfrac{l^7}{336R^3 L_s^3} \end{array} \right\} \qquad (2.9)$$

特别地,当 $l = L_s$ 时,缓和曲线终点坐标为:

$$\left. \begin{array}{l} X_h = L_s - \dfrac{L_s^3}{40R^2} \\[3mm] Y_h = \dfrac{L_s^2}{6R} - \dfrac{L_s^4}{336R^3} \end{array} \right\} \qquad (2.10)$$

式中　$X$——缓和曲线上任意一点的横坐标;

　　　$Y$——缓和曲线上任意一点的纵坐标;

　　　$X_h$——缓和曲线终点处的横坐标;

　　　$Y_h$——缓和曲线终点处的纵坐标;

　　　其余符号意义同前。

(3) 缓和曲线常数

为了在直线和圆曲线之间设置缓和曲线,必须将原来的圆曲线向内移动,才能使缓和曲线的起点切于直线上,而缓和曲线的终点又与圆曲线相切,如图 2.10 所示。

① $p$ 和 $q$

设有缓和曲线的圆曲线起点(终点)至缓和曲线起点距离为 $q$。

设有缓和曲线后圆曲线内移距离为 $p$,内移圆曲线半径为 $R$。

$$p = \frac{L_s^2}{24R} \qquad (2.11)$$

$$q = \frac{L_s}{2} - \frac{L_s^3}{240R^2} \qquad (2.12)$$

② $T_d$ 和 $T_k$

如图 2.11 所示,缓和曲线起点、终点的切线相交于 $Q$ 点至缓和曲线起点的距离为 $T_d$,至缓和曲线终点的距离为 $T_k$。

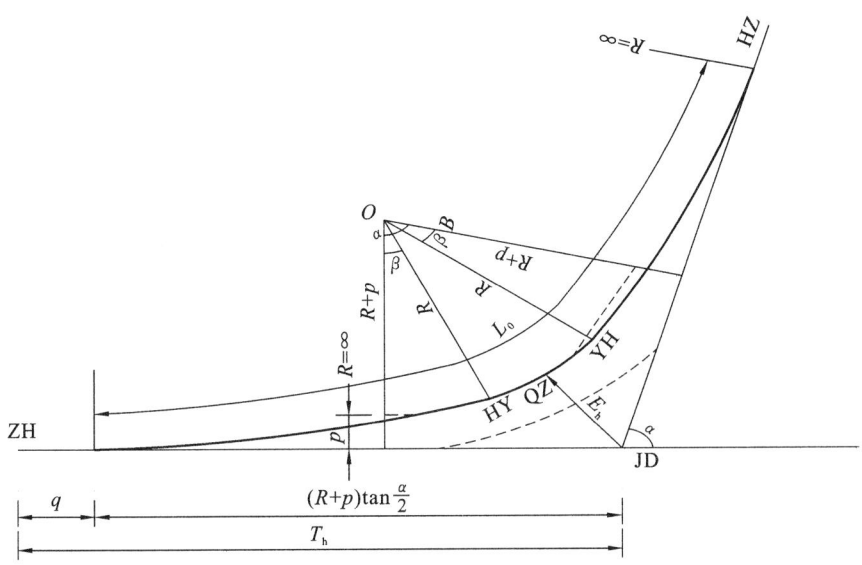

图 2.10　带有缓和曲线的平曲线

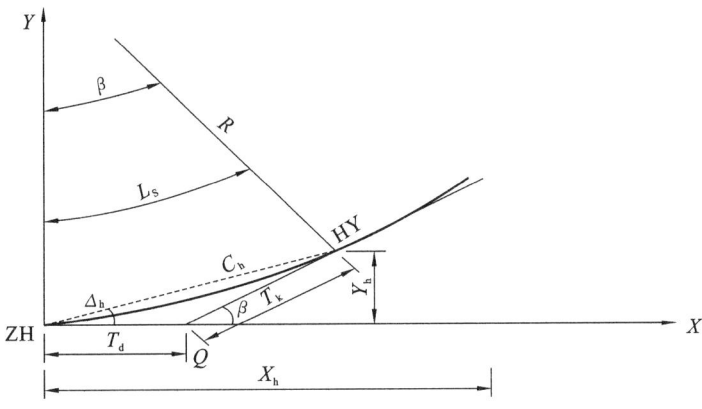

图 2.11　缓和曲线终点的切线

$$T_{\mathrm{d}} = \frac{2}{3}L_{\mathrm{S}} + \frac{11L_{\mathrm{S}}^{3}}{360R^{2}} \tag{2.13}$$

$$T_{\mathrm{k}} = \frac{1}{3}L_{\mathrm{S}} + \frac{L_{\mathrm{S}}^{3}}{126R^{2}} \tag{2.14}$$

③ $C_{\mathrm{h}}$ 和 $\Delta_{\mathrm{h}}$

图 2.11 所示缓和曲线的长弦 $C_{\mathrm{h}}$（又叫动弦）与横轴的夹角为 $\Delta_{\mathrm{h}}$，即缓和曲线的总偏角。

缓和曲线上任意点的偏角：

$$\Delta = \frac{\beta}{3}\left(\frac{l}{L_{\mathrm{S}}}\right)^{2}$$

所以,当 $l = L_s$ 时有:

$$\Delta_h = \frac{\beta}{3} \tag{2.15}$$

缓和曲线的长弦:

$$C_h = X_h \sec\Delta_h = L_s - \frac{L_s^3}{90R^2} \tag{2.16}$$

缓和曲线终点的切线的确定还可以采用以下的方法:将仪器置于 HY 点(或 YH 点),照准 ZH 点(或 HZ 点)归零,旋转 $\frac{2\beta}{3}$ 度,即为 HY 点(或 YH 点)的切线。

### 2.1.4.5　有缓和曲线的公路平曲线

公路平面线形三要素的基本组成为:直线 — 缓和曲线 — 圆曲线 — 缓和曲线 — 直线。其带有缓和曲线的平曲线几何元素的计算公式如下。

(1) 单交点(对称形)

① 缓和曲线常数

缓和曲线的切线角:

$$\beta = \frac{L_s}{2R}\frac{180}{\pi}$$

未设缓和曲线圆曲线的起点至缓和曲线起点的距离:

$$q = \frac{L_s}{2} - \frac{L_s^3}{240R^2}$$

设有缓和曲线后圆曲线的内移值:

$$p = \frac{L_s^2}{24R}$$

② 平曲线几何要素计算

平曲线切线长:

$$T_h = (R+p)\tan\frac{\alpha}{2} + q$$

平曲线中的圆曲线长:

$$L' = (\alpha - 2\beta)\frac{\pi}{180}R$$

平曲线总长:

$$L_h = (\alpha - 2\beta)\frac{\pi}{180}R + 2L_s$$

外距:

$$E_h = (R+p)\sec\frac{\alpha}{2} - R$$

切曲差：

$$D_h = 2T_h - L_h$$

（2）双交点

① 同向两个交点按虚交法设计一个单曲线的情形，如图 2.12 所示。

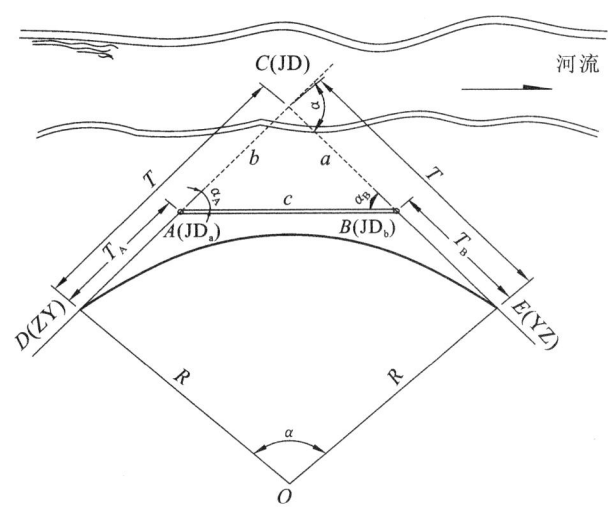

图 2.12　虚交单曲线

$$a = \frac{\sin\alpha_A}{\sin\alpha_B}AB \qquad b = \frac{\sin\alpha_B}{\sin\alpha_A}AB$$

$$T_A = T - b \qquad T_B = T - a$$

式中　　$a, b$—— 虚交三角形边长，m；

　　　　$AB$—— 辅助交点间距，即辅助基线长，实测求得，m；

　　　　$\alpha_A, \alpha_B$—— 辅助交点转角，实测求得；

　　　　$T_A, T_B$—— 辅助交点至曲线起、终点距离，m；

　　　　$T$—— 按单交点曲线计算的切线长，m；

　　　　$\alpha$—— 路线转角，$\alpha = \alpha_A + \alpha_B$。

② 两个同向交点按切基线设计成一个单曲线的情形，如图 2.13 所示。

A. 当平曲线不设缓和曲线时

$$T_1 = R\tan\frac{\alpha_A}{2} \qquad T_2 = R\tan\frac{\alpha_B}{2}$$

$$T_A + T_B = R\tan\frac{\alpha_A}{2} + R\tan\frac{\alpha_B}{2}$$

$$R = \frac{T_1 + T_2}{\tan\dfrac{\alpha_A}{2} + \tan\dfrac{\alpha_B}{2}}$$

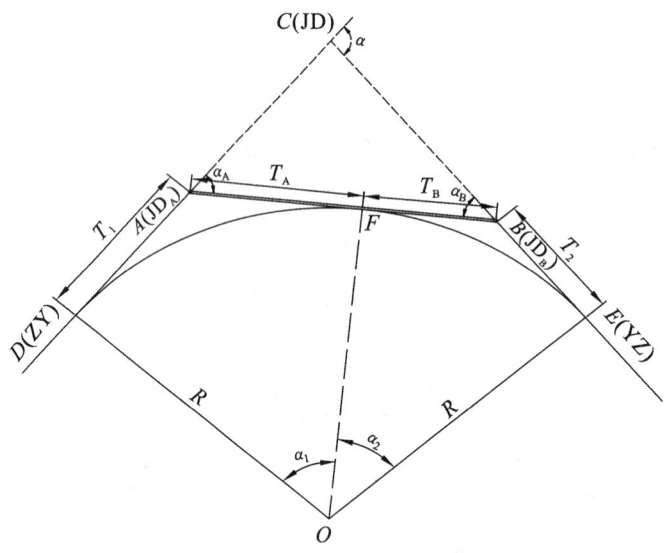

**图 2.13　双交点曲线**

计算出圆曲线半径 $R$ 后,就可以按单圆曲线计算其他参数。

B. 当平曲线设有缓和曲线时

通常,由于 $AB$ 的长度已知,设计双交点曲线方式为选定缓和曲线长度 $L_S$,反求圆曲线半径。

由

$$AB = (R+p)\tan\frac{\alpha_A}{2} + (R+p)\tan\frac{\alpha_B}{2}$$

可以得以下求解公式:

$$24R^2 - 24\frac{AB}{\tan\frac{\alpha_A}{2} + \tan\frac{\alpha_B}{2}}R + L_S^2 = 0$$

可确定圆曲线半径 $R$。

#### 2.1.4.6　缓和曲线的运用

缓和曲线设置在直线与圆曲线间或不同半径圆曲线之间,它的作用是缓和人体感到的离心加速度的急剧变化,且使驾驶员容易做到匀顺地操纵方向盘,提高视觉的平顺度,保持线形的连续性。缓和曲线容易适应自然地形、地物,增加线形设计的自由度。缓和曲线常用回旋线。《标准》规定设置缓和曲线的条件为:凡圆曲线半径小于不设超高的最小半径时,公路等级为三级及以上的公路时,都须在直线与圆曲线之间设置回旋线作为缓和曲线。

[**例 2.1**]　平曲线交点 JD 桩号里程为 K6+700.24,且转角 $\alpha = 31°10'$,半径 $R = 300\text{m}$,缓和曲线长 $L_S = 70\text{m}$,试计算各主点桩号的里程。

[解] 计算缓和曲线常数和要素:

$$q = \frac{L_s}{2} - \frac{L_s^3}{240R^2} = 34.98\text{m} \qquad p = \frac{L_s^2}{24R} = 0.68\text{m}$$

$$\beta = \frac{180}{\pi}\frac{L_s}{2R} = 6.69° \qquad T_h = (R+p)\tan\frac{\alpha}{2} + q = 118.84\text{m}$$

$$L_h = (\alpha - 2\beta)\frac{\pi}{180}R + 2L_s = 233.19\text{m} \qquad L' = L - 2L_s = 93.19\text{m}$$

$$E_h = (R+p)\sec\frac{\alpha}{2} - R = 12.233\text{m} \qquad D_h = 2T_h - L_h = 4.49\text{m}$$

主点桩号计算:

| | |
|---|---|
| JD | K6+700.24 |
| $-)T_h$ | 118.84 |
| ZH | K6+581.4 |
| $+)L_s$ | 70.00 |
| HY | K6+651.40 |
| $+)L'$ | 93.19 |
| YH | K6+744.59 |
| $+)L_s$ | 70.00 |
| HZ | K6+814.59 |
| $-)L_h/2$ | 116.595 |
| QZ | K6+697.995 |
| $+)D_h/2$ | 2.245 |
| JD | K6+700.24(计算无误) |

## 相关技能

已知某公路转弯处的相关参数:圆曲线半径、缓和曲线长、交点桩号和转角,计算各主点桩号并验算。

计算思路如下。

(1) 通过公式计算下述参数:

$$q = \frac{L_s}{2} - \frac{L_s^3}{240R^2}(\text{m}) \qquad p = \frac{L_s^2}{24R}(\text{m})$$

$$\beta = \frac{180}{\pi}\frac{L_s}{2R}(°) \qquad T_h = (R+p)\tan\frac{\alpha}{2} + q(\text{m})$$

$$L = (\alpha - 2\beta)\frac{\pi}{180}R + 2L_s(\text{m}) \qquad L' = L - 2L_s(\text{m})$$

$$E_h = (R+p)\sec\frac{\alpha}{2} - R(\text{m}) \qquad D_h = 2T_h - L_h(\text{m})$$

（2）曲线主点桩号计算：

$$ZH(桩号) = JD(桩号) - T_h$$
$$HY(桩号) = ZH(桩号) + L_S$$
$$YH(桩号) = HY(桩号) + L'$$
$$HZ(桩号) = YH(桩号) + L_S$$
$$QZ(桩号) = HZ(桩号) - L/2$$

$$JD(桩号) = QZ(桩号) + D_h/2（验算复核到已知 JD 的桩号即可）$$

 **小组任务**

1. 每 3～4 名学生组成一个工作小组，确定 1 名小组长，接受工作任务，做好工作准备。

2. 根据任务要求完成相关内容。工作内容主要包括××公路路线平面图纸的识读，平面线形在图纸中是如何反应的，曲线要素在图纸中如何表达，并能够描述出来。

3. 回答指导老师的现场提问，接受看图能力的技能考核。

4. 完成工作任务后，每个小组讨论和自评，消化完成任务过程中的知识点。

**思考题与习题**

平曲线交点 JD 桩号里程为 K 号（班级尾号两位）＋学号 × 10，且转角 $\alpha = 24°30'$，半径 $R = 350\text{m}$，缓和曲线长 $L_S = 60\text{m}$，试计算各主点桩号的里程。

# 工作任务 2.2　　平曲线超高、加宽计算和视距

## 【学习目标】

1. 掌握曲线超高与加宽的定义；

2. 掌握超高的方式；

3. 掌握超高缓和段的确定；

4. 掌握加宽的过渡方式；

5. 了解行车视距的相关概念。

## 【任务描述】

利用××已建公路施工图纸文件、多媒体教学资源和教师的讲解，使同学们能掌握超高方式、超高缓和段的确定和过渡方式，以及超高和加宽在图纸中的表达方式。

## 【学习引导】

本学习任务沿着以下脉络进行学习：

第一步，结合课件，教师讲解相关知识；

第二步，展示××在建公路施工图纸文件；

第三步，掌握超高和加宽的相关知识，学会应用相关知识看懂工程图纸。

**单元学习 2.2.1　平曲线超高**

### 2.2.1.1　超高的定义及其作用

当汽车在弯道上行驶时，要受到离心力的作用，所以在平曲线设计时，为抵消车辆在曲线路段上行驶时所产生的离心力，在该路段横断面上设置的外侧高于内侧的单向横坡，称为超高，如图 2.14 所示。

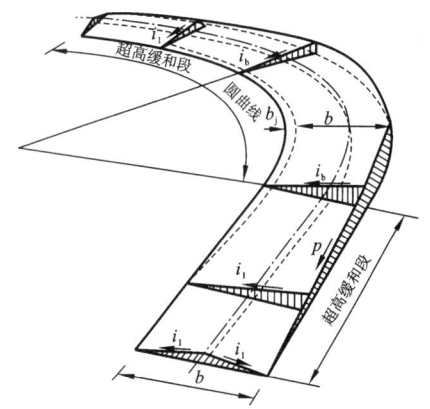

**图 2.14　平曲线超高及超高缓和段**

平曲线超高的作用是为了使汽车在平曲线上行驶时能获得一个指向内侧的横向分力，用以克服离心力，减少横向力，从而保证汽车行驶的稳定性及乘客的舒适性。

《标准》规定：圆曲线半径小于不设超高的最小半径时应设置超高。

### 2.2.1.2　圆曲线上全超高横坡度

（1）圆曲线上全超高横坡度的确定

圆曲线段半径不变，超高横坡度从圆曲线起点至圆曲线终点是一个不变的定值，即为全超高。圆曲线超高横坡度应按公路等级、设计速度、圆曲线半径、路面类型、自然条件和车辆组成等情况查规范确定，见表 2.5。

**表 2.5　圆曲线半径与超高横坡度**

半径单位：m

| 超高横坡度(%) | 高速公路 平原微丘 v=120km/h 一般情况 | 积雪冰冻地区 | 高速公路 重丘 v=100km/h 一般情况 | 积雪冰冻地区 | 高速公路 山岭 v=80km/h 一般情况 | 积雪冰冻地区 | 高速公路 山岭 v=60km/h 一般情况 | 积雪冰冻地区 | 一级公路 平原微丘 v=100km/h 一般情况 | 积雪冰冻地区 | 一级公路 山岭重丘 v=60km/h 一般情况 | 积雪冰冻地区 | 二级公路 平原微丘 v=80km/h 一般情况 | 积雪冰冻地区 | 二级公路 山岭重丘 v=40km/h 一般情况 | 积雪冰冻地区 | 三级公路 平原微丘 v=60km/h 一般情况 | 积雪冰冻地区 | 三级公路 山岭重丘 v=30km/h 一般情况 | 积雪冰冻地区 | 四级公路 平原微丘 v=40km/h 一般情况 | 积雪冰冻地区 | 四级公路 山岭重丘 v=20km/h 一般情况 | 积雪冰冻地区 |
|---|---|---|---|---|---|---|---|---|---|---|---|---|---|---|---|---|---|---|---|---|---|---|---|---|
| 2 | <5500 ~3040 | <5500 ~1940 | <4000 ~1700 | <4000 ~1550 | <2500 ~1240 | <2500 ~1130 | <1500 ~810 | <1500 ~720 | <4000 ~1710 | <4000 ~1500 | <1500 ~810 | <1500 ~720 | <2500 ~1210 | <2500 ~1130 | <600 ~390 | <600 ~360 | <1550 ~780 | <1550 ~720 | <350 ~230 | <350 ~210 | <600 ~390 | <600 ~360 | <150 ~105 | <150 ~95 |
| 3 | <3040 ~2160 | <1940 ~1290 | <1700 ~1210 | <1550 ~1050 | <1240 ~830 | <1130 ~750 | <810 ~570 | <720 ~460 | <1710 ~1220 | <1500 ~1050 | <810 ~570 | <720 ~460 | <1210 ~840 | <1130 ~750 | <390 ~270 | <360 ~230 | <780 ~530 | <720 ~460 | <230 ~150 | <210 ~130 | <390 ~270 | <360 ~230 | <105 ~70 | <95 ~60 |
| 4 | <2160 ~1620 | <1290 ~970 | <1210 ~950 | <1050 ~760 | <830 ~630 | <750 ~530 | <570 ~430 | <460 ~300 | <1220 ~950 | <1050 ~760 | <570 ~430 | <460 ~300 | <840 ~630 | <750 ~520 | <270 ~200 | <230 ~150 | <530 ~390 | <460 ~300 | <150 ~110 | <130 ~80 | <270 ~200 | <230 ~150 | <70 ~55 | <60 ~40 |
| 5 | <1620 ~1300 | <970 ~760 | <950 ~770 | <760 ~550 | <630 ~500 | <530 ~360 | <430 ~340 | <300 ~190 | <950 ~770 | <760 ~550 | <430 ~340 | <300 ~190 | <630 ~500 | <520 ~360 | <200 ~150 | <150 ~90 | <390 ~300 | <300 ~190 | <110 ~80 | <80 ~50 | <200 ~150 | <150 ~90 | <55 ~40 | <40 ~25 |
| 6 | <1300 ~1080 | <760 ~650 | <770 ~650 | <550 ~400 | <500 ~400 | <360 ~250 | <340 ~280 | <190 ~125 | <770 ~650 | <550 ~400 | <340 ~280 | <190 ~125 | <500 ~410 | <360 ~250 | <150 ~120 | <90 ~60 | <300 ~230 | <190 ~125 | <80 ~60 | <50 ~30 | <150 ~120 | <90 ~60 | <40 ~30 | <25 ~15 |
| 7 | <1080 ~930 | — | <650 ~560 | — | <400 ~350 | — | <280 ~230 | — | <650 ~560 | — | <280 ~230 | — | <410 ~320 | — | <120 ~90 | — | <230 ~170 | — | <60 ~50 | — | <120 ~90 | — | <30 ~20 | — |
| 8 | <930 ~810 | — | <560 ~500 | — | <350 ~310 | — | <230 ~200 | — | <560 ~500 | — | <230 ~200 | — | <320 ~250 | — | <90 ~60 | — | <170 ~125 | — | <50 ~30 | — | <90 ~60 | — | <20 ~15 | — |
| 9 | <810 ~720 | — | <500 ~440 | — | <310 ~280 | — | <200 ~160 | — | <500 ~440 | — | <200 ~160 | — | — | — | — | — | — | — | — | — | — | — | — | — |
| 10 | <720 ~656 | — | <440 ~400 | — | <280 ~250 | — | <160 ~125 | — | <440 ~400 | — | <160 ~125 | — | — | — | — | — | — | — | — | — | — | — | — | — |

（2）圆曲线上的超高横坡度的最大值

为了保证慢车特别是停在弯道上的车辆,不产生向内侧滑移现象,特别是在冬季路面有积雪结冰的情况下,更有可能出现滑移危险,所以超高横坡度不能太大。我国《标准》规定了各级公路圆曲线最大全超高横坡度值,见表2.2。

（3）圆曲线上的超高横坡度的最小值

为满足公路排水的要求,各级公路圆曲线部分的最小超高横坡度与该公路直线部分的路拱坡度一致。

### 2.2.1.3　超高缓和段

（1）超高缓和段的设置原因

当平曲线半径小于不设超高最小半径时,应设置超高。汽车从直线上没有超高的双向路拱横坡进入设有单向横坡的全超高的圆曲线上是一个突变,对行车是极为不利的。所以在直线和圆曲线之间必须设置超高缓和段。

汽车从没有超高的双向路拱横坡过渡到单向的全超高横坡度,要有一个逐渐变化的区段,这一变化区段称为超高缓和段,如图2.15所示。

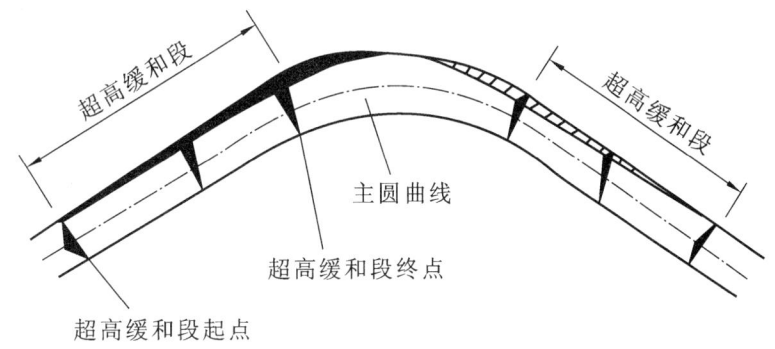

**图2.15　超高和超高缓和段**

（2）超高缓和段形式

超高缓和段上的超高横坡度从直线上的双向横坡逐渐过渡到圆曲线上的单向超高横坡度$i_b$,其间每一个微分横断面上的公路横断面随前进方向逐渐旋转过渡,这就是缓和段上超高横坡度逐渐变化的规律。超高缓和段的形成过程,根据不同的旋转基线可有两种情况（无中间带和有中间带公路）共六种形式。

① 无中间分隔带公路的超高过渡

当超高横坡度等于路拱坡度时,将外侧车道绕中线旋转,直至达到反向的路拱坡度值。

当超高横坡度大于路拱坡度时,可分别采用以下三种方式:

A. 绕内边缘旋转

先将外侧车道绕路面未加宽前的中心线旋转,待达到与内侧车道构成单向横坡后,整个断面绕路面未加宽前的内侧边缘线旋转,直至全超高横坡度值,如图 2.16 所示。

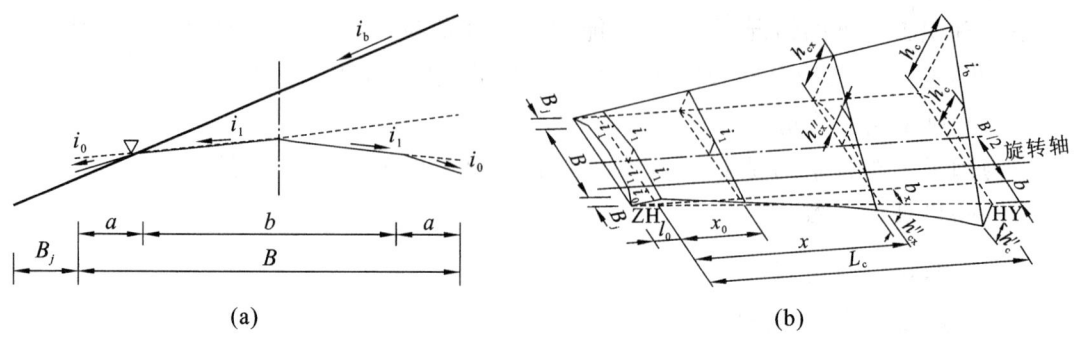

(a)　　　　　　　　　　　　　(b)

**图 2.16　绕内边缘旋转**

(a) 横断面图;(b) 立体图

B. 绕中线旋转

先将外侧车道绕路面未加宽前的路中心线旋转,待达到与内侧构成单向横坡后,整个断面一同绕路面未加宽前的路中心线旋转,直至全超高横坡度值,如图 2.17 所示。

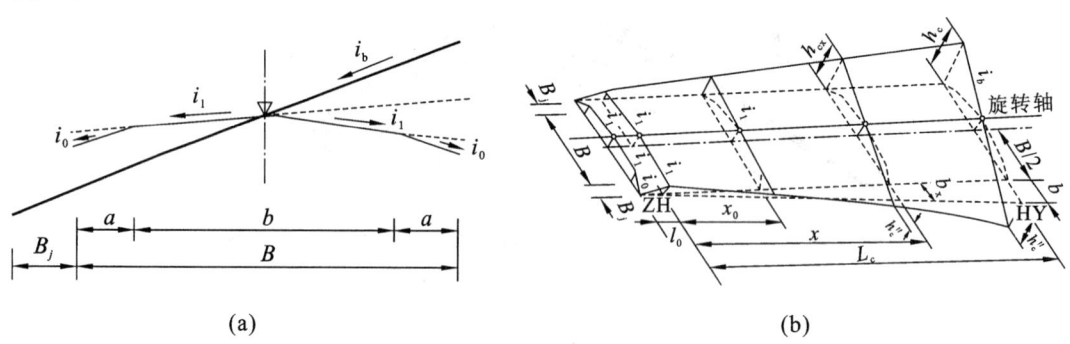

(a)　　　　　　　　　　　　　(b)

**图 2.17　绕中线旋转**

(a) 横断面图;(b) 立体图

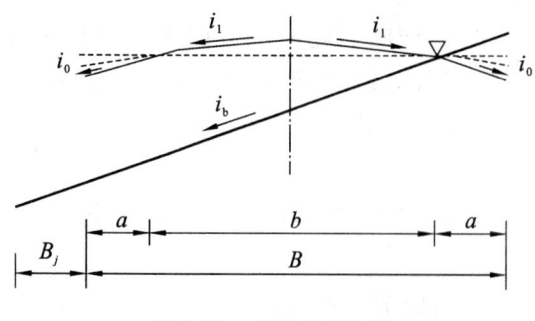

**图 2.18　绕外边缘旋转**

C. 绕外边缘旋转

先将外侧车道绕路面外侧边缘旋转,与此同时,内侧车道随中线的降低而相应降低,待达到单向横坡后,整个断面仍绕外侧车道边缘旋转,直至超高横坡值,如图 2.18 所示。

绕内边缘线旋转,由于行车道内侧不降低,有利于路基纵向排水,一般新建公路多用此方式;绕中心线旋转可保持中线标高不变,且在超高坡度一定的情况下,外侧边缘的抬高值较小,多用于旧路改建工程;而绕外侧边缘线旋转是一种比较特殊的设计,仅用于某些为改善路容的路段。

② 有中间分隔带公路的超高过渡

A. 绕中央分隔带的中心线旋转

先将外侧行车道绕中央分隔带的中心线旋转,待达到与内侧行车道构成单向横坡后,整个断面一同绕中央分隔带的中心线旋转,直至全超高横坡值,如图 2.19(a)所示。

B. 绕中央分隔带两侧边缘线旋转

将两侧行车道分别绕中央分隔带两侧边缘线旋转,使之各自成为独立的单向超高断面。此时中央分隔带维持原水平状态,如图 2.19(b) 所示。

C. 绕各自行车道中线旋转

将两侧行车道分别绕各自的行车道中线旋转,使之各自成为独立的单向超高断面,此时中央分隔带两边缘分别升高与降低而成为倾斜断面,如图 2.19(c) 所示。

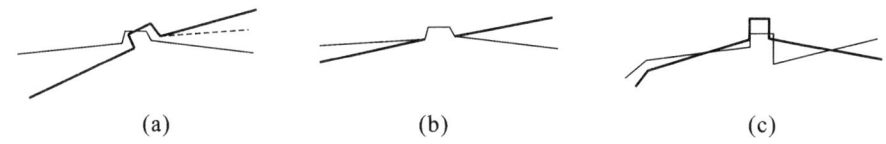

**图 2.19　有中间带的超高过渡方式**

(a) 绕中央分隔带的中心线旋转;(b) 绕中央分隔带两侧边缘线旋转;(c) 绕各自行车道中线旋转

三种超高过渡方式各有优缺点,中间带宽度较窄时可采用绕中央分隔带的中心线旋转;各种中间带宽度的都可以采用绕中央分隔带的两侧边缘旋转;对于车道数大于 4 条的公路可采用绕各自行车道中心线旋转;对于分离式断面的公路由于上、下行行车道是各自独立的,其超高的设置及其过渡可按两条无分隔带的公路分别予以处理。

(3) 超高缓和段长度

由于在超高缓和段上逐渐超高,引起行车道外侧边缘或内侧边缘的纵坡逐渐增大或减小,使边缘纵坡与原路线纵坡不一,这个由于逐渐超高而引起外侧边缘纵坡与路线原设计纵坡的差值称为超高渐变率。在考虑超高缓和段长度时,应将超高渐变率控制在一定的数值范围内。超高渐变率越大,即渐变速度快,则所需的缓和段长度可短些,但乘客不舒适;反之,渐变率太小,即渐变速度太慢,则乘客舒适,但超高缓和段长度太长。

《公路路线设计规范》(JTG D20—2006)对超高渐变率的规定如表 2.6 所列。

表 2.6　超高渐变率

| 计算行车速度(km/h) | 超高旋转轴位置 | | 计算行车速度(km/h) | 超高旋转轴位置 | |
|---|---|---|---|---|---|
| | 中轴 | 边轴 | | 中轴 | 边轴 |
| 120 | 1/250 | 1/200 | 40 | 1/150 | 1/100 |
| 100 | 1/225 | 1/175 | 30 | 1/125 | 1/75 |
| 80 | 1/200 | 1/150 | 20 | 1/100 | 1/50 |
| 60 | 1/175 | 1/125 | | | |

双车道公路超高缓和段长度按下式计算：

$$L_c = \frac{B\Delta i}{\rho} \tag{2.17}$$

式中　　$L_c$——超高缓和段长度，m；

　　　　$B$——旋转轴至行车道外侧边缘的宽度，m；

　　　　$\Delta i$——超高旋转轴外侧的最大超高横坡度与原路拱横坡度的代数差；

　　　　$\rho$——超高渐变率。

（4）横断面超高值计算

在明确超高缓和段的构成及缓和段长度计算的基础上，可以计算缓和段上任意一桩位处横断面的超高值。在设计中考虑到施工方便，实际使用的不是超高横坡度，也不是路面内（外）侧的超高值，而是加宽后由超高横坡度推算出路肩内（外）边缘和路中线与原设计标高（未加宽和超高时的路肩边缘设计标高）的抬高或降低值。

路基设计标高是指路基断面上某一位置相对于水平面基准点的相对高度。高速公路、一级公路设计标高一般指中央分隔带的外侧边缘标高，二、三、四级公路一般指未超高加宽之前的路肩边缘标高。

改建公路的设计高程，一般按新建公路的规定执行，也可按行车道中线高程或公路中心线高程执行。

当圆曲线半径小于不设超高最小半径时，圆曲线段应按要求设置全超高，在直线和圆曲线连接处应设置超高缓和段。

公路中线和路基内、外侧边缘线与路基设计高程的差应予以计算并列入"路基设计表"中，以便施工。

对于新建的二、三、四级公路，圆曲线半径小于不设超高最小半径时，平曲线超高值的计算公式（绕内边轴旋转的超高值计算公式）见表 2.7；对于改扩建的二、三、四级公路平曲线超高值的计算公式（绕中线旋转的超高值计算公式）见表 2.8。

**表 2.7　绕内边轴旋转的超高值计算公式**

| 超高值 | | 计算公式 | | 备注 |
|---|---|---|---|---|
| | | $0 \leqslant x \leqslant L_1$ | $L_1 \leqslant x \leqslant L_c$ | |
| 圆曲线段 | 外缘 $h_c$ | $ai_0 + (a+b)i_b$ | | 各超高值均与设计标高比较，$h''_c$ 和 $h''_{cx}$ 为降低值 |
| | 中线 $h'_c$ | $ai_0 + \dfrac{b}{2}i_b$ | | |
| | 内缘 $h''_c$ | $ai_0 - (a+B_j)i_b$ | | |
| 超高缓和段 | 外缘 $h_{cx}$ | $a(i_0 - i_1) + \left[ai_1 + (a+b)i_b\right]\dfrac{x}{L_c}$ 或 $\dfrac{x}{L_c}h_c$ | | $L_1 = \dfrac{i_1}{i_b}L_c$ $B_{jx} = \dfrac{x}{L_c}B_j$ |
| | 中线 $h'_{cx}$ | $ai_0 + \dfrac{b}{2}i_1$ | $ai_0 + \dfrac{b}{2}\dfrac{x}{L_c}i_b$ | |
| | 内缘 $h''_{cx}$ | $ai_0 - (a+B_{jx})i_1$ | $ai_0 - (a+B_{jx})\dfrac{x}{L_c}i_b$ | |

**表 2.8　绕中线旋转的超高值计算公式**

| 超高值 | | 计算公式 | | 备注 |
|---|---|---|---|---|
| | | $0 \leqslant x \leqslant L_1$ | $L_1 \leqslant x \leqslant L_c$ | |
| 圆曲线段 | 外缘 $h_c$ | $a(i_0 - i_1) + \left(a+\dfrac{b}{2}\right)(i_1 + i_b)$ | | 各超高值均与设计标高比较，$h''_c$ 和 $h''_{cx}$ 为降低值 |
| | 中线 $h'_c$ | $ai_0 + \dfrac{b}{2}i_1$ | | |
| | 内缘 $h''_c$ | $ai_0 + \dfrac{b}{2}i_1 - \left(a+\dfrac{b}{2}+B_j\right)i_b$ | | |
| 超高缓和段 | 外缘 $h_{cx}$ | $a(i_0 - i_1) + \left(a+\dfrac{b}{2}\right)\dfrac{x}{L_c}(i_1 + i_b)$ 或 $\dfrac{x}{L_c}h_c$ | | $L_1 = \dfrac{2i_1}{i_1 + i_b}L_c$ $B_{jx} = \dfrac{x}{L_c}B_j$ |
| | 中线 $h'_{cx}$ | $ai_0 + \dfrac{b}{2}i_1$ | | |
| | 内缘 $h''_{cx}$ | $ai_0 - (a+B_{jx})i_1$ | $ai_0 + \dfrac{b}{2}i_1 - \left(a+\dfrac{b}{2}+B_{jx}\right)\dfrac{x}{L_c}i_b$ | |

注：$h_c$——路肩外边缘最大超高值；

　　$h'_c$——路中线最大超高值；

　　$h''_c$——路基内边缘最大降低值；

　　$h_{cx}$——缓和段上任意断面处，外侧路肩的超高值；

　　$h'_{cx}$——缓和段上任意断面处，加宽前路中线的超高值；

　　$h''_{cx}$——缓和段上任意断面处，加宽后路肩内边缘的降低值；

　　$L_c$——缓和段长度全长；

　　$L_1$——双向坡路面过渡到超高坡度为路拱坡度时所需的临界长度；

　　$B_j$——圆曲线部分路基的全加宽值；

　　$B_{jx}$——缓和段上 $x$ 距离处路基加宽值；

　　$a$——路肩宽度；

　　$b$——路面宽度；

　　$i_0$——原路肩横坡度；

　　$i_1$——原路拱横坡度；

　　$i_b$——圆曲线超高横坡度；

　　$x$——缓和段内任意点处距缓和段起点的距离。

**［例2.2］**　某山岭区三级公路,有一半径 $R = 125\text{m}$ 的弯道,求超高为绕内边轴旋转的缓和段的长度。

**［解］**　查表2.5和表2.6得设计车速 $v = 30\text{km/h}$,$\Delta i = 4\%$,$\rho = 1/75$,设公路宽 $B = 6\text{m}$,则代入式(2.17)有:

$$L_c = \frac{B}{\rho}\Delta i = \frac{6}{1/75} \times 4\% = 18\text{m} \approx 20\text{m}$$

 **单元学习2.2.2　平曲线加宽**

### 2.2.2.1　加宽的定义及其条件

汽车在曲线路段上行驶时,其四个车轮轨迹半径不同,靠近曲线内侧后轮行驶的曲线半径最小,靠曲线外侧的前轮行驶的曲线半径最大,因而需要比直线上更大的宽度。此外,为适应汽车在平曲线上行驶时,后轮轨迹偏向曲线内侧的需要,在平曲线内侧相应增加的路面、路基宽度称为曲线加宽(又称弯道加宽),如图2.20所示。

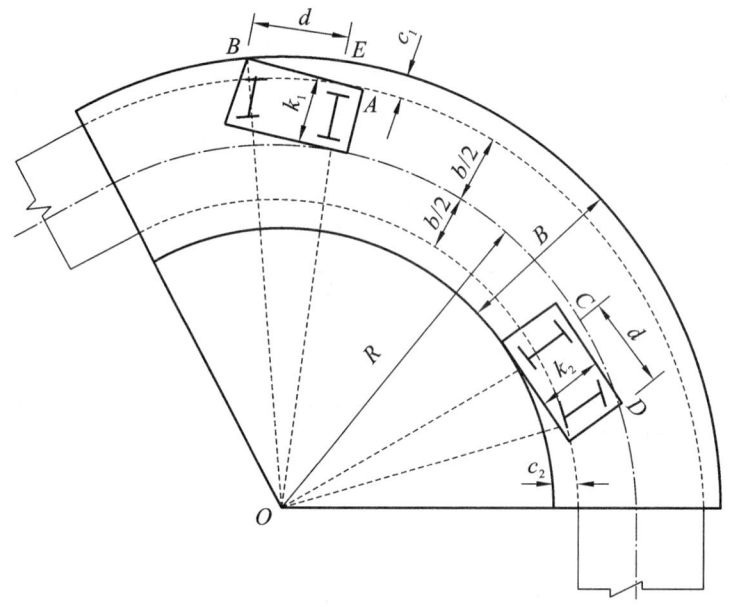

**图2.20　平曲线加宽**

《公路路线设计规范》(JTG D20—2006)规定,当平曲线半径小于或等于250m时,应在平曲线内侧设置加宽。

### 2.2.2.2　圆曲线全加宽值的确定

(1) 加宽值计算

圆曲线上的全加宽值计算:

$$B_j = \frac{d^2}{R} + \frac{0.1v}{\sqrt{R}} \qquad\qquad (2.18)$$

式中　　$B_j$——圆曲线上路面的全加宽值,m;

　　　　$d$——汽车后轴至汽车保险杠前缘之间的距离,m;

　　　　$R$——圆曲线半径,m;

　　　　$v$——计算行车速度,按会车时的速度计算,一般取 $v = 40\text{km/h}$。

半挂车的加宽值参见相关规范和标准。

(2)加宽的有关规定与要求

①《公路路线设计规范》(JTG D20—2006)规定,当 $R \leqslant 250\text{m}$ 时,应设置加宽,双车道路面的全加宽值如表 2.9 所列。单车道路面的全加宽值按表 2.9 所列值的一半取用,三车道以上的路面其加宽值应另行计算。

② 四级公路和山岭重丘区的三级公路采用表 2.9 中的第 1 类加宽;其余各级公路采用第 3 类加宽值;对不经常通行集装箱运输半挂车的公路,可采用第 2 类加宽值。

③ 圆曲线的加宽应设置在圆曲线的内侧,当路面加宽时路基一般也同时加宽。

④ 分道行驶的公路,当圆曲线半径较小时,其内侧的加宽值应大于外侧车道的加宽值。设计时应按内外车道不同半径通过计算分别确定其加宽值。

表 2.9　平曲线加宽值

| 加宽类别 | 加宽值　圆曲线半径(m)　　汽车轴距加前悬(m) | 250 ~ 200 | < 200 ~ 150 | < 150 ~ 100 | < 100 ~ 70 | < 70 ~ 50 | < 50 ~ 30 | < 30 ~ 25 | < 25 ~ 20 | 20 ~ 15 |
|---|---|---|---|---|---|---|---|---|---|---|
| 1 | 5 | 0.4 | 0.6 | 0.8 | 1.0 | 1.2 | 1.4 | 1.8 | 2.2 | 2.5 |
| 2 | 8 | 0.6 | 0.7 | 0.9 | 1.2 | 1.5 | 2.0 | — | — | — |
| 3 | 5.2 + 8.8 | 0.8 | 1.0 | 1.5 | 2.0 | 2.5 | — | — | — | — |

### 2.2.2.3　加宽缓和段

(1)加宽缓和段长度计算

在平曲线上加宽时,应在圆曲线上全加宽,在主曲线的两端设置加宽缓和段,其长度一般与超高缓和段或缓和曲线长度相同。当圆曲线不设超高仅有加宽时,其长度不应小于 10m,但加宽缓和段长度和全加宽值的比例应按其加宽渐变率 1∶15 计算,且取 5m 的整倍数。

(2)加宽值的计算

① 对于二、三、四级公路设置加宽缓和段时,采用在加宽缓和段全长范围内按

其长度成正比例增加的方法。

$$B_{jx} = \frac{x}{L_c} B_j \tag{2.19}$$

式中　　$B_{jx}$——缓和段上加宽值,m;

　　　　$B_j$——圆曲线上全加宽值,m;

　　　　$x$——缓和段上任意点至缓和段起点之间的距离,m;

　　　　$L_c$——加宽缓和段长度,可取缓和曲线超高缓和段长度。

② 高速公路及一级公路设置加宽缓和段时,应采用高次抛物线过渡。如图2.21(a)所示,任意一点的加宽值可按下式计算。

$$B_{jx} = (4k^3 - 3k^4)B_j \tag{2.20}$$

式中　　$k$——加宽值参数,$k = \dfrac{x}{L_S}$;

　　　　$L_S$——缓和曲线长。

③ 在城郊路段、桥梁、高架桥、挡土墙、隧道等结构物及各种安全防护设施的地段设缓和曲线过渡时,其加宽形式如图2.21(b)所示。

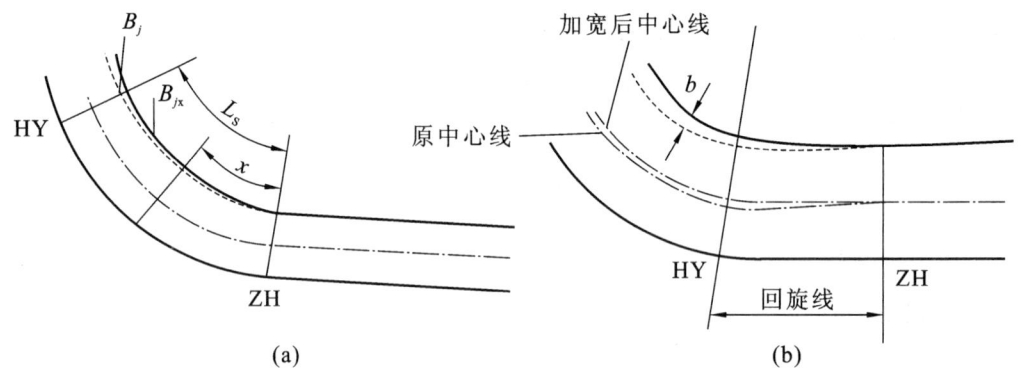

**图 2.21　路基加宽形式**

(a)高次抛物线加宽形式;(b)回旋线加宽形式

 单元学习2.2.3　行车视距

为了行车安全,驾驶员应能随时看到汽车前面相当远的一段路程,一旦发现前方路面上有障碍物或迎面来车,能及时采取措施,避免相撞,这一必需的最短距离称为行车视距。在道路平面上的暗弯(处于挖方路段弯道和内侧有障碍物的弯道)、纵断面凸形竖曲线的"抬头坡"以及下穿式立体交叉的凹形竖曲线上都有可能存在视距不足的问题,在设计时应尽量避免。

### 2.2.3.1　视距的定义和种类

视距是指从车道中心线上 1.2m 的高度，能看到该车道中心线上高为 0.1m 的物体顶点的距离。视距保证是确保行车安全、快速，增加行车安全感，提高行车舒适性的重要措施。

驾驶员发现障碍物或迎面来车，根据其采取的措施的不同，行车视距可分为以下几种类型。

① 停车视距：汽车行驶时，自驾驶人员看到前方障碍物时起，至到达障碍物前安全停止所需的最短距离。

② 会车视距：在同一车道上两对向汽车相遇，从相互发现时起，至同时采取制动措施使两车安全停止所需的最短距离。

③ 错车视距：在没有明确划分车道线的下车道道路上，两对向行驶的汽车相遇后，立即采取减速避让措施安全错车所需的最短距离。

④ 超车视距：在双车道公路上，后车超越前车时，从开始驶离原车道之处起，至可见对向来车并能超车后安全驶回原车道所需的最短距离。

上述四种视距中，前三种属于对向行驶，第四种属于同向行驶。超车视距需要距离最长，须单独研究；其余三种视距中，以会车视距最长，只要道路能保证会车视距，停车视距和错车视距也就可以得到保证了。根据计算分析得知，会车视距约等于停车视距的两倍，故只需计算出停车视距就可以了。

### 2.2.3.2　各级公路对视距的要求

在一条公路的车流中，经常会出现停车、错车、会车和超车，特别是我国以混合交通为主的双车道公路上更是如此。在各种视距中，以超车视距为最长，如果所有暗弯和凸形竖曲线处都能保证超车视距的要求，对于安全当然最好，但事实上是很难做到的，而且也不经济，故对于不同的公路按其实际需要作了不同的规定。

停车视距是最起码的要求，无论是单车道、双车道，有分隔带或无分隔带，各级公路都是应保证的。

对于快、慢车分道行驶的多车道公路可不要求超车视距，有中央分隔带的公路不存在错车和会车问题，在公路中心线设置路面标线，严格实行分道行驶的双车道公路有停车视距也就够了。但是，我国目前绝大多数双车道公路中心线没有设置路面标线，且有众多的非机动车干扰，汽车多在路中间行驶，当发现对面有汽车驶来时，方回到自己的车道上。所以我国《标准》规定二、三、四级公路的视距不得小于停车视距的两倍。对向行驶的双车道公路要求有一定比例的路段保证超车视距。

《标准》规定：

① 各级公路的每一条车道均应保证有大于表 2.10、表 2.11 中规定的停车视距。

**表 2.10　高速公路、一级公路停车视距**

| 设计速度(km/h) | 120 | 100 | 80 | 60 |
|---|---|---|---|---|
| 停车视距(m) | 210 | 160 | 110 | 75 |

**表 2.11　二、三、四级公路停车视距、会车视距和超车视距**

| 设计速度(km/h) | 80 | 60 | 40 | 30 | 20 |
|---|---|---|---|---|---|
| 停车视距(m) | 110 | 75 | 40 | 30 | 20 |
| 会车视距(m) | 220 | 150 | 80 | 60 | 40 |
| 超车视距(m) | 550 | 350 | 200 | 150 | 100 |

② 高速公路、一级公路的视距采用停车视距;二、三、四级公路的视距应满足会车视距的要求,其长度应不小于停车视距的两倍,工程特殊困难或受其他条件限制的地段,可采用停车视距,但必须采取分道行驶措施。

③ 二、三、四级公路除应符合表 2.11 中的规定外,还应在适当间隔内设置满足表中所列超车视距的超车路段。当受地形及其他原因影响时,超车视距长度可适当缩减。

④ 在二、三级公路中,宜在 3min 的行驶时间里,提供一次满足超车视距的超车路段。一般情况下,不小于总长度的 10% ～ 30%。

超车路段的设置应结合地形并力求均匀。为保证必要的视距,有时需做大量的开挖和拆迁工作,在交通量不大的低等级公路上,对于不能保证会车视距的路段,也可以采取其他的措施以防止交通事故的发生。如在公路中心线设置路面标线或设置高出路面的明显标志带,强调"各行其道"、"靠右行驶"、"转弯鸣号"等。

 **相关技能**

已知某公路转弯处的相关参数,能够在查阅《标准》后,计算出超高和加宽的相关值。

要求和思路:

能够熟悉《标准》关于超高和加宽的要求和取值;并能够在搜集到相关参数后,代入公式计算相关指标。

 **小组任务**

1. 每 3 ～ 4 名学生组成一个工作小组,确定 1 名小组长,接受工作任务,做好工作准备。

2. 根据任务要求完成相关内容。工作内容主要包括××公路路线平面图纸的识读,平曲线超高、加宽在图纸中是如何反应的,加宽和超高在图纸中如何表达,并能够描述出来。

3．回答指导老师的现场提问,接受看图能力的技能考核。

4．完成工作任务后,每个小组讨论和自评,消化完成任务过程中的知识点。

 思考题与习题

某山岭二级公路,有一半径 $R = 200$m 的弯道,求超高为绕中轴旋转的缓和段的长度。

# 工作任务 2.3　方位角和中桩坐标计算

## 【学习目标】

1．掌握方位角的计算;

2．掌握平曲线上任意点中桩坐标的计算。

## 【任务描述】

利用××已建公路施工图纸文件、多媒体教学资源和教师的讲解,使同学们能掌握方位角和中桩坐标的计算。

## 【学习引导】

本学习任务沿着以下脉络进行学习:

第一步,结合课件,教师讲解相关知识;

第二步,展示 ×× 在建公路施工图纸文件;

第三步,掌握方位角与转角的关系以及中桩坐标的计算,学会应用相关知识看懂工程图纸。

 单元学习 2.3.1　导线点坐标的计算

2.3.1.1　方位角的概念

从某点的指北方向线起,依顺时针方向到目标方向线之间的夹角,叫方位角。如图 2.22 所示,$\alpha_{AB}$ 即为直线 $AB$ 中 $A$ 点的方位角。

2.3.1.2　方位角的计算

方位角的计算可以参考表 2.12。

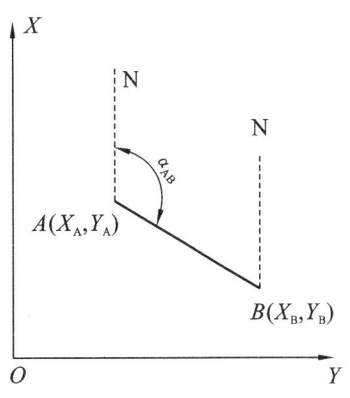

图 2.22　方位角示意图

表 2.12　　方位角计算表

| $A$、$B$ 点坐标关系 | | 坐标方位角 $\alpha_{AB}$ | 备注 |
|---|---|---|---|
| $X_A = X_B$ | $Y_A < Y_B$ | $90°$ | $Y$ 轴正半轴上 |
| | $Y_A = Y_B$ | 任意值 | 原点 $O$ 上，即 $A$、$B$ 点重合 |
| | $Y_A > Y_B$ | $270°$ | $Y$ 轴负半轴上 |
| $X_A < X_B$ | $Y_A < Y_B$ | $\arctan \dfrac{Y_B - Y_A}{X_B - X_A}$ | 第 Ⅰ 象限 |
| | $Y_A = Y_B$ | $0°$ | $X$ 轴正半轴上 |
| | $Y_A > Y_B$ | $360° + \arctan \dfrac{Y_B - Y_A}{X_B - X_A}$ | 第 Ⅳ 象限 |
| $X_A > X_B$ | $Y_A < Y_B$ | $180° + \arctan \dfrac{Y_B - Y_A}{X_B - X_A}$ | 第 Ⅱ 象限 |
| | $Y_A = Y_B$ | $180°$ | $X$ 轴负半轴上 |
| | $Y_A > Y_B$ | $180° + \arctan \dfrac{Y_B - Y_A}{X_B - X_A}$ | 第 Ⅲ 象限 |

### 2.3.1.3　导线点坐标的计算

当采用导线测量作为公路平面控制测量时，导线应与国家三角点进行联测，可使所测的导线点与国家三角点形成一个整体，取得导线点坐标起算数据。

$$\begin{cases} X_{i+1} = X_i + D\cos\alpha \\ Y_{i+1} = Y_i + D\sin\alpha \end{cases}$$

式中　　$X_i$,$Y_i$——第 $i$ 点 $X$ 和 $Y$ 方向的坐标值；

$X_{i+1}$,$Y_{i+1}$——第 $i+1$ 点 $X$ 和 $Y$ 方向的坐标值；

$D$——两导线点间的水平距离；

$\alpha$——两导线连线的方位角。

 **单元学习 2.3.2　　中桩坐标计算**

### 2.3.2.1　测量坐标系统

我国从 1952 年开始采用高斯投影系统，以高斯投影的方法建立了高斯直角坐标系统。地面点的高斯平面坐标与大地坐标可以相互转换。高速公路的勘测设计和施工放样都是采用高斯平面直角坐标系统进行的。在测量范围较小、三级和三级以下公路、独立桥梁隧道及其他构造物，可以把该测区的球面当作平面看待，进行直接投影，采用平面直角坐标系统。

2.3.2.2　中桩坐标计算过程

(1) 未设缓和曲线的单圆曲线坐标计算

① 圆曲线起、终点坐标计算

如图 2.23 所示，$JD_i$ 的坐标为 $(X_{JD_i}、Y_{JD_i})$，交点前后直线边的方位角分别为 $A_{i-1}、A_i$，圆曲线的半径为 $R$，平曲线切线长为 $T_i$，曲线起、终点的坐标可用下式计算：

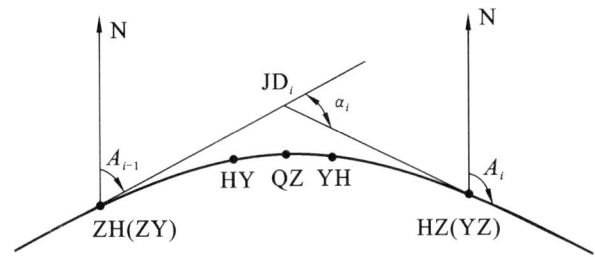

**图 2.23　曲线坐标计算图示**

圆曲线起点的坐标：

$$\begin{cases} X_{ZY_i} = X_{JD_i} - T_i\cos A_{i-1} \\ Y_{ZY_i} = Y_{JD_i} - T_i\sin A_{i-1} \end{cases}$$

圆曲线终点的坐标：

$$\begin{cases} X_{YZ_i} = X_{JD_i} + T_i\cos A_i \\ Y_{YZ_i} = Y_{JD_i} + T_i\sin A_i \end{cases}$$

② 圆曲线任意点坐标计算

ZY ~ QZ 段（QZ ~ YZ 段）的坐标计算以曲线起点 ZY（曲线终点 YZ 点）为坐标原点，切线为 $X'$ 轴，法线为 $Y'$ 轴，建立直角坐标系有：

$$\begin{cases} X' = R\sin\left(\dfrac{l'}{R}\dfrac{180}{\pi}\right) \\ Y' = R - R\cos\left(\dfrac{l'}{R}\dfrac{180}{\pi}\right) \end{cases}$$

式中　　$l'$——圆曲线上任意点至 ZY（YZ）点的弧长。

ZY ~ QZ 段的各点的坐标计算如下：

利用上述公式计算出以 ZY 为坐标原点圆曲线段内各加桩 $X'、Y'$ 的值，则 ZY ~ QZ 段的各点的坐标和方位角为：

$$\begin{cases} X = X_{ZY_i} - X'\cos A_{i-1} - \zeta Y'\sin A_{i-1} \\ Y = Y_{ZY_i} + X'\sin A_{i-1} + \zeta Y'\cos A_{i-1} \end{cases}$$

QZ ~ YZ 段的各点的坐标计算如下：

利用上述公式计算出以 YZ 为坐标原点圆曲线段内各加桩 $X'、Y'$ 的值，则 QZ ~

YZ 段的各点的坐标为：

$$
\begin{cases}
X = X_{YZ_i} - X'\cos A_i - \zeta Y'\sin A_i \\
Y = Y_{YZ_i} - X'\sin A_i + \zeta Y'\cos A_i
\end{cases}
$$

式中　$\zeta$——路线转向，右转角时 $\zeta = 1$，左转角时 $\zeta = -1$，以下各式同。

（2）设缓和曲线的单圆曲线坐标计算

① 曲线起、终点坐标计算

如图 2.23 所示，$JD_i$ 的坐标为 $(X_{JD_i}、Y_{JD_i})$，交点前后直线边的方位角分别为 $A_{i-1}$、$A_i$，圆曲线的半径为 $R$，缓和曲线长度为 $L_s$，平曲线切线长为 $T_H$，曲线起、终点的坐标可用下式计算：

$$
\left.\begin{aligned}
X_{ZH_i} = X_{JD_i} - T_{H_i}\cos A_{i-1} \\
Y_{ZH_i} = Y_{JD_i} - T_{H_i}\sin A_{i-1}
\end{aligned}\right\} \tag{2.21}
$$

$$
\left.\begin{aligned}
X_{HZ_i} = X_{JD_i} + T_{H_i}\cos A_i \\
Y_{HZ_i} = Y_{JD_i} + T_{H_i}\sin A_i
\end{aligned}\right\} \tag{2.22}
$$

② 曲线任意点坐标计算

ZH ~ QZ 段的坐标计算以曲线起点 ZH 为坐标原点，切线为 $X'$ 轴，法线为 $Y'$ 轴，建立直角坐标系，缓和曲线段 $X'$、$Y'$ 为：

$$
\left.\begin{aligned}
X' = l - \frac{l^5}{40R^2 L_S^2} \\
Y' = \frac{l^3}{6RL_S} - \frac{l^7}{336R^3 L_S^3}
\end{aligned}\right\} \tag{2.23}
$$

圆曲线段 $X'$、$Y'$ 为：

$$
\left.\begin{aligned}
X' = R\sin\left(\beta + \frac{l'}{R}\frac{180}{\pi}\right) + q \\
Y' = R - R\cos\left(\beta + \frac{l'}{R}\frac{180}{\pi}\right) + p
\end{aligned}\right\} \tag{2.24}
$$

式中　$l$——缓和曲线任意一点至 ZH(HZ) 点的弧长；
　　　其他符号含义同前。

利用上述公式计算出缓和段内各加桩和圆曲线段内各加桩的 $X'$、$Y'$ 值，则 ZH ~ QZ 段各点的坐标为：

$$
\left.\begin{aligned}
X = X_{ZH_i} + X'\cos A_{i-1} - \zeta Y'\sin A_{i-1} \\
Y = Y_{ZH_i} + X'\sin A_{i-1} + \zeta Y'\cos A_{i-1}
\end{aligned}\right\} \tag{2.25}
$$

QZ ~ HZ 段的坐标计算如下：

以曲线终点 HZ 为坐标原点，切线为 $X'$，法线为 $Y'$，建立直角坐标系，利用上述公式可以计算出缓和曲线和圆曲线段内各加桩的 $X'$、$Y'$ 的坐标，则 QZ ~ HZ 段的各点的坐标为：

$$X = X_{HZ_i} - X'\cos A_i - \zeta Y'\sin A_i \atop Y = Y_{HZ_i} - X'\sin A_i + \zeta Y'\cos A_i \Bigg\} \tag{2.26}$$

（3）直线段中桩坐标的计算

位于 ZH 之前或 HZ 点之后的直线段可利用 JD 点的坐标或 ZH、HZ 点的坐标与该点的距离计算出该点的坐标。

**［例 2.3］** 某高速级公路，路线 JD$_2$ 的坐标为 $X_{JD_2} = 2588711.270$m，$Y_{JD_2} = 20478702.880$m；路线 JD$_3$ 的坐标 $X_{JD_3} = 2591069.056$m，$Y_{JD_3} = 20478662.850$m；路线 JD$_4$ 的坐标 $X_{JD_4} = 2594145.875$m，$Y_{JD_4} = 20481070.75$m；JD$_3$ 的里程桩号 K6 + 790.306；圆曲线半径 $R = 2000$m，缓和曲线长度 $L_S = 100$m，$A_{i-1} = 48°32'00''$。试计算该平曲线的主点桩号及按整桩号（20m）确定平曲线各主点和加桩的坐标。

**［解］**（1）主点桩号计算：

$$\tan A_{32} = \left| \frac{Y_{JD_2} - Y_{JD_3}}{X_{JD_2} - X_{JD_3}} \right| = \left| \frac{+40.030}{-2357.786} \right| = 0.016977792$$

$$A_{32} = 180° - 0°58'21.6'' = 179°01'38.4''$$

$$\tan A_{34} = \frac{Y_{JD_4} - Y_{JD_3}}{X_{JD_4} - X_{JD_3}} = \frac{+2407.90}{+3076.819} = 0.78259397$$

$$A_{34} = 38°02'47.5''$$

右角 $\qquad \beta = 179°01'38.4'' - 38°02'47.5'' = 140°58'50.9''$

$\beta < 180°$，为右转角。

右转角 $\qquad \alpha = 180° - 140°58'50.9'' = 39°01'09.1''$

① 缓和曲线常数

$$\beta = \frac{L_S}{2R} \frac{180}{\pi} = 1°25'56.6'' \qquad p = \frac{L_S^2}{24R} = 0.208\text{m}$$

$$q = \frac{L_S}{2} - \frac{L_S^3}{240R^2} = 49.999\text{m}$$

② 平曲线要素

$$T_h = (R + p)\tan\frac{\alpha}{2} + q = 758.687\text{m}$$

$$L' = (\alpha - 2\beta)\frac{\pi}{180}R = 1262.027\text{m}$$

$$L_h = (\alpha - 2\beta)\frac{\pi}{180}R + 2L_S = 1462.027\text{m}$$

$$E_h = (R + p)\sec\frac{\alpha}{2} - R = 122.044\text{m}$$

$$D_h = 2T_h - L_h = 55.347\text{m}$$

③ 主点桩号计算

$$
\begin{array}{lr}
\text{JD}_3 & \text{K6}+790.306 \\
-)\,T_\text{h} & 758.687 \\
\hline
\text{ZH} & \text{K6}+031.619 \\
+)\,L_\text{s} & 100 \\
\hline
\text{HY} & \text{K6}+131.619 \\
+)\,L' & 1262.027 \\
\hline
\text{YH} & \text{K7}+393.646 \\
+)\,L_\text{s} & 100 \\
\hline
\text{HZ} & \text{K7}+493.646 \\
-)\,L_\text{h}/2 & 713.014 \\
\hline
\text{QZ} & \text{K6}+762.632 \\
+)\,D_\text{h}/2 & 27.674 \\
\hline
\text{JD}_3 & \text{K6}+790.306
\end{array}
$$

（2）中桩坐标及方位角

① ZH 点的坐标

$$A_{23} = A_{32} + 180° = 359°01'38.4''$$

$$X_{\text{ZH}_3} = X_{\text{JD}_3} - T_\text{H}\cos A_{23} = 2590310.479\text{m}$$

$$Y_{\text{ZH}_3} = Y_{\text{JD}_3} - T_\text{H}\sin A_{23} = 20478675.729\text{m}$$

② ZH～HY 第一缓和曲线上的中桩坐标的计算，如桩号 K6＋100

$$l = 6100 - 6031.619 = 68.381\text{m}$$

$$X' = l - \frac{l^5}{40R^2 L_\text{s}^2} = 68.380\text{m} \qquad Y' = \frac{l^3}{6RL_\text{s}} - \frac{l^7}{336R^3 L_\text{s}^3} = 0.266\text{m}$$

$$X = X_{\text{ZH}_3} + X'\cos A_{23} - Y'\sin A_{23} = 2590378.854\text{m}$$

$$Y = Y_{\text{ZH}_3} + X'\sin A_{23} + Y'\cos A_{23} = 20478674.834\text{m}$$

③ HY 点的坐标计算

$$l = 7393.646 - 6031.619 = 100\text{m}$$

$$X' = l - \frac{l^5}{40R^2 L_\text{s}^2} = 99.994\text{m} \qquad Y' = \frac{l^3}{6RL_\text{s}} - \frac{l^7}{336R^3 L_\text{s}^3} = 0.833\text{m}$$

$$X = X_{\text{ZH}_3} + X'\cos A_{23} - Y'\sin A_{23} = 259041.473\text{m}$$

$$Y = Y_{\text{ZH}_3} + X'\sin A_{23} + Y'\cos A_{23} = 20478674.864\text{m}$$

④ HY～QZ 圆曲线部分的中桩坐标计算，如桩号 K6＋500

$$l' = 6500 - 6131.619 = 368.381\text{m}$$

$$X' = R\sin\left(\beta + \frac{l'}{R}\,\frac{180}{\pi}\right) + q = 465.335\text{m}$$

$$Y' = R - R\cos\left(\beta + \frac{l'}{R}\frac{180}{\pi}\right) + p = 43.809\text{m}$$

$$X = X_{\text{ZH}_3} + X'\cos A_{23} - Y'\sin A_{23} = 2590776.491\text{m}$$

$$Y = Y_{\text{ZH}_3} + X'\sin A_{23} + Y'\cos A_{23} = 20478711.632\text{m}$$

⑤ QZ 点的坐标计算

$$l' = 6762.632 - 6131.619 = 631.014\text{m}$$

$$X' = R\sin\left(\beta + \frac{l'}{R}\frac{180}{\pi}\right) + q = 717.929\text{m}$$

$$Y' = R - R\cos\left(\beta + \frac{l'}{R}\frac{180}{\pi}\right) + p = 115.037\text{m}$$

$$X = X_{\text{ZH}_3} + X'\cos A_{23} - Y'\sin A_{23} = 291030.257\text{m}$$

$$Y = Y_{\text{ZH}_3} + X'\sin A_{23} + Y'\cos A_{23} = 20478778.562\text{m}$$

⑥ HZ 点的坐标计算

$$A_{34} = 38°02'47.5''$$

$$X_{\text{HZ}_3} = X_{\text{JD}_3} + T_{\text{h}}\cos A_{34} = 2591666.530\text{m}$$

$$Y_{\text{HZ}_3} = Y_{\text{JD}_3} + T_{\text{h}}\sin A_{34} = 20479130.430\text{m}$$

⑦ HZ ～ YH 第二缓和曲线上的中桩坐标计算,如桩号 K7 + 450

$$l = 7493.646 - 7450 = 43.646\text{m}$$

$$X' = l - \frac{l^5}{40R^2L_{\text{S}}^2} = 43.646\text{m} \qquad Y' = \frac{l^3}{6RL_{\text{S}}} - \frac{l^7}{336R^3L_{\text{S}}^3} = 0.069\text{m}$$

$$X = X_{\text{HZ}_3} - X'\cos A_{34} - Y'\sin A_{34} = 2591632.116\text{m}$$

$$Y = Y_{\text{HZ}_3} - X'\sin A_{34} + Y'\cos A_{34} = 20479103.585\text{m}$$

⑧ YH 点的坐标

$$l = 100\text{m}$$

$$X' = l - \frac{l^5}{40R^2L_{\text{S}}^2} = 99.994\text{m} \qquad Y' = \frac{l^3}{6RL_{\text{S}}} - \frac{l^7}{336R^3L_{\text{S}}^3} = 0.833\text{m}$$

$$X = X_{\text{HZ}_3} - X'\cos A_{34} - Y'\sin A_{34} = 2591587.270\text{m}$$

$$Y = Y_{\text{HZ}_3} - X'\sin A_{34} + Y'\cos A_{34} = 20479069.460\text{m}$$

⑨ QZ ～ YH 点的坐标计算,如桩号 K7 + 400

$$l' = 7493.646 - 7400 = 93.646\text{m}$$

$$X' = R\sin\left(\beta + \frac{l'}{R}\frac{180}{\pi}\right) + q = 193.612\text{m}$$

$$Y' = R - R\cos\left(\beta + \frac{l'}{R}\frac{180}{\pi}\right) + p = 5.371\text{m}$$

$$X = X_{\text{HZ}_3} - X'\cos A_{34} - Y'\sin A_{34} = 2591510.764\text{m}$$

$$Y = Y_{\text{HZ}_3} - X'\sin A_{34} + Y'\cos A_{34} = 20479015.32\text{m}$$

⑩ 直线上中桩坐标的计算,如桩号 K7＋600

$$D = 7600 - 7493.646 = 106.354m$$

$$X = X_{HZ_1} + D\cos A_{34} = 2591750.285m$$

$$Y = Y_{HZ_1} + D\sin A_{34} = 20479195.976m$$

 **相关技能**

已知某公路转弯处的相关参数,能够计算方位角和中桩坐标值。

中桩坐标计算思路:

① 根据已知条件绘出图形,判断平曲线类型;

② 根据已知交点的坐标计算出各个方位角,并由方位角计算出路线的转角;

③ 将计算出来的转角和已知条件代入公式求得平曲线相关的常数和要素,并由这些常数和要素计算和复核主点桩号;

④ 根据计算出来的主点桩号和方位角计算主点坐标或者任意点坐标。

 **小组任务**

1. 每 3～4 名学生组成一个工作小组,确定 1 名小组长,接受工作任务,做好工作准备。

2. 根据任务要求完成相关内容。工作内容主要包括××公路路线平面图纸的识读,平曲线中桩坐标在图纸中是如何反应的,平面坐标在路线设计中的作用,并能够描述出来。

3. 回答指导老师的现场提问,接受看图能力的技能考核。

4. 完成工作任务后,每个小组讨论和自评,消化完成任务过程中的知识点。

 **思考题与习题**

某山岭二级公路,已知 $JD_1$ 的坐标为(40961.914,91066.103);$JD_2$ 的桩号为 K8＋学号尾号后两位 ×10,坐标为(40433.528,91250.097);$JD_3$ 的坐标为(40547.416,91810.329),并设 $JD_2$ 半径 $R = 200m$,缓和曲线长 $L_S = 50m$。

求:(1)$JD_2$ 的平曲线的要素;

(2)$JD_2$ 的主点桩号和坐标。

# 工作任务 2.4　　平面设计成果识读

**【学习目标】**

1. 掌握平面设计成果的内容;

2. 熟悉成果表格中相应数据的获取或计算；

3. 掌握公路路线平面图纸的识读和工程信息的获取。

## 【任务描述】

利用××已建公路施工图纸文件、多媒体教学资源和教师的讲解,使同学们能够熟练地识读公路平面设计图纸和表格,并能够从中获取相关的工程信息。

## 【学习引导】

本学习任务沿着以下脉络进行学习:

第一步,结合课件,教师讲解相关知识;

第二步,展示××在建公路施工图纸文件;

第三步,熟读公路平面设计成果,学会应用相关知识看懂工程图纸。

 **单元学习 2.4.1　平面线形设计要点**

### 2.4.1.1　平面线形设计一般原则

（1）平面线形应直捷、连续、顺适,并与地形、地物相适应,与周围环境相协调

在地形平坦开阔的平原微丘区,路线直顺,在平面线形三要素中直线所占比例较大。而在地势很大起伏的山岭重丘区,路线多弯曲,曲线所占比例较大。路线要与地形相适应。直线、圆曲线、回旋线的选用与合理组合取决于地形地物等具体条件,片面强调路线要以直线为主或以曲线为主都是错误的。

（2）保持平面线形的均衡与连贯

高、低标准之间要有过渡。结合地形变化,使路线的平面线形指标逐渐过渡,避免出现突变。不同标准路段相互衔接的地点,应选在交通量发生变化处。

（3）应避免连续急弯的线形

连续急弯的线形给驾驶员造成不便,给乘客的舒适也带来不良的影响。设计时可在曲线间插入足够长的直线或回旋线。若插入回旋线时,不宜太长,应综合考虑路线排水问题。

（4）平曲线应有足够的长度

平曲线长度过短,汽车在短曲线上行驶,司机易产生错觉,高速时比较危险。《公路路线设计规范》(JTG D20—2006)规定各级公路设计平曲线长度不宜过短,如表 2.13 所列。

表 2.13　公路平曲线最小长度

| 设计速度(km/h) | 120 | 100 | 80 | 60 | 40 | 30 | 20 |
|---|---|---|---|---|---|---|---|
| 平曲线最小长度(m) | 200 | 170 | 140 | 100 | 70 | 50 | 40 |

《公路路线设计规范》(JTG D20—2006)认为平面设计中采用小转角、大半径平曲线一般均属条件限制不得已而设置的。小转角设置大半径平曲线是曲线长度规定所致,否则路容将出现扭转,还会引起曲率看上去比实际大得多的错觉。鉴于小转角的不利的一面,应尽量少采用。

《公路路线设计规范》(JTG D20—2006)规定当路线转角小于或等于7°时,应设置足够长的平曲线(表 2.14)。

表 2.14 转角小于或等于 7° 的平曲线最小长度

| 设计速度(km/h) | 120 | 100 | 80 | 60 | 40 | 30 | 20 |
|---|---|---|---|---|---|---|---|
| 最小值(m) | $1400/\alpha$ | $1200/\alpha$ | $1000/\alpha$ | $700/\alpha$ | $500/\alpha$ | $350/\alpha$ | $280/\alpha$ |

注:表中 $\alpha$ 为路线转角值,°;当 $\alpha < 2°$ 时,按 $\alpha = 2°$ 计算。

#### 2.4.1.2 平面线形组合类型

路线根据具体情况可选用以下线形组合形式。

(1) 基本型

基本型是设计中最常用的线形,基本型的形式为:直线＋缓和曲线＋圆曲线＋缓和曲线＋直线(图 2.24)。设计时尽量使缓和曲线：圆曲线：缓和曲线＝1：1：1,且圆曲线稍长。两缓和曲线的参数值可根据地形条件变化设计成非对称的曲线,但是缓和曲线参数 $A_1 : A_2$ 不应大于 2.0,并注意设置基本型的几何条件:$\alpha > 2\beta_0$($\alpha$ 为平曲线转角,$\beta_0$ 为缓和曲线切线角)。

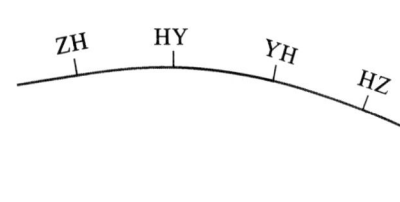

图 2.24 基本型

同时缓和曲线参数 $A$ 应满足以下要求:

① 当平曲线半径 $R$ 小于 100m 时,$A$ 宜大于或等于 $R$。

② 当平曲线半径 $R$ 接近 100m 时,$A$ 宜等于 $R$。

③ 当平曲线半径 $R$ 较大或接近 3000m 时,$A$ 宜等于 $\frac{R}{3}$。

④ 当平曲线半径 $R$ 大于 3000m 时,$A$ 宜小于 $\frac{R}{3}$。

(2) S 形

两个反向圆曲线用回旋线连接起来的组合线形为 S 形,其形式为:直线＋缓和曲线＋圆曲线＋缓和曲线＋缓和曲线(反向)＋圆曲线(反向)＋缓和曲线(反向)＋直线(图 2.25)。

S 形相邻两个回旋线参数 $A_1$ 和 $A_2$ 宜相等。当采用不同参数时,$A_1 : A_2$ 应大于 1：2,有条件时 $A_1 : A_2$ 宜大于 1：1.5。另两圆曲线半径之比不宜过小,以 $R_2 : R_1 =$

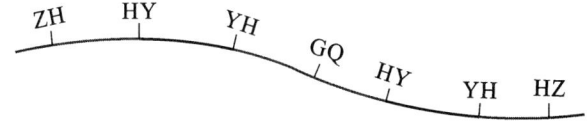

**图 2.25　S 形曲线线形组合**

$\frac{1}{3} \sim 1$ 为宜。

$R_1$ 为大圆曲线半径(m)，$R_2$ 为小圆曲线半径(m)。

（3）C 形

两个同向圆曲线用回旋线连接起来的组合线形为 C 形，其形式为：直线＋缓和曲线＋圆曲线＋缓和曲线＋缓和曲线(同向)＋圆曲线(同向)＋缓和曲线(同向)＋直线(图 2.26)。

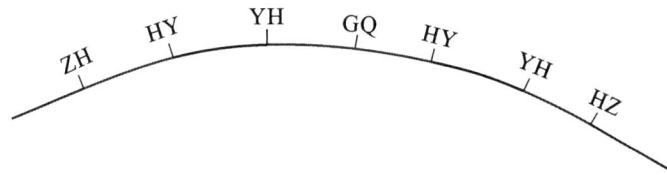

**图 2.26　C 形曲线线形组合**

C 形曲线线形组合方式只有在特殊地形条件下方可采用。

（4）卵形

用一个回旋线连接两个同向圆曲线的组合线形为卵形，其形式为：直线＋缓和曲线＋圆曲线＋缓和曲线＋圆曲线＋缓和曲线＋直线(图 2.27)。卵形曲线线形组合中共有三个回旋线，其缓和曲线参数分别为：

$$A_1 = \sqrt{R_1 L_{S1}} \qquad A_f = \sqrt{\frac{R_1 R_2}{R_1 - R_2} L_f} \qquad A_2 = \sqrt{R_2 L_{S2}}$$

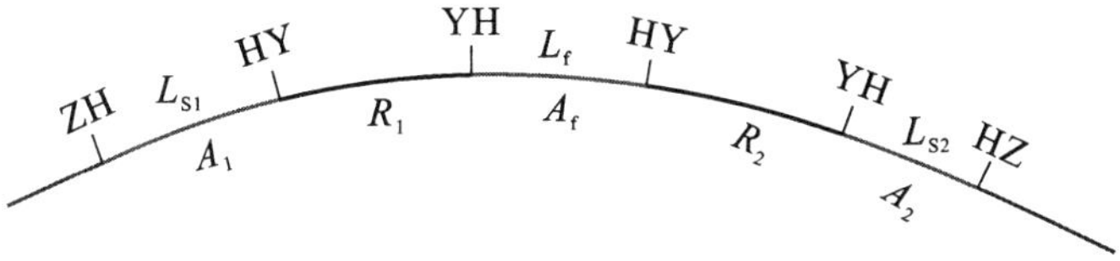

**图 2.27　卵形曲线线形组合**

且：① 卵形曲线的缓和曲线参数宜符合：$\frac{R_2}{2} \leqslant A_f \leqslant R_2$（$R_2$ 为小圆半径）；

② 两圆曲线半径之比 $R_2 : R_1 = 0.2 \sim 0.8$；

③ 两圆曲线的间距以 $\frac{D}{R_2} = 0.003 \sim 0.03$ 为宜（$D$ 为两平曲线之间的最小间距）。

卵形曲线线形组合能很好地适应地形变化,所以在山岭重丘区较常采用。

（5）凸形

两个同向回旋线不插入圆曲线而径相衔接的线形为凸形,其形式为:直线＋缓和曲线＋缓和曲线（同向）＋直线。

凸形曲线在两回旋线衔接处,由于曲率发生突变,不仅对行车不利,而且由于设置超高,路面边缘线纵断面也在该处形成转折,故凸形曲线作为平面线形是非常不理想的,在设计中不宜采用。只有当地形、地物受严格限制时,才能在低等级道路上采用。

（6）复合型

两个及两个以上的基本型（两个以上）、S 形、卵形、C 形曲线在回旋线曲率相等处相互连接的形式称为复合型。复合型的线形组合仅在地形或其他特殊原因限制时（互通式立体交叉除外）才采用。

 ## 单元学习 2.4.2　　平面设计成果

### 2.4.2.1　路线平面设计成果

公路平面设计成果（表 2.15）中主要的图纸有:路线平、纵面缩图,公路平面总体设计图,路线平面图,公路用地图等。主要的表格有:主要技术经济指标表,直线,曲线及转角表,总里程及断链桩号表,逐桩坐标表,公路用地表等。各种图纸和表格的样式可参照交通部所颁布的"设计文件图表示例"。这里仅就主要表格"直线、曲线及转角表"与"路线平面设计图"作简单介绍。

表 2.15　平面设计主要内容

| 图表名称 | 图表编号 | 页码 | 备注 |
|---|---|---|---|
| 第一篇　　总体设计 | | | |
| 项目地理位置图 | S1-1 | 共 1 页 | |
| 说明书 | S1-2 | 共 8 页 | |
| 路线平、纵面缩图 | S1-3 | 共 1 页 | |
| 主要技术经济指标表 | S1-4 | 共 2 页 | |
| 附件 | S1-5 | 共 26 页 | |
| 公路平面总体设计图 | S1-6 | 共 23 页 | |

| 图表名称 | 图表编号 | 页码 | 备注 |
|---|---|---|---|
| 第二篇　路线 | | | |
| 说明 | S2-1 | 共 2 页 | |
| 路线平面图 | S2-2 | 共 13 页 | |
| 路线纵断面图 | S2-3 | 共 13 页 | |
| 直线、曲线及转角表 | S2-4 | 共 1 页 | |
| 纵坡、竖曲线表 | S2-5 | 共 1 页 | |
| 总里程及断链桩号表 | S2-6 | 共 1 页 | |
| 公路用地表 | S2-7 | 共 1 页 | |
| 公路用地图 | S2-8 | 共 14 页 | |
| 赔偿树木、青苗表 | S2-9 | 共 1 页 | |
| 砍树挖根数量表 | S2-10 | 共 1 页 | |
| 拆迁建筑物表 | S2-11 | 共 2 页 | |
| 拆迁电力、通信设施表 | S2-12 | 共 1 页 | |
| 路线逐桩坐标表 | S2-13 | 共 5 页 | |
| 导线点成果表 | S2-14 | 共 1 页 | |
| 水准点表 | S2-15 | 共 1 页 | |
| 安全设施 | S2-16 | 共 1 页 | |

## 2.4.2.2　直线、曲线及转角表

"直线、曲线及转角表"为平面设计的主要成果,它反映了路线的平面位置和路线平面线形的各项指标。路线平面设计只有根据这一成果才能进行后面的一系列设计,如路线平面设计图、逐桩坐标表。它同时为路线纵断面设计、横断面设计提供设计依据。见表 2.16。

## 表 2.16　直线、曲线及转角表

××公路　　　　　　　　　　　　　　　　　　　　　　　　　　　　　　　　　　　　　　　　　

| 交点号 | 交点桩号 | 交点坐标(m) X | Y | 偏角 (° ′ ″) | R | A₁ | A₂ | Lh1 | Lh2 | T₁ | T₂ | Ls | E | 曲线控制桩号 ZH | HY(ZY) | QZ | YH(YZ) | HZ | 直线长度(m)及方向 直线长度 | 支点间距 | 方位角 (° ′ ″) | 断链数据 |
|---|---|---|---|---|---|---|---|---|---|---|---|---|---|---|---|---|---|---|---|---|---|---|
| 1 | 2 | 3 | 4 | 5 | 6 | 7 | 8 | 9 | 10 | 11 | 12 | 13 | 14 | 15 | 16 | 17 | 18 | 19 | 20 | 21 | 22 | 23 |
|  | K99+678.537 | 3128892.499 | 512258.140 |  |  |  |  |  |  |  |  |  |  |  |  |  |  |  | 0 | 485.057 | 337°46′41″ |  |
| 1 | K100+158.931 | 3129441.528 | 512074.693 | 右29°00′13.43″ | 710 | 311.421 | 357.268 | 136.596 | 100 | 272.266 | 360.193 | 133.911 |  | +886.664 | +023.260 |  | +157.172 |  |  |  |  | RCTJ-19EPK100 +000.000 = RCTJ-18EPK100 +000.000 |
|  |  |  |  |  | 1600 | 357.268 | 438.178 | 100 | 120 |  |  | 131.578 |  | +257.172 |  |  | +388.750 | +508.750 |  | 626.93 | 308°46′27″ |  |
| 2 | K100+775.487 | 3129834.146 | 511585.926 | 右18°14′05.37″ | 1275.746 | 391.436 | 479.202 | 120.104 | 180 | 266.738 | 293.018 | 255.964 |  | +508.750 | +628.854 |  | +884.818 | +064.818 | 0 | 557.969 | 327°00′33″ |  |
| 3 | K101+329.768 | 3130302.146 | 511282.109 | 左16°40′50.31″ | 1243.5 | 402.166 | 632.395 | 130.066 | 207.347 | 264.951 | 310.694 | 113.255 |  | +064.818 | +194.884 |  | +308.139 |  | 0 |  |  |  |
|  |  |  |  |  | 3500 | 632.395 |  | 207.347 |  |  |  | 121.669 |  |  | +515.486 |  | +637.155 |  |  |  |  |  |
| 4 | K102+439.242 | 3131022.303 | 510433.784 | 左25°37′25.87″ | 1100 | 378.153 | 378.153 | 130 | 130 | 315.293 | 315.293 | 361.943 | 28.742 | +123.949 | +253.949 | +434.921 | +615.892 | +745.892 | 486.794 | 1112.781 | 310°19′42″ |  |
|  | K103+099.094 | 3131632.776 | 510161.375 |  |  |  |  |  |  |  |  |  |  |  |  |  |  |  | 333.202 | 668.194 | 335°57′08″ |  |
|  | K103+099.094 = K103+100.000 短链 0.906 |  |  |  |  |  |  |  |  |  |  |  |  |  |  |  |  |  |  |  |  |  |
|  | K103+100.000 | 3131632.776 | 510161.375 |  |  |  |  |  |  |  |  |  |  |  |  |  |  |  | 3.551 |  |  |  |
| 5 | K103+505.986 | 3132003.526 | 509995.937 | 左34°48′13.63″ | 960 | 366.606 | 706.959 | 140 | 150.4 | 402.436 | 505.871 | 155.643 | 17.1 | +103.551 | +243.551 |  | +399.194 |  |  | 405.986 | 335°57′08″ |  |
|  |  |  |  |  | 1350 | 706.959 | 563.25 | 150.4 | 235 |  |  | 204.284 |  |  | +549.594 |  | +753.878 | +988.878 |  | 851.319 | 301°08′55″ |  |
| 6 | K104+334.326 | 3132443.878 | 509267.353 | 右36°58′26.67″ | 710 | 395.24 | 315.278 | 220.021 | 140 | 345.448 | 310.553 | 278.166 | 40.74 | +988.878 | +208.899 |  | +487.065 | +627.065 | 644.64 | 1730.355 | 338°07′21″ |  |
| 7 | K106+046.867 | 3134049.619 | 508622.385 | 右29°21′37.58″ | 2300 | 738.288 | 1529.761 | 250 | 240 | 775.161 | 890.21 | 348.437 |  | +271.706 | +521.706 |  | +870.143 | +905.947 |  |  |  |  |
|  |  |  |  |  | 3010 | 1529.761 | 950.263 | 240 | 300 |  |  | 495.805 |  |  | +110.143 |  | +605.947 |  |  |  |  |  |
| 8 | K108+457.933 | 3136471.016 | 508940.639 | 左29°59′31.43″ | 1800 | 501.996 | 573.71 | 140 | 160 | 451.294 | 333.357 | 165.557 |  | +006.639 | +146.639 |  | +312.197 |  | 1100.692 | 2442.196 | 7°28′59″ |  |
|  |  |  |  |  | 960 | 573.71 | 366.606 | 160 | 140 |  |  | 184.225 |  |  | +472.197 |  | +656.421 | +796.421 |  |  |  |  |
| 9 | K109+710.622 | 3137642.010 | 508455.381 | 左10°56′12.54″ | 2326 | 570.649 | 570.649 | 140 | 140 | 292.705 | 292.705 | 303.995 | 10.987 | +417.916 | +557.916 | +709.914 | +861.911 | +001.911 | 621.495 | 1267.558 | 337°29′28″ | RCTJ-19EPK109 +820.000 |
|  | K110+941.382 | 3138670.147 | 507776.269 |  |  |  |  |  |  |  |  |  |  |  |  |  |  |  | 562.897 | 1232.177 | 326°33′15″ | = RCTJ-20BPK109 +820.000 |

### 2.4.2.3　路线平面图

路线平面图是公路设计文件的重要组成部分。通过路线平面图,可以反映出公路的平面位置和所经过地区的地形、地物等,还可以反映出路线所经地段的各种结构物如挡土墙、边坡、排水结构、桥涵等的具体位置以及与地形、地物的关系。它是设计人员对路线设计意图的总体体现。路线平面图无论对提供有关部门审批、专家评议、设计初审、设计会审、工程施工以及指导后续工作如施工图设计、施工放样等起着重要的作用。路线平面图的绘制步骤如下:

(1) 路线平面图比例尺及测图范围

公路平面图是指包括路中线在内的有一定宽度的带状地形图。若一般为工程可行性、初步设计阶段的方案研究与比选,其比例可采用 1∶5000 或 1∶10000;但作为初步设计、施工图设计等设计文件组成部分则应采用更大的比例尺,一般采用 (1∶500) ～ (1∶2000);在地形复杂地段或重要设计路段,如大型交叉、大中桥等,则应采用 (1∶500) ～ (1∶1000) 的地形图。带状地形图的测图范围一般视具体情况确定,常用路中心线两侧 100 ～ 200m。对于 1∶5000 的地形图,则测图范围应适当放大,一般不小于 250m。若有比较线,则须包括比较线的范围。

(2) 路线平面图的内容及测绘步骤

① 路线平面图的内容

A. 公路沿线的地形、地物情况;

B. 公路交点和转点位置及里程桩标注、公路沿线各类控制桩位置及有关数据;

C. 路线所经地段的地名,重要地理位置情况标注;

D. 各类结构物设计成果的标注;

E. 若图纸中包含弯道,应包括曲线要素表和导线、交点坐标表;

F. 图签和有关说明。

② 测绘步骤

A. 按要求选定比例尺;

B. 依直线、曲线及转角表及中线资料绘制公路中线图;

C. 在公路中线图上标出公路起终点里程桩、百米桩、公里桩、曲线要素桩、桥涵桩及位置;

D. 实地测绘沿线带状地形图并现场勾绘出等高线;

E. 根据设计情况在图纸上标出各类结构物的平面位置并在图上列出直线、曲线及转角表等有关内容。

路线平面图如图 2.28 所示。

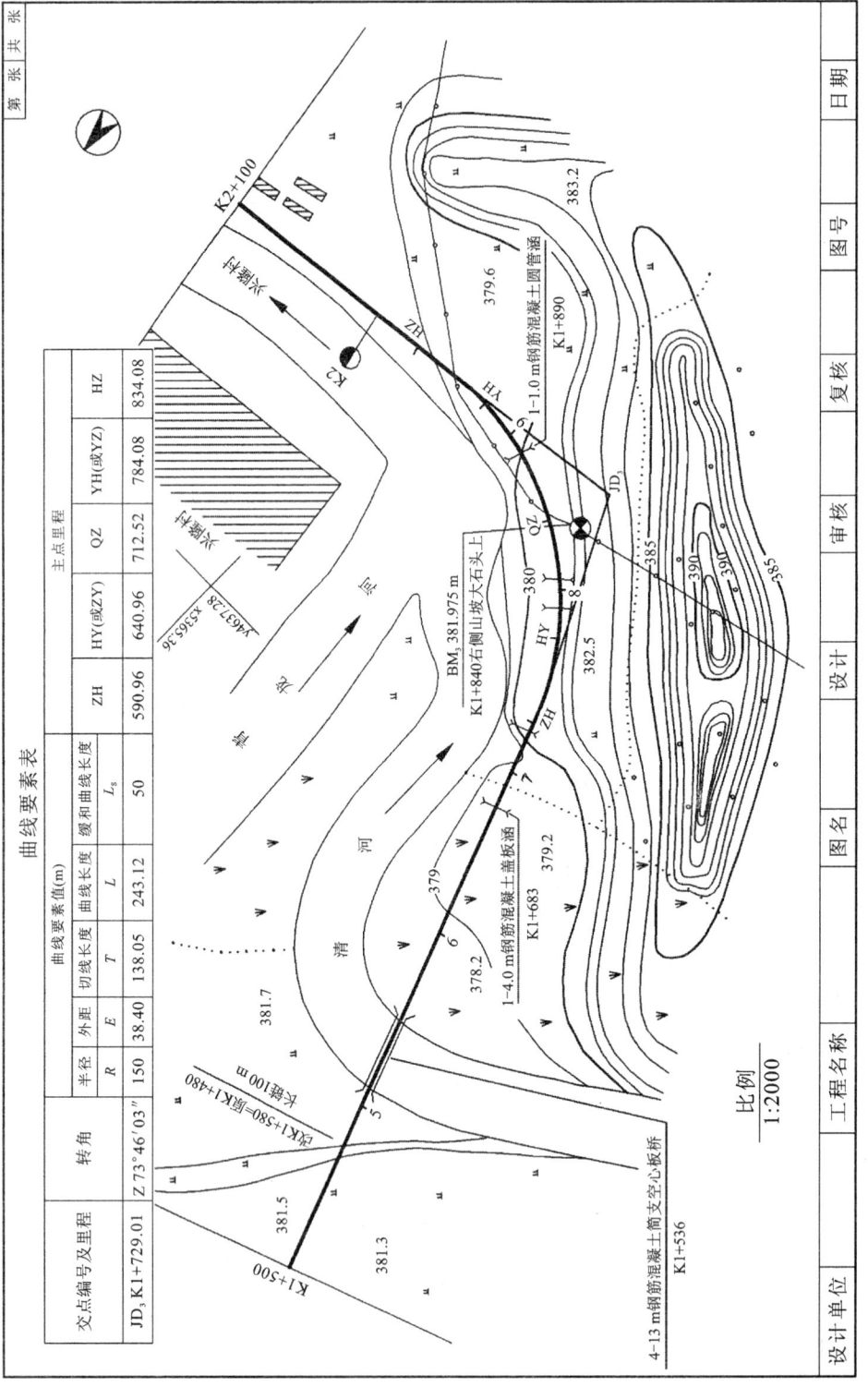

图2.28　路线平面图

### 2.4.2.4　逐桩坐标表

高速、一级公路的线形指标高,在测设和放线时需采用坐标法才能保证测设精度。所以平面设计成果必须提供一份"路线逐桩坐标表",见表 2.17。

表 2.17　逐桩坐标表

| 桩号 | 坐标 | | 桩号 | 坐标 | |
|---|---|---|---|---|---|
| | $X$(m) | $Y$(m) | | $X$(m) | $Y$(m) |
| K100+000 | 3129293.410 | 512132.504 | K100+800 | 3129865.358 | 511581.183 |
| K100+020 | 3129311.273 | 512123.510 | K100+820 | 3129880.590 | 511568.223 |
| K100+022.171 | 3129313.198 | 512122.505 | K100+840 | 3129896.024 | 511555.503 |
| K100+040 | 3129328.886 | 512114.035 | K100+860 | 3129911.655 | 511543.026 |
| K100+060 | 3129346.224 | 512104.068 | K100+880 | 3129927.479 | 511530.796 |
| K100+080 | 3129363.276 | 512093.617 | YHK100+884.816 | 3129931.318 | 511527.889 |
| QZK100+089.671 | 3129371.414 | 512088.392 | K100+900 | 3129943.492 | 511518.814 |
| K100+100 | 3129380.026 | 512082.690 | K100+920 | 3129959.675 | 511507.062 |
| K100+120 | 3129396.462 | 512071.295 | K100+940 | 3129976.006 | 511495.516 |
| K100+140 | 3129412.570 | 512059.442 | K100+960 | 3129992.460 | 511484.148 |
| YHK100+157.151 | 3129426.113 | 512048.919 | K100+980 | 3130009.018 | 511472.930 |
| K100+160 | 3129428.338 | 512047.140 | K100+990 | 3130017.329 | 511467.369 |
| K100+180 | 3129443.763 | 512034.410 | K101+000 | 3130025.659 | 511461.835 |
| K100+200 | 3129458.871 | 512021.305 | K101+010 | 3130034.003 | 511456.325 |
| K100+220 | 3129473.694 | 512007.879 | K101+020 | 3130042.361 | 511450.834 |
| K100+240 | 3129488.268 | 511994.184 | K101+030 | 3130050.730 | 511445.360 |
| HYK100+257.171 | 3129500.613 | 511982.248 | K101+040 | 3130059.107 | 511439.899 |
| K100+260 | 3129502.633 | 511980.268 | K101+050 | 3130067.490 | 511434.446 |
| K100+280 | 3129516.819 | 511966.169 | K101+060 | 3130075.876 | 511429.000 |
| K100+300 | 3129530.827 | 511951.894 | GQK101+064.816 | 3130079.915 | 511426.377 |
| K100+320 | 3129544.655 | 511937.445 | K101+070 | 3130084.264 | 511423.554 |
| QZK100+322.960 | 3129546.686 | 511935.292 | K101+080 | 3130092.649 | 511418.106 |
| K100+340 | 3129558.302 | 511922.825 | K101+090 | 3130101.030 | 511412.650 |

**续表 2.17**

| 桩号 | 坐标 | | 桩号 | 坐标 | |
| --- | --- | --- | --- | --- | --- |
| | $X(m)$ | $Y(m)$ | | $X(m)$ | $Y(m)$ |
| K100＋360 | 3129571.764 | 511908.035 | K101＋100 | 3130109.402 | 511407.182 |
| K100＋380 | 3129585.041 | 511893.078 | K101＋110 | 3130117.762 | 511401.695 |
| YHK100＋388.749 | 3129590.790 | 511886.483 | K101＋120 | 3130126.107 | 511396.184 |
| K100＋400 | 3129598.131 | 511877.956 | K101＋130 | 3130134.433 | 511390.645 |
| K100＋420 | 3129611.050 | 511862.688 | K101＋140 | 3130142.736 | 511385.073 |
| K100＋440 | 3129623.826 | 511847.301 | K101＋150 | 3130151.014 | 511379.462 |
| K100＋460 | 3129636.492 | 511831.823 | K101＋160 | 3130159.262 | 511373.808 |
| K100＋480 | 3129649.079 | 511816.281 | K101＋170 | 3130167.476 | 511368.105 |
| K100＋500 | 3129661.620 | 511800.701 | K101＋180 | 3130175.653 | 511362.349 |
| GQK100＋508.749 | 3129667.100 | 511793.881 | K101＋190 | 3130183.789 | 511356.534 |
| K100＋520 | 3129674.147 | 511785.110 | HYK101＋194.883 | 3130187.746 | 511353.673 |

 **相关技能**

通过 ×× 公路路线平面设计文件,熟悉路线平面设计的要点及图纸。

 **小组任务**

1. 每 3 ～ 4 名学生组成一个工作小组,确定 1 名小组长,接受工作任务,做好工作准备。

2. 根据任务要求完成相关内容。工作内容主要包括 ×× 公路路线平面图纸和表格的识读,并能够描述出来。

3. 回答指导老师的现场提问,接受看图能力的技能考核。

4. 完成工作任务后,每个小组讨论和自评,消化完成任务过程中的知识点。

1. 如何填制直线、曲线及转角表和逐桩坐标表?
2. 确定圆曲线半径应考虑哪些因素?
3. 缓和曲线的作用有哪些?
4. 超高和加宽的作用是什么?

# 学习情境 3 路线纵断面结构

## 工作任务 3.1 路线纵断面线形分析

### 【学习目标】

1. 了解路线纵断面的组成；
2. 掌握纵坡及坡长的设计；
3. 掌握竖曲线的计算和设计。

### 【任务描述】

利用××在建公路桥梁施工文件、多媒体教学资源和教师的讲解，使同学们能掌握路线纵断面线形组成以及纵坡、竖曲线设计，并能看懂相关的工程图纸。

### 【学习引导】

本学习任务沿着以下脉络进行学习：

第一步，结合课件，教师讲解相关知识；

第二步，展示××在建公路施工图纸文件；

第三步，掌握纵断面基本线形组成，熟悉运用相关规范进行坡长和竖曲线的设计，并学会应用相关知识看懂工程图纸。

 单元学习 3.1.1 相关知识

路线纵断面图是沿着公路中线竖直剖切然后展开的线形。因其受到地形高低起伏的影响，路线纵断面应该是一条起伏的线形。路线纵断面设计图是公路设计成果的重要组成部分，它与路线平面图结合起来就可以通过测量仪器把路线空间上的任意点找到，从而准确地定出公路的空间位置。

在路线纵断面图上主要有两条线：一条反映地面起伏情况的地面线，它是根据中线上各桩点的地面高程点绘并两两相连的一条不规则的折线；另一条是路线纵断面设计线，它是设计人员综合了安全、经济、美观、舒适等多方面后在满足规范的前提条件下设计出的具有规则形状的几何线形，反映的是公路路线在纵断面的起伏情况。地面线和设计线之间的相对位置可以反映出路线的整体填挖情况。

　　路线纵断面设计线主要包括竖曲线和直线两种线形。直线是通过坡度和坡长来量化的，直线坡度和坡长的选择会影响到公路行驶的安全性和舒适性，所以规范对这两个值的选用有一定的限定。而竖曲线是在直线的坡度转折处为平顺过渡设置的一定长度的曲线。竖曲线从外形上分为凹形和凸形两种，其大小用半径和水平长度表示。

　　路线纵断面设计线上各点的标高称为设计标高。

　　同一桩点的设计标高与地面标高的差值称为施工高度，又称填挖高度。若该桩点的施工高度为"＋"，即设计标高大于地面标高，这样的路段即为填方路段；若施工高度为"－"，则为路堑，这样的路段为挖方路段。

　　路线的纵向坡度简称纵坡，用符号 $i$ 表示，其值可按下式计算：

$$i = \frac{H_2 - H_1}{L} \times 100\% \tag{3.1}$$

式中　　$i$——纵坡，%；

　　　　$H_1, H_2$——按路线前进方向为序的坡线两端点的标高，m；

　　　　$L$——坡线两端点间的水平距离，称坡线长度，简称坡长，m。

　　**[例 3.1]**　　路线前进水平距离 520m，克服高差 13m，则纵坡为多少？

　　**[解]**　　　$i = \frac{H_2 - H_1}{L} \times 100\% = \frac{13}{520} \times 100\% = 2.5\%$

　　从式（3.1）知，按路线前进方向，上坡时 $i$ 为"＋"，下坡时 $i$ 为"－"。

　　相邻两坡线的交点称为转坡点，在转坡点处应设竖曲线，如图 3.1 所示。

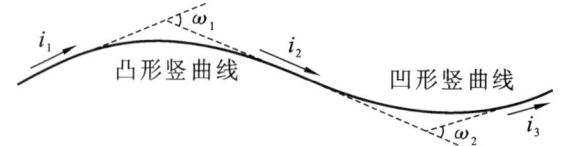

图 3.1　竖曲线示意图

　　转坡点前后两坡度线坡度之差称为转坡角，用符号 $\omega$ 表示，其值可按下式计算：

$$\omega = i_1 - i_2 \tag{3.2}$$

式中　　$\omega$——转坡角的度数，rad，当 $\omega$ 为"＋"时为凸形竖曲线，$\omega$ 为"－"时则为凹形竖曲线；

　　　　$i_1, i_2$——转坡点前后坡线的纵坡，上坡取"＋"，下坡取"－"。

## ◆ 单元学习 3.1.2　纵坡

### 3.1.2.1　纵坡设计的一般要求

经过研究发现，汽车上坡时，若道路纵坡较缓，汽车的行驶阻力的代数和小于或等于汽车所用挡位牵引力,汽车就能用该挡位以等速或加速走完该段纵坡的全长。若汽车所用的挡位愈高,行驶速度就愈快,但爬坡能力愈差。因此,公路纵坡设计总是力求纵坡较缓为好,特别是等级较高的公路更是如此。

当道路的纵坡较陡,汽车上坡时的行驶阻力的代数和大于汽车所用挡位的牵引力时,在坡段较短的情况下,只要在上坡之前加大汽车油门,提高汽车的初速,利用动力冲坡的惯性原理,在车速降到临界速度之前即使不换挡也能冲过此段纵坡。但如果道路纵坡既陡又长,汽车利用动力冲坡无法冲过坡顶,此时就必须在车速下降到某一程度时(如临界车速),换到较低的挡位来获得较大的汽车牵引力,汽车才能继续行驶。

汽车使用低挡的行程时间越长或换挡次数频繁,会延长行程时间,增加汽车燃料消耗和机件磨损。此外,从汽车的动力特性可知,道路纵坡对车速的影响极大,因为纵坡越陡,需要的牵引力越大,从而导致采用的挡位越低,行驶速度越慢。为了使汽车能保持较高的车速行驶,少用低挡和减少换挡次数,对道路纵坡提出如下要求:

①　纵坡度力求平缓。

②　陡坡宜短,长陡坡的纵坡度应加以严格限制。

③　纵坡度变化不宜太多,尤其应避免急剧的起伏变化,力求纵坡均匀。

除了考虑汽车的动力特性进行纵坡设计外,为使纵坡设计更趋于经济合理,在纵坡设计时一般要求为:

①　满足《标准》中有关纵坡的规定要求。

②　纵坡应尽量平缓,起伏不宜过大和频繁,并应尽量避免《标准》中的极限值,合理安排缓和坡段,不宜连续采用极限长度的陡坡夹最短长度的缓坡。连续上坡或下坡路段,应避免设置反坡段。

③　应综合考虑沿线的地形、地质、气候等自然情况,并根据需要采取一定的技术措施,以保证公路的稳定和畅通。

④　尽量减少土石方和其他工程数量,以降低工程造价。

### 3.1.2.2　最大纵坡

道路最大纵坡是纵坡设计的极限值,是路线设计时的重要指标,其大小将直接影响公路的使用质量、行车安全以及运营成本和工程的经济性。

山区公路中的越岭线常常采用较大纵坡,这是因为纵坡越大,路程就越短,一般来说工程量也越省。但由于汽车牵引力有一定的限制,故纵坡不能太大,必须对最大纵坡加以限制。

(1) 确定最大纵坡应考虑的因素

①　汽车的动力性能:根据公路上行驶的车辆类型,按汽车行驶的必要条件和充分条件来确定;

② 公路等级：公路等级愈高，行车速度也越高，根据动力特性，对同类型车辆来说，速度越高，其爬坡能力就愈低，所以不同等级的公路有不同的最大纵坡值；

③ 自然条件：公路所经地区的地形、海拔高度、气温、雨量、湿度和其他自然因素，均影响汽车的行驶条件和爬坡能力。

（2）最大纵坡的确定

最大纵坡是公路纵断面设计的重要控制指标，特别是在山岭区。公路最大纵坡是在保证行车安全的前提下，根据汽车的动力性能、公路等级、自然条件等因素来确定。汽车沿陡坡行驶时，因克服坡度阻力、惯性阻力、空气阻力等需要增大牵引力，车速便会降低，若陡坡过长，将引起汽车水箱沸腾、气阻等情况，严重时，还可能使发动机熄火，使驾驶条件恶化。若沿陡坡下行，因制动次数增多，制动器易发热而失效，司机心理紧张，易引起交通事故。如东风 EQ1090 载货汽车及解放 CA1091 载货汽车上坡时，均可采用二挡顺利地通过 12% 左右的纵坡，但在下坡时却很不安全，当道路泥泞时，情况更为严重。因此，从行车安全考虑对最大纵坡必须加以严格限制。我国《标准》对各级公路的最大纵坡规定见表 3.1。

表 3.1    各级公路最大纵坡

| 设计速度（km/h） | 120 | 100 | 80 | 60 | 40 | 30 | 20 |
|---|---|---|---|---|---|---|---|
| 最大纵坡（%） | 3 | 4 | 5 | 6 | 7 | 8 | 9 |

注：① 设计速度为 120km/h、100km/h、80km/h 的高速公路受地形条件或其他特殊情况限制时，经技术经济论证，最大纵坡值可增加 1%；

② 公路改扩建中，设计速度为 40km/h、30km/h、20km/h 的利用原有公路的路段，经技术经济论证，最大纵坡值可增加 1%；

③ 高速公路、一级公路应论证采用合理的平均纵坡，对存在连续长、陡纵坡的路段应进行安全性评价。

最大纵坡只是在线形受地形限制严重的路段才采用。如越岭路线为争取高度、缩短路线长度或避开困难工程可采用最大纵坡，在一般情况下应尽量采用较小的纵坡，以利将来提高公路等级。在非汽车交通比例较大的路段，可根据具体情况将纵坡适当放缓，平原、微丘区一般为 2% ～ 3%；山岭、重丘区一般为 4% ～ 5%。

小桥涵处的纵坡可按表 3.1 的限值设计，但大、中桥上的纵坡不宜大于 4%，桥头引道纵坡不大于 5%；位于城镇附近非汽车交通量较大的路段，桥上及桥头引道纵坡均不得大于 3%；紧接大、中桥桥头两端的桥头引道纵坡应与桥上纵坡一致。

隧道内的纵坡不应大于 3%，并不小于 0.3%，独立的明洞和长度小于 50m 的隧道，其纵坡不受此限；紧接隧道洞口的路线纵坡应与隧道内纵坡相同。

在海拔 3000m 以上的高原地区，因空气密度下降而使汽车发动机的功率和汽车的牵引力降低，导致汽车爬坡能力下降；此外，在高原地区，汽车水箱中的水容易沸腾而破坏冷却系统。故《标准》规定在海拔 3000m 以上的高原地区,各级公路的最大纵坡值应按表 3.2 的规定予以折减,最大纵坡折减后若小于 4%,则仍采用 4%。

表 3.2　高原纵坡折减值

| 海拔高度(m) | 3000～4000 | 4000～5000 | 5000 以上 |
|---|---|---|---|
| 纵坡折减(%) | 1 | 2 | 3 |

(3)最小纵坡

一般来说,为使公路上汽车行驶快速和安全,纵坡设计得小一些总是有利的。但在挖方路段,设置边沟的低填路段和横向排水不畅路段,为保证排水的要求,防止积水渗入路基而影响其稳定性,在这些路段应避免采用平坡,以免因为排水而将边沟挖得过深。故《标准》规定,在各级公路的长路堑路段,以及其他横向排水不畅的路段,均应采用不小于 0.3% 的纵坡,否则应对其边沟做纵向排水设计。

干旱地区以及横向排水良好的路段,其最小纵坡可不受上述限制。

(4)坡长限制

坡长限制主要是指对较陡纵坡的最大长度和一般纵坡的最小长度加以限制,现分述如下:

① 最大坡长

按动力因素的要求,对较陡纵坡的坡段,其坡长应较小。从实际观测调查的结果表明,对纵坡大于 5% 的坡段,若其坡长过大,上坡时需采用较低挡且速度下降,发动机易受磨损甚至熄火停驶;下坡时坡度阻力为负值而使汽车加速行驶,为保证行车安全往往使用制动器来减速,多次制动会使制动器失灵甚至造成车祸。因此,对纵坡大于 5% 的坡段,其最大坡长必须加以限制。《标准》对各级公路不同纵坡的最大坡长规定见表 3.3。高速公路和一级公路纵坡及坡长的选用应充分考虑车辆运行质量要求。对高速公路即使纵坡为 2%,其坡长也不宜过长。二级、三级、四级公路当连续纵坡大于 5% 时,应在不大于表 3.3 所规定的长度处设缓和坡段。

表 3.3　各级公路纵坡长度限制(m)

| 纵坡坡度(%) | 设计速度(km/h) | | | | | | |
|---|---|---|---|---|---|---|---|
| | 120 | 100 | 80 | 60 | 40 | 30 | 20 |
| 3 | 900 | 1000 | 1100 | 1200 | — | — | — |
| 4 | 700 | 800 | 900 | 1000 | 1100 | 1100 | 1200 |
| 5 | — | 600 | 700 | 800 | 900 | 900 | 1000 |
| 6 | — | — | 500 | 600 | 700 | 700 | 800 |

续表 3.3

| 纵坡坡度(%) | 设计速度(km/h) | | | | | | |
|---|---|---|---|---|---|---|---|
| | 120 | 100 | 80 | 60 | 40 | 30 | 20 |
| 7 | — | — | — | — | 500 | 500 | 600 |
| 8 | — | — | — | — | 300 | 300 | 400 |
| 9 | — | — | — | — | — | 200 | 300 |
| 10 | — | — | — | — | — | — | 200 |

在实际纵坡设计中,当大于 5% 的坡长还未达到其规定的限制坡长时,可变化坡度(应为连续上坡或连续下坡),但其长度应按坡长限制的规定进行折算。例如,某山岭区三级公路的第一坡段纵坡为 8.0%,长度为 120m,即占坡长限制值的 2/5,若相邻坡段的纵坡为 7.0%,则其坡长不应超过 $500 \times 3/5 = 300m$。也就是说 8.0% 的纵坡设计 120m 以后,还可紧接着设计坡度为 7.0%、坡长为 300m 的纵坡,此时坡长限制正好用完。

② 最小坡长

坡段的最小长度限制,是基于:

A. 布设竖曲线的要求。各转坡点必须用竖曲线来连接相邻两坡段,因此,一个坡段的最小长度,就应等于转坡点竖曲线的切线长度之和。

B. 汽车行驶的要求。最小坡长限制主要是从汽车行驶平顺性的要求考虑。如果坡长过短,使变坡点增多,汽车行驶在连续起伏地段产生增重与减重的频繁变化,导致感觉不舒适,车速越高感觉越突出。最小纵坡通常以设计速度行驶 9 ～ 15s 的行程作为规定值。《公路路线设计规范》(JTG D20—2006)对各级公路的最小坡长规定见表 3.4。

表 3.4    各级公路最小坡长

| 设计速度(km/h) | 120 | 100 | 80 | 60 | 40 | 30 | 20 |
|---|---|---|---|---|---|---|---|
| 最小坡长(m) | 300 | 250 | 200 | 150 | 120 | 100 | 60 |

③ 缓和坡段

当纵坡长度达到限制坡长后,按规定设置的较小纵坡的坡段,称缓和坡段,其目的是减轻上坡时汽车的机件磨损和降低下坡时制动器的过高温度,以保证行车安全。缓和坡段的纵坡不应大于 3%,其长度应不小于表 3.4 所列的最小坡长的要求。

(5)平均纵坡

平均纵坡是在一定路线长度范围内,路线两端点的高差与路线长度的比值。

在山区公路的纵坡设计时,可能会不间断地交替使用标准规定的最大纵坡和缓和坡段,这似乎是合理的,但会造成汽车长时间用低挡爬坡或下坡需频繁刹车制动,这就不合理了。避免产生这种现象的办法是对路段的平均纵坡进行控制。我国《标准》规定:为了合理运用最大纵坡、坡长和缓和坡段,以保证车辆安全顺利行驶,二、三、四级公路越岭线的平均纵坡,一般以接近 5.5%(相对高差为 200 ~ 500m)和 5%(相对高差 > 500m)为宜,并注意任何相连 3km 路段的平均纵坡不宜大于5.5%。

（6）合成坡度

道路在平曲线路段,若纵向有纵坡且横向又有超高时,则最大坡度在纵坡和超高横坡所合成的方向上,这时的最大坡度称为合成坡度,如图 3.2 所示。合成坡度用符号 $i_M$ 表示,其值可用下式计算:

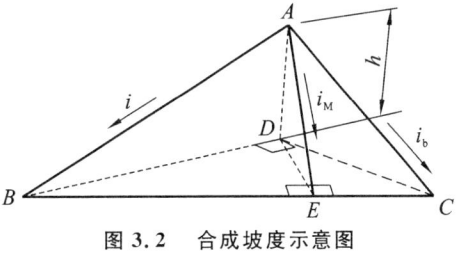

图 3.2　合成坡度示意图

$$i_M = \sqrt{i^2 + i_b^2} \tag{3.3}$$

式中　$i_M$—— 合成坡度,%;

　　　$i$—— 路段纵坡,%;

　　　$i_b$—— 路段超高横坡,%。

一般情况下,为了保证路面排水,合成坡度的最小值不宜小于 0.5%。汽车在有合成坡度的路段行驶时,如果合成坡度过大,由于离心力的作用,可能引起汽车向合成坡度方向的倾斜和侧向滑移,给汽车行驶带来危险。因此,应将合成坡度控制在一定的范围之内。各级公路的最大容许合成坡度值见表 3.5。

表 3.5　公路最大合成坡度

| 公路等级 | 高速公路 | | | 一级 | | | 二级 | | 三级 | | 四级 |
| --- | --- | --- | --- | --- | --- | --- | --- | --- | --- | --- | --- |
| 设计速度(km/h) | 120 | 100 | 80 | 100 | 80 | 60 | 80 | 60 | 40 | 30 | 20 |
| 合成坡度(%) | 10.0 | 10.0 | 10.5 | 10.0 | 10.0 | 10.5 | 9.0 | 10.0 | 9.5 | 10.0 | 10.0 |

（7）爬坡车道

爬坡车道是设置在陡坡路段行车道外侧专供车辆上坡使用的车道。在道路纵坡较大的路段上,载重车爬坡时需克服较大的坡度阻力,车速下降,大型车与小汽车的速差变大,超车频率增加,对行车安全不利。速差较大的车辆混合行驶,必将减小快车的行驶自由度,导致通行能力降低。为了消除上述种种不利影响,宜在陡坡路段增设爬坡车道,把载重车从正线车流中分离出去,可提高小汽车行驶的自由度,确保行车安全,增加路段的通过能力,如图 3.3 所示。

图 3.3　爬坡车道示意图

《公路路线设计规范》(JTG D20—2006)规定:高速公路、一级公路以及二级公路在连续上坡路段设置爬坡车道时,其宽度应为 3.5m;高速公路、一级公路的爬坡车道应在紧靠车道外侧设置,可利用硬路肩宽度,爬坡车道外侧应设置路缘带和土路肩;二级公路的爬坡车道应紧靠车道的外侧设置,可利用硬路肩宽度,如图 3.4 所示。当需保留原供汽车行驶的路肩时,该部分应移至爬坡车道外侧。

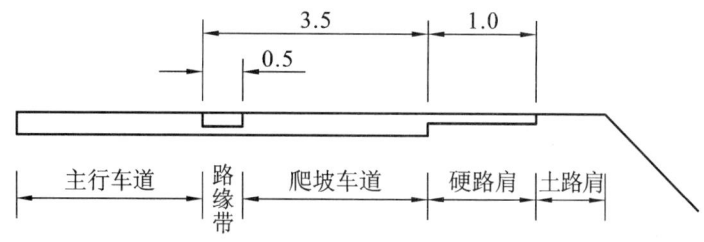

图 3.4　爬坡车道横断面示意图

一般最理想的路线纵断面本身就应按不设置爬坡车道来设计纵坡,但这样往往会造成路线迂回或路基高填深挖,增加工程建设成本。

是否设置爬坡车道,要与减小纵坡不设爬坡车道的方案进行技术经济指标比较来确定。除此之外,凡符合下列情况之一者,宜设置爬坡车道:

① 高速公路和一级公路,当纵坡大于 4% 时;

② 上坡路段的小时交通量超过设计通行能力时;

③ 沿上坡方向载重汽车的行驶速度降低到表3.6所规定的容许最低速度以下时。

表 3.6　上坡方向容许最低速度

| 设计速度(km/h) | 120 | 100 | 80 | 60 |
|---|---|---|---|---|
| 容许最低速度(km/h) | 60 | 55 | 50 | 40 |

从上述设置爬坡车道的条件看,设置爬坡车道主要是为了提高高速公路和一级公路的通行能力,以免影响较高车速的车辆行驶。如果二级公路的纵坡大于 5% 或

当交通量很大、载重汽车比率较大时,若车速低于容许最低速度的路段长度大于1000m时,也可设置爬坡车道。

当公路的车道数为六车道以上时,行车之间相互影响的程度已不大,就不必设置爬坡车道。隧道、大桥、高架桥及深挖方路段,若因设置爬坡车道使工程费用增加很大时,爬坡车道可暂时不设,视交通量增长程度和行车速度情况在改建公路时再考虑。

由于爬坡车道上的车速比行车道上的低,故超高横坡度比行车道可相应小一些。爬坡车道超高的旋转轴为爬坡车道内侧边缘,其超高横坡度规定见表3.7。

表 3.7　爬坡车道的超高横坡度

| 主线的超高横坡度(%) | 10 | 9 | 8 | 7 | 6 | 5 | 4 | 3 | 2 |
|---|---|---|---|---|---|---|---|---|---|
| 爬坡车道的超高横坡度(%) | 5 | | | | 4 | | | 3 | 2 |

爬坡车道的长度应与主线相应纵坡长度一致。为使载重汽车车速恢复到容许最低速度,应在爬坡车道末端设置表3.8规定的附加长度,以便载重汽车加速后顺利进入车道。

表 3.8　爬坡车道末端附加长度

| 附加段的纵坡 | 下坡 | 平坡 | 上坡(%) | | | |
|---|---|---|---|---|---|---|
| | | | 0.5 | 1.0 | 1.5 | 2.0 |
| 附加长度(m) | 100 | 150 | 200 | 250 | 300 | 350 |

爬坡车道起点、终点应设置分流、合流渐变段(图 3.5),其长度规定见表3.9。

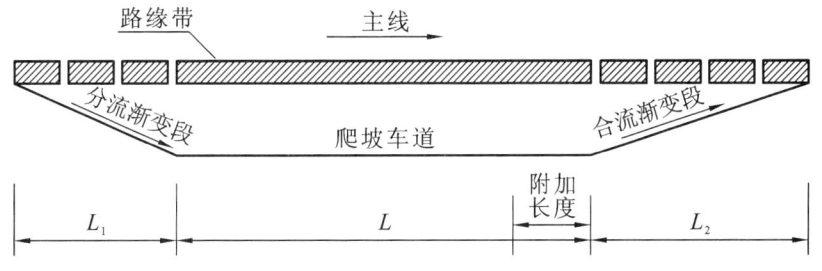

图 3.5　爬坡车道的平面布置

表 3.9　爬坡车道分流、合流渐变段长度

| 公路等级 | 分流渐变段长度(m) | 合流渐变段长度(m) |
|---|---|---|
| 高速公路、一级公路 | 100 | 150～200 |
| 二级公路 | 50 | 90 |

设计爬坡车道应综合考虑它与原行车道线形的关系,其起、终点应设在通视良好、便于辨认、过渡顺适的路段。长而连续的爬坡车道,其右侧应按规定设置紧急停车带。

**单元学习 3.1.3    竖曲线**

### 3.1.3.1    竖曲线的相关概念

纵断面上相邻两条纵坡线相交的点称为变坡点。为了行车平顺用一段曲线来过渡,称为竖曲线。竖曲线的形状,通常采用平曲线或二次抛物线两种。但在设计和计算上抛物线更为方便,故我国一般采用二次抛物线的形式。

在纵坡设计时,由于纵断面上只反映水平距离和竖直高度,因此竖曲线的切线长与弧长是其在水平面上的投影,切线支距是竖直的高程差,相邻两条纵坡线相交角用转坡角表示。当竖曲线转坡点在曲线上方时为凸形竖曲线,反之为凹形竖曲线。

竖曲线的主要作用有:

(1)起缓冲作用,以平缓的竖曲线取代折线可消除汽车在该处的颠簸,一定程度上提高乘客的舒适感;

(2)确保公路纵向的行车视距。在凸形竖曲线处,倘若纵坡坡差较大时,若无竖曲线,则盲区部位的路障便看不见,若设置了适当的竖曲线,则视距将获得保证。

### 3.1.3.2    竖曲线的要素计算

我国《标准》规定竖曲线的线形采用二次抛物线,如图 3.6 所示。

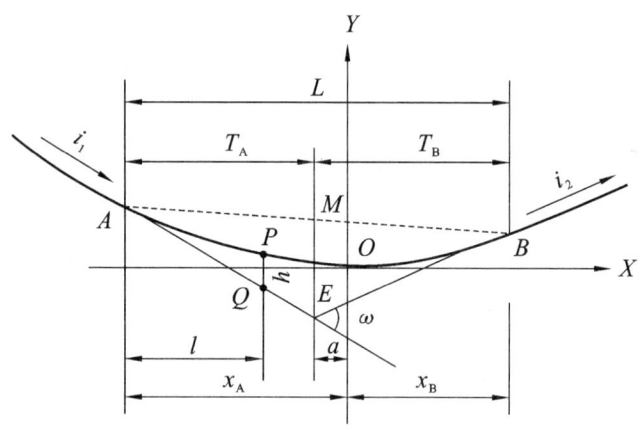

**图 3.6    竖曲线计算示意图**

二次抛物线的数学方程式为 $x^2 = 2py$,若将坐标原点设在竖曲线顶点时,其参数 $p$ 即竖曲线顶点的曲率半径又称竖曲线半径,用符号 $R$ 表示,则竖曲线的方程式为 $x^2 = 2Ry$。

由于竖曲线的切线长与弧长是其在水平面上的投影,切线支距是竖直的高程差,所以竖曲线长度即为竖曲线起终点的水平距离 $L$,竖曲线的切线长 $T$ 即为竖曲线长度的一半。据此，竖曲线要素的计算公式为：

$$\left.\begin{array}{l} L = R\omega \\[4pt] T = \dfrac{L}{2} = \dfrac{R\omega}{2} \\[8pt] E = \dfrac{1}{4}T\omega = \dfrac{T^2}{2R} \\[8pt] y = \dfrac{x^2}{2R} \end{array}\right\} \tag{3.4}$$

式中　　$R$—— 竖曲线半径，m；

　　　　$L$—— 竖曲线长，m；

　　　　$T$—— 竖曲线切线长，m；

　　　　$E$—— 竖曲线外距，m；

　　　　$\omega$—— 两相邻纵坡的代数差，在竖曲线要素计算时取其绝对值；

　　　　$y$—— 竖曲线上任意点到切线的竖距，即竖曲线上任意点与拉坡线的高差，m，亦称改正值；

　　　　$x$—— 竖曲线上任意点与竖曲线起点或终点的水平距离，m。

### 3.1.3.3　竖曲线的最小半径和最小长度

《标准》规定各级公路在纵坡变更处均应设置竖曲线，竖曲线的最小半径和最小长度规定见表 3.10。

表 3.10　竖曲线最小半径和最小长度

| 设计速度(km/h) | 120 | 100 | 80 | 60 | 40 | 30 | 20 |
| --- | --- | --- | --- | --- | --- | --- | --- |
| 凸形竖曲线最小半径(m) | 11000 | 6500 | 3000 | 1400 | 450 | 250 | 100 |
| 凹形竖曲线最小半径(m) | 4000 | 3000 | 2000 | 1000 | 450 | 250 | 100 |
| 竖曲线最小长度(m) | 100 | 85 | 70 | 50 | 35 | 25 | 20 |

### 3.1.3.4　竖曲线的设计和计算

（1）竖曲线设计

竖曲线设计的主要内容是选定半径和做好相邻竖曲线的衔接。竖曲线半径的选定，在不过分增加工程数量的情况下，应尽量选用比表 3.10 中大得多的半径；对行车速度较高的公路，为了使公路的线形获得理想的视觉效果，还须从满足视觉的要求上确定竖曲线最小半径值，见表 3.11。

表 3.11  视觉所需的最小竖曲线半径

| 设计速度(km/h) | 竖曲线半径(m) | | 设计速度(km/h) | 竖曲线半径(m) | |
|---|---|---|---|---|---|
| | 凸形 | 凹形 | | 凸形 | 凹形 |
| 120 | 20000 | 12000 | 80 | 12000 | 8000 |
| 100 | 16000 | 10000 | 60 | 9000 | 6000 |

当相邻两坡段的转坡角较小时,更应选用较大的竖曲线半径,以满足最小坡长的要求。转坡角 $\omega$ 一般宜大于 $0.5\%$,但当转坡角 $\omega$ 小于 $0.3\%$ 且有一定长度不利于排水时,应重新设计纵坡以满足排水要求。

两相邻竖曲线,当它们的转向相同(转坡角都为正或为负)时,称为同向曲线;当它们的转向相反(转坡角一个为正、另一个为负)时,称为反向曲线,尤其同向凹形竖曲线,如果它们之间的直线坡段不长,应合并为单个曲线或复曲线形式的竖曲线,以免形成断背曲线;对反向竖曲线,最好中间设置一段直坡,直坡段的长度一般不小于设计速度的 3s 行程。

(2) 竖曲线计算

竖曲线计算主要包括竖曲线起、终点桩号计算和竖曲线上各桩号设计标高的计算。根据已确定的纵坡和选定的竖曲线半径,即 $i$ 和 $\omega$ 为已知,按式(3.3)计算的竖曲线基本要素 $T$、$L$ 和 $E$,则:

$$竖曲线始点桩号 = 转坡点桩号 - T$$
$$竖曲线终点桩号 = 转坡点桩号 + T$$

在竖曲线范围内各桩号的设计标高与拉坡线的标高差值为 $y$,称为竖曲线设计标高改正(修正)值,可按式(3.4)求得,则:

$$凸形竖曲线上的设计标高 = 该桩号的坡线标高 - y$$
$$凹形竖曲线上的设计标高 = 该桩号的坡线标高 + y$$

[例 3.2]  某山岭区二级公路,变坡点设在 K5+660 桩号处,其高程为 1282.464m,两相邻坡段的前坡 $i_1 = +4.6\%$,后坡 $i_2 = -2.4\%$,竖曲线半径 $R = 2000$m。试计算竖曲线要素以及桩号 K5+640 和 K5+700 处的路基设计标高。

[解]  (1) 竖曲线要素计算

转坡角:$\omega = i_1 - i_2 = 0.046 - (-0.024) = 0.07 > 0$,为凸形竖曲线

曲线长:$L = R\omega = 2000 \times 0.07 = 140$m

切线长:$T = L/2 = 140/2 = 70$m

外距:$E = T^2/2R = 70^2/(2 \times 2000) = 1.225$m

竖曲线起点桩号:$(K5+660) - 70 = K5+590$

竖曲线终点桩号:$(K5+660) + 70 = K5+730$

（2）桩号 K5＋640 处设计标高计算

平距：$x = (K5+640) - (K5+590) = 50m$

竖距：$y = x^2/2R = 50^2/(2 \times 2000) = 0.625m$

切线标高：$1282.464 - [(K5+660) - (K5+640)] \times 0.046 = 1281.544m$

设计标高：$1281.544 - 0.625 = 1280.919m$

（3）桩号 K5＋700 处设计标高计算

平距：$x = (K5+730) - (K5+700) = 30m$

竖距：$y = x^2/2R = 30^2/(2 \times 2000) = 0.225m$

切线标高：$1282.464 - [(K5+700) - (K5+660)] \times 0.024 = 1281.504m$

设计标高：$1281.504 - 0.225 = 1281.279m$

 **相关技能**

已知某公路竖曲线相关参数：竖曲线半径、变坡点桩号和设计高程、相邻纵坡的坡度，计算竖曲线上任意点的设计高程。

计算思路：

（1）通过下述公式计算竖曲线要素。

$$
\begin{cases}
L = R\omega \\[2mm]
T = \dfrac{L}{2} = \dfrac{R\omega}{2} \\[2mm]
E = \dfrac{1}{4}T\omega = \dfrac{T^2}{2R} \\[2mm]
y = \dfrac{x^2}{2R}
\end{cases}
$$

（2）计算竖曲线的起、终点桩号。

$$竖曲线始点桩号 = 转坡点桩号 - T$$
$$竖曲线终点桩号 = 转坡点桩号 + T$$

（3）计算竖曲线上任意点切线标高及改正值。

$$切线标高 = 变坡点标高 \pm (T-x)i$$

$$改正值\ y = \dfrac{x^2}{2R}$$

（4）计算竖曲线上任意点设计标高。

$$凸形竖曲线上的设计标高 = 该桩号的坡线标高 - y$$
$$凹形竖曲线上的设计标高 = 该桩号的坡线标高 + y$$

 **小组任务**

1. 每 3～4 名学生组成一个工作小组，确定 1 名小组长，接受工作任务，做好工作准备。

2. 根据任务要求完成相关内容。工作内容主要包括 ×× 公路路线纵断面图纸的识读,纵断面相关信息在图纸中是如何反应的,曲线要素在图纸中如何表达,并能够描述出来。

3. 回答指导老师的现场提问,接受看图能力的技能考核。

4. 完成工作任务后,每个小组讨论和自评,消化完成任务过程中的知识点。

### 思考题与习题

某公路纵面上变坡点 K23＋000,变坡点高程为 1265.75m;变坡点 K23＋140,变坡点高程为 1259.222m;变坡点 K23＋540,变坡点高程为 1250.237m。竖曲线半径 $R = 8100$m,试计算:

① 竖曲线要素及起终桩号(要求作图说明)。

② 计算 K23＋020、K23＋120、K23＋180、K23＋300 处的设计高程。

# 工作任务 3.2　　路线纵断面结构及线形组合

## 【学习目标】

1. 掌握纵坡设计过程中的变坡点位置选择及平、纵线形的组合;
2. 掌握纵断面纵坡设计的过程。

## 【任务描述】

利用 ×× 在建公路桥梁施工文件、多媒体教学资源和教师的讲解,使同学们能掌握路线纵断面设计的基本步骤,并掌握设计过程中的基本计算,能够从工程施工图纸中获得相关的信息。

## 【学习引导】

本学习任务沿着以下脉络进行学习:

第一步,结合课件,教师讲解相关知识;

第二步,展示 ×× 在建公路施工图纸文件;

第三步,掌握纵断面基本线形组成,熟悉运用相关规范进行坡长和竖曲线的设计,并学会应用相关知识看懂工程图纸。

### 单元学习 3.2.1　　纵断面结构

纵断面设计主要是指纵坡和竖曲线设计。它的主要内容是根据公路等级和相应的有关规定,以及路线自然条件和拟建构造物的标高要求等,确定路线适当的标高、各坡段的坡度和坡长,并设计竖曲线。

### 3.2.1.1    纵断面设计要求

纵断面设计首先涉及的内容是纵断面线形布置,它包括不同地形条件下的设计标高控制,各坡段的纵坡设计和转坡点位置确定等。

（1）各种地形条件下的标高控制

所谓设计标高的控制,是指在纵坡设计时将路线安排在哪一个高度上最为合适。

① 在平原区,地形平坦,河沟纵横交错,水源丰富,地下水位较高,因此,路线设计标高主要按保证路基稳定的最小填土高度控制。

② 在丘陵地区,地面有一定的高差,除局部地段外路线在纵断面上克服高差比较容易。因此,设计标高的确定,主要由土石方平衡和降低工程造价所控制。

③ 在山岭地区,地形变化频繁,地面自然坡度大,布线有一定的困难。因此,设计标高主要由坡度和坡长控制,但也要从土石方尽量平衡及路基防护工程经济性等方面考虑,力求降低工程造价。

④ 沿溪线路段,为保证路基安全稳定,路基一般应高出规定洪水频率的计算水位加雍水高、波浪侵袭高和 0.5m 的安全高度以上。

此外,纵断面设计标高的控制,还应考虑公路的起终点、交叉口、垭口、隧道、桥梁、排泄涵洞、地质不良地段等方面的要求。有时这些地物和人工造物对设计标高控制往往起着决定性的作用。

（2）各种地形条件下的纵坡设计

对不同地形的纵坡设计,要在初步拟定设计标高控制的基础上以求纵坡设计合理。

① 平原、微丘地形的纵坡应均匀、平缓,并注意保证路基最小填土高度和最小排水纵坡的要求。

② 丘陵地形的纵坡应避免过分迁就地形而使路线起伏过大。

③ 山岭、重丘地形的沿溪线,应尽量采用平缓的纵坡,坡长不宜过短,纵坡度不宜过大,高等级的公路更应注意不宜采用陡坡。

④ 越岭线的纵坡应力求均匀,尽量不采用极限或接近极限的坡度,更不宜连续采用极限长度的陡坡之间夹短距离缓和坡段的纵坡线形。越岭线不应设置反坡,以免浪费高程。

⑤ 山脊线和山腰线,除结合地形不得已时采用较大的纵坡外,在一般情况下应采用平缓的纵坡。

（3）转坡点位置的确定

转坡点是两条相邻设计纵坡线的交点,两转坡点之间的水平距离称为坡长。转坡点位置的确定,直接影响到纵坡度的大小,坡长,平、纵面组合,土石方填挖平衡和公路的使用质量。因此,在确定转坡点位置时,除要尽量使填挖工程量最小和线形最理想外,还应使最大纵坡、最小纵坡、坡长限制、缓和坡段满足有关规定的要求,同时还要处理好平、纵面线形的相互配合和协调。为方便设计和计算,转坡点的位置一般宜设在 10m 的整数桩号处。

### 3.2.1.2　纵断面设计方法与步骤

公路的纵坡是通过公路定线和室内设计两个阶段来实现的。在定线阶段,选线人员在现场或纸上定线时结合平面线形、地形等已对公路纵坡做了全面的考虑,所以纵断面设计由选线人员在室内根据选线时的记录,以及桥涵、地质等方面对路线的要求,综合考虑工程技术与经济的因素,最后定出路线的纵坡。

纵断面设计一般按以下方法与步骤进行。

（1）准备工作

纵坡设计(俗称拉坡)前首先应收集和研究地形、地质、水文、筑路材料的各项记录、图表等野外资料,熟悉领会设计意图和各项具体要求。然后,在纵断面图上点绘出里程、桩号、地面高程和地面线、直线与平曲线,并将桥梁、涵洞、隧道、交叉、地质情况等与纵坡设计有关的资料在纵断面图上标明,以便供拉坡时参考。

（2）标注控制点

控制点是指影响纵坡设计的高程控制点。如路线的起终点、垭口、桥涵、地质不良路段、最小填土高度、最大挖深、沿溪线的洪水位、隧道进出口、平面交叉和立体交叉点、与铁路交叉位置及受其他因素限制路线必须通过的高程。这些"控制点"使路线必须通过它或限制从其上、下方通过。

对于参考性的"控制点"叫经济点,是考虑各横断面上横向填挖基本平衡的经济点,如图 3.7 所示。

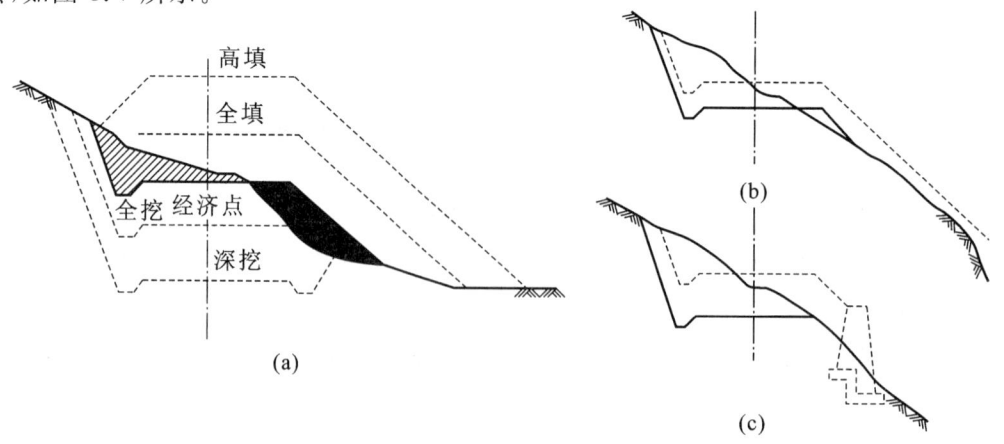

**图 3.7　横断面上的经济点**

(a) 半填半挖;(b) 多挖少填;(c) 全挖路基

（3）试定纵坡

试定纵坡应以"控制点"为依据,照顾多数"经济点"的原则。试定坡度要点为"前后照顾,以点定线,反复比较,以线交点"。在满足控制点和坡度、坡长要求的情况下,尽可能地多照顾到经济控制点,才能达到符合技术标准和工程投资节省的目的。

（4）调整纵坡

试定纵坡之后,首先将所定的坡度与定线时所考虑的坡度进行比较,两者应基本相符,若有较大差异,应全面分析,找出原因,决定取舍。然后检查纵坡度、坡长、合成坡度等是否满足《标准》规定,以及平、纵面组合是否合理,若有问题应进行调整。

调整纵坡的方法一般有抬高、降低、延长、缩短坡线和加大、减小纵坡度等。调整时应以少脱离控制点,尽量减少填挖量,与自然条件协调为原则,使调整后的纵坡与试定纵坡基本相符。

（5）与横断面进行核对

根据已调整的纵坡线,选择有控制意义的重点横断面,如高填深挖、挡土墙、重要桥涵等横断面,在纵断面上直接估读出填挖高度,对照相应的横断面图进行认真的核对和检查。若出现填挖工程量过大、填方坡脚落空以及挡土墙工程量过大等情况,应再次调整纵坡线,直到满足要求为止。

（6）确定纵坡

公路的起终点设计标高是根据接线的需要事先确定的。纵坡线经调整核对无误后,即可确定纵坡。方法是从起点开始,根据坡度和坡长分别计算出各转坡点的设计标高。转坡点设计标高确定后,公路纵坡设计线也随之确定。

设计纵坡时还应注意以下几点:

① 在回头曲线地段设计纵坡时,应先确定回头曲线上的纵坡,然后从两端接坡,以满足回头曲线的特殊纵坡要求。

② 大、中桥上,一般不宜设竖曲线,尤其是凹形竖曲线。桥头两端的竖曲线,其起终点应设在桥头 10m 以外,如图 3.8(a)所示。

③ 小桥涵可设在斜坡地段和竖曲线上。但对等级较高的公路,为使公路纵坡具有一定的平顺性,应尽量避免小桥涵处出现急变的"驼峰式"纵坡,如图 3.8(b)所示。

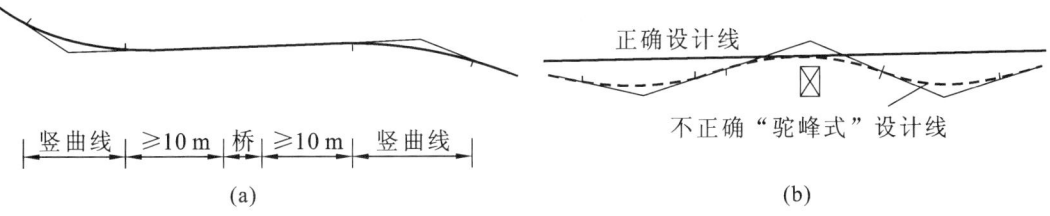

图 3.8　桥涵纵坡处理

**单元学习3.2.2　公路平、纵线形组合**

公路线形是指公路在三维空间中的立体几何形态。公路线形设计是在路线的各项几何技术指标满足与道路等级相应的技术标准要求的前提下,进一步研究线形各要素的运用和进行巧妙组合。即结合地形、地物、景观、视觉和经济性等,研究如何满足驾驶员在视觉和心理方面的连续性、舒适性以及与周围环境相协调,以保证汽车行驶的安全、舒适与经济。

### 3.2.2.1　平、纵面线形组合原则和要求

公路平、纵面线形组合应遵循以下设计原则:

(1)应在视觉上能自然地诱导驾驶员的视线,并保持视觉的连续性。

(2)平面、纵断面线形的技术指标应大小均衡,避免出现平面高标准,纵断面低标准,或与此相反的情况,使线形在视觉上、心理上保持协调。

(3)选择组合得当的合成坡度,以利于路面排水和行车安全。设计时要注意纵坡不应小于0.3%,同时应避免形成合成坡度过大的线形。因为合成坡度过小,路面排水迟缓和滞水,妨碍汽车高速行驶;合成坡度过大,妨碍行车安全和容易发生事故,特别是在积雪严寒冰冻地区危险性更大。

(4)平、纵面线形组合应注意与周围环境相配合,充分利用公路周围的地貌、地形、天然树林、建筑物等,尽量保持自然景观的连续,以消除景观单调感,使公路与大自然融为一体,起到赏心悦目的作用,减轻调整驾驶的疲劳感,合宜的景观设计还能起诱导视线的作用。

### 3.2.2.2　平曲线与竖曲线组合

(1)平曲线与竖曲线重合时,平曲线应稍长于竖曲线,即"平包竖",如图3.9所示。

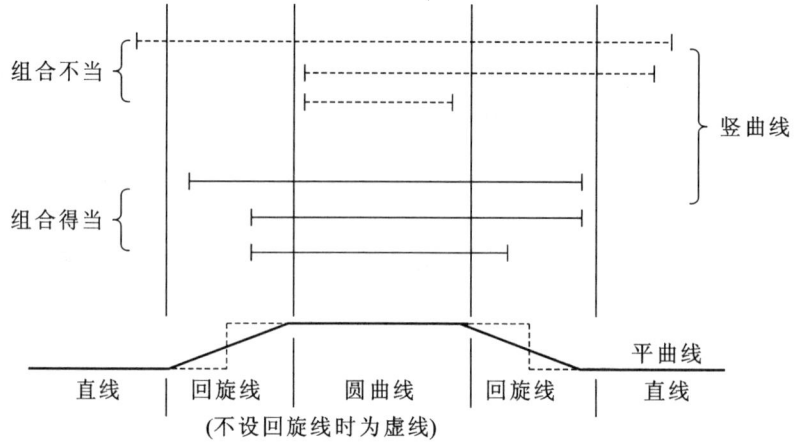

**图3.9　平曲线与竖曲线组合**

（2）平曲线与竖曲线的顶点对应关系，最理想的是顶点重合（即转坡点设置在平曲线的曲中 QZ 位置）。若平曲线与竖曲线的顶点错开不超过 1/4 时，还可以得到较理想的线形；如果超过 1/4，就易出现不合理的平、纵组合。

（3）平曲线和竖曲线半径大小应保持均衡，可使线形顺滑优美，视觉上获得美学上的满足，且行车安全舒适，这是平、纵线形组合设计的重要环节。平曲线半径大时，竖曲线半径也要相应的大；平曲线长时，竖曲线也须相应的长，这样就可以达到两者均衡。表 3.12 所列的平、竖曲线的对应关系，是考虑了视觉要求和工程费用相协调平衡的关系值，在设计时可参考采用。

表 3.12　平、竖曲线半径的均衡

| 平曲线半径（m） | 竖曲线半径（m） |
| --- | --- |
| 500 | 10000 |
| 700 | 12000 |
| 800 | 16000 |
| 900 | 20000 |
| 1000 | 25000 |
| 1100 | 30000 |
| 1200 | 40000 |
| 1500 | 60000 |
| 2000 | 100000 |

（4）选择适宜的合成坡度，有条件时，一般最大合成坡度不宜大于 8%，最小合成坡度不小于 0.5%，应避免急弯与陡坡相重合的线形。

在下列情况下，平曲线与竖曲线应避免组合：

① 设计车速大于或等于 40km/h 的公路，凸形竖曲线的顶部和凹形竖曲线的底部，应避免插入小半径平曲线；如果在凸形竖曲线的顶部设有小半径的平曲线，驾驶员须驶近坡顶才能发现平曲线，会导致制动并急转方向盘而易发行车危险，即"抬头坡"；在凹形竖曲线的底部设有小半径平曲线，会因汽车高速下坡时急转弯，同样可能发生行车危险。

② 凸形竖曲线的顶部，不得与反向平曲线的拐点重合。主要是因为这样的组合除上述所列情况外，还因组合后的扭曲使线形很不美观。

③ 小半径竖曲线不宜与缓和曲线相互重叠。

3.2.2.3　平面与纵坡的组合

平面与纵坡组合时,在平面的长直线上不宜设置陡坡,并应避免在长陡坡下端设置小半径平曲线。有条件时,应将合成坡度的控制与线形组合设计相结合,特别应避免急弯与陡坡相重合的线形,以策安全。

在直线上的纵面线形应避免出现驼峰、暗凹、跳跃等使驾驶员视觉中断的线形,特别是在短直线上反复变坡更会加剧这种现象的发生,使线形既不美观也不连贯。所以,公路的纵坡若有两次以上的较大起伏,就应避免采用长直线,而使平面线形随纵坡的变化略加转折,同时注意平、纵面的合理组合,如图 3.10 所示。

图 3.10　不利的线形组合

3.2.2.4　平、纵线形组合与景观的协调配合

(1) 应在道路的规划、选线、设计、施工全过程中重视景观要求,尤其在规划和选线阶段。

(2) 在选定路线时,应充分地利用自然风景,尽量做到路线与大自然融为一体,不产生生硬感和隔断突兀感。特别是在长直线路段上,应使驾驶者能看到前方显著的景物。

(3) 对道路本身不能仅把它当作技术对象,还应把它作为景观来看待,修建时要少破坏沿线自然景观,尽量避免高填深挖。

(4) 横断面设计要使边坡造型和绿化与现有景观相适应,弥补填挖对自然景观的破坏。

(5) 应进行综合绿化处理,避免形式和内容上的单一化,应将绿化作为诱导视线、点缀风景以及改造环境的一种措施而进行专门设计。

(6) 应根据技术和景观要求合理选定构造物的造型、色彩,使道路构造物成为对自然景观的补充(图 3.11)。

图 3.11　景观公路

 相关技能

通过××公路路线纵断面图,熟悉变坡点位置的选择和平纵组合的原则。

 小组任务

1．每 3～4 名学生组成一个工作小组,确定 1 名小组长,接受工作任务,做好工作准备。

2．根据任务要求完成相关内容。工作内容主要给出相应的公路路线平、纵断面设计图纸,试分析平、纵线形组合是否合理。

3．回答指导老师的现场提问,接受看图能力的技能考核。

4．完成工作任务后,每个小组讨论和自评,消化完成任务过程中的知识点。

# 工作任务 3.3　路线纵断面设计成果识读

【学习目标】

1．掌握路线纵断面设计的要点;

2．能熟读公路路线纵断面图纸;

3．能完成路基设计表中一定的计算内容。

【任务描述】

利用××在建公路桥梁施工文件、多媒体教学资源和教师的讲解,使同学们能掌握路线纵断面设计的要点及设计成果,并掌握设计过程中的基本计算,能够从工程施工图纸中获得相关的信息。

【学习引导】

本学习任务沿着以下脉络进行学习:

第一步,结合课件,教师讲解相关知识;

第二步,展示××在建公路施工图纸文件;

第三步,掌握纵断面基本线形组成,了解运用相关规范进行路线纵断面设计的过程,并学会应用相关知识看懂工程图纸。

**单元学习 3.3.1　　纵断面设计要点**

确定纵断面设计坡度线的过程称为拉坡。拉坡是关键的步骤,它涉及行车的安全、经济、舒适、迅速和美观,同时还影响到将来横断面设计以及整个公路线形协调的问题,因此要综合考虑各种因素才能确定。一般至少要考虑符合标准、安全舒适、工程经济、自然条件、平纵组合、高程配合、景观协调和环境保护八个方面的原则,每个方面又根据情况着重考虑多方面的问题。

### 3.3.1.1　符合技术标准

一般情况下,按照相关标准执行,并注意检查以下几个方面:

(1)纵坡设计线须符合技术标准

纵坡设计时应分别符合规定的最大纵坡、最小纵坡、最短坡长、平均纵坡、合成纵坡以及缓和坡段的规定。

(2)调整平面线须符合技术标准

纵断面设计完成后,平曲线一般不予调整,如遇到特殊原因需调整平曲线半径时,应符合极限最小半径和不设超高最小半径的规定。另外,直线和缓和曲线的设置也应符合直线最小长度和缓和曲线合理长度的要求。

(3)设计竖曲线须符合技术标准

竖曲线半径及长度应符合规定的凸、凹形竖曲线最小长度和最小半径的要求。

### 3.3.1.2　保证安全舒适

(1)纵坡起伏不宜太大、太频繁;

(2)尽量避免采用极限指标;

(3)缓坡宜长、陡坡宜短;

(4)越岭线垭口处坡度宜缓;

(5)两相邻变坡点间的坡长不宜太短;

(6)避免在桥涵处设置驼峰状纵断面。

### 3.3.1.3　力求工程经济

(1)纵横向填挖平衡

纵坡设计时,设计线的位置尽量使纵向挖出的土石方与所需填方大致相等;横断面上每个桩号处都尽量使其挖方和本桩利用的填方大致相等。

(2)尽量避免高填深挖

过高的路堤使填方数量大,边坡放坡过长,占地多,不经济,且如不采取边坡防护措施,则边坡稳定性难以保证;深挖路堑常需要做支挡或防护工程,不但造价高,而且往往引发地质灾害,也对环保不利。

（3）力求减少挡土墙

一般在不稳定路基的路堤和路堑地段设置挡土墙,如在纵坡设计时有意识地避免高填深挖或绕避地质不良路段,往往可以减少挡土墙,使工程更加经济。

### 3.3.1.4　考虑自然条件

（1）挖方路段考虑边沟排水

当路线纵坡与边沟纵坡一同设计并保持一致时,边沟纵坡不宜小于0.3%,特殊困难地段不宜小于0.2%。

（2）沿溪线高出洪水位0.5m以上

沿溪线路基一般应高出表3.13所规定的洪水频率计算水位0.5m以上。对于桥涵高程,应在桥涵设计洪水频率水位以上,并考虑结构层厚度及涵洞的覆土要求。

表 3.13　路基和桥涵设计洪水频率

| 构造物名称 | 公路等级 | | | | |
|---|---|---|---|---|---|
| | 高速 | 一级 | 二级 | 三级 | 四级 |
| 特大桥 | 1/300 | 1/300 | 1/100 | 1/100 | 1/100 |
| 大、中桥 | 1/100 | 1/100 | 1/100 | 1/50 | 1/50 |
| 小桥 | 1/100 | 1/100 | 1/100 | 1/50 | 1/50 |
| 涵洞及小桥排水构造物、路基 | 1/100 | 1/100 | 1/50 | 1/25 | 不作规定 |

注:对于通航河流,桥梁高程应在通航水位及通航净空高度以上。

（3）保证路基最小填土高度

最小填土高度依土质情况而异,干燥路基最小填土高度应满足表3.14的规定。

表 3.14　干燥路基最小填土高度

| 土组 | 砂性土 | 粉性土 | 黏性土 |
|---|---|---|---|
| 最小填土高度(m) | 0.3～0.5 | 0.5～0.8 | 0.4～0.7 |

### 3.3.1.5　注意平纵组合

（1）竖曲线的起、终点分别对应在平曲线的前后缓和曲线上,也就是常说的"平包竖",这种组合是最合理的。

（2）若平曲线半径很大,大于不设超高最小半径而无须设置缓和曲线时,竖曲线的起、终点均对应在圆曲线上。

（3）若平面采用的直线较长，只能在平面直线段上设置竖曲线时，应避免在同一直线段上连续设置竖曲线甚至驼峰状竖曲线。

（4）竖曲线的起点对应在平曲线的前缓和曲线上，竖曲线的终点对应在平曲线的圆曲线上；或竖曲线的起点对应在平曲线的圆曲线上，竖曲线的终点对应在平曲线的后缓和曲线上（俗称"歪组合"），只有当地形条件受到严格限制时才能采用。

除以上几种情形外，其余的组合均认为是不合理的。

### 3.3.1.6　注意高程配合

（1）主要控制点的高程限制

设计纵断面时，要标注控制点和经济点（纵向和横向设计线均使开挖的土石方与所需填方大致相等的高程点），并对其进行认真研究，合理控制。

（2）平交和立交点高程配合

公路与公路平面交叉时，注意公路设计线在该处最好设计一段缓坡，并将设计线高程与平交道路的路面标高一致；当为立体交叉时，如公路下穿应符合公路建筑限界的要求；如公路上跨应满足既有公路建筑限界的要求。

（3）路基与构造物的高程配合。

（4）村镇、农田、灌溉系统等高程的配合。

### 3.3.1.7　重视景观协调

（1）应在公路的规划、选线、设计、施工全过程中重视景观要求。尽量少破坏沿线景观，避免高填深挖。力求与周围的风景自然地融为一体，不得已时可采用修整、植草皮等措施予以补救。

（2）合理掌握标准，灵活运用指标；利用运行车速，优化公路线形，突出自然景观；平面截弯取直，曲线连续流畅；纵断面填挖平衡；灵活确定坡率，边坡自然流畅；生态区域分段，设计动感景观；注重细部处理，增加路容美观；修饰取土坑、弃土堆，绿化恢复生态；挡墙护栏设计，安全有特色。

### 3.3.1.8　注重环境保护

（1）结合绿化处理。应进行综合绿化处理，避免形式和内容上的单一，将绿化视作点缀风景以及技术措施进行专门设计。

（2）边坡自然融合。条件允许时，宜适当放缓边坡或将其边坡上修整圆滑，边坡接近自然地面起伏，增进路容美观。

**单元学习 3.3.2　路线纵断面图**

纵断面设计成果,主要包括路线纵断面图和路基设计表。其中纵断面设计图是公路设计的重要文件之一,它反映路线所经范围的中心地面起伏情况与设计纵坡之间的关系。把纵断面线形与平面线形组合起来,就能反映出公路线形在空间的位置。路基设计表中主要填写路线平、纵面等主要测设与设计资料,里程桩号,填、挖宽度(包括加宽),超高值等有关内容,为公路横断面设计提供基本数据,同时也可作为路基施工的依据之一。

### 3.3.2.1　路线纵断面图

纵断面图采用直角坐标,以横坐标表示水平距离,纵坐标表示垂直高程。为了明显地表明地形起伏,通常用纵坐标的比例尺比横坐标的大 10 倍。常用的比例尺有:横坐标采用 1∶2000 或 1∶5000,纵坐标采用 1∶200 或 1∶500 等。

按设计要求,纵断面图的上半部应示出高程、地面线、设计线、竖曲线及其要素,注出桥涵的位置、结构类型和孔径;水准点的编号、位置和高程,与公路或铁路交叉的桩号和路名,断链桩的位置、桩号和长短链关系,以及跨越河流的洪水位、影响路基高度的沿线河流洪水位、地下水位等;图的下半部分应标出地质土壤、坡度与坡长、设计标高、地面标高、里程桩号、直线及平曲线等栏目,如图 3.12 所示。

### 3.3.2.2　路基设计表

路基设计表是公路设计文件的组成内容之一,它是综合路线平面设计、纵断面设计和横断面设计的成果汇编而成,它基本上可以代替平面、纵断面和横断面设计图,表中填列路线的平、纵线形和所有整桩、加桩的填挖高度、路基宽度(包括加宽)、超高值等有关资料,是路基横断面设计的基本数据,也是施工的重要依据之一。路基设计见表 3.15。

 **相关技能**

通过 ×× 公路路线纵断面设计文件,熟悉路线纵断面设计图纸。

 **小组任务**

1. 每 3 ～ 4 名学生组成一个工作小组,确定 1 名小组长,接受工作任务,做好工作准备。

2. 根据任务要求完成相关内容。工作内容主要为根据给出某公路路线纵断面设计文件,识读工程图纸。

3. 回答指导老师的现场提问,接受看图能力的技能考核。

4. 完成工作任务后,每个小组讨论和自评,消化完成任务过程中的知识点。

 **思考题与习题**

1. 何为路线纵断面?路基设计标高是如何规定的?

2. 各种线形组合的要点和原则是什么?

3. 试分析纵断面设计的一般步骤和方法。

4. 纵断面设计主要有哪些控制指标?

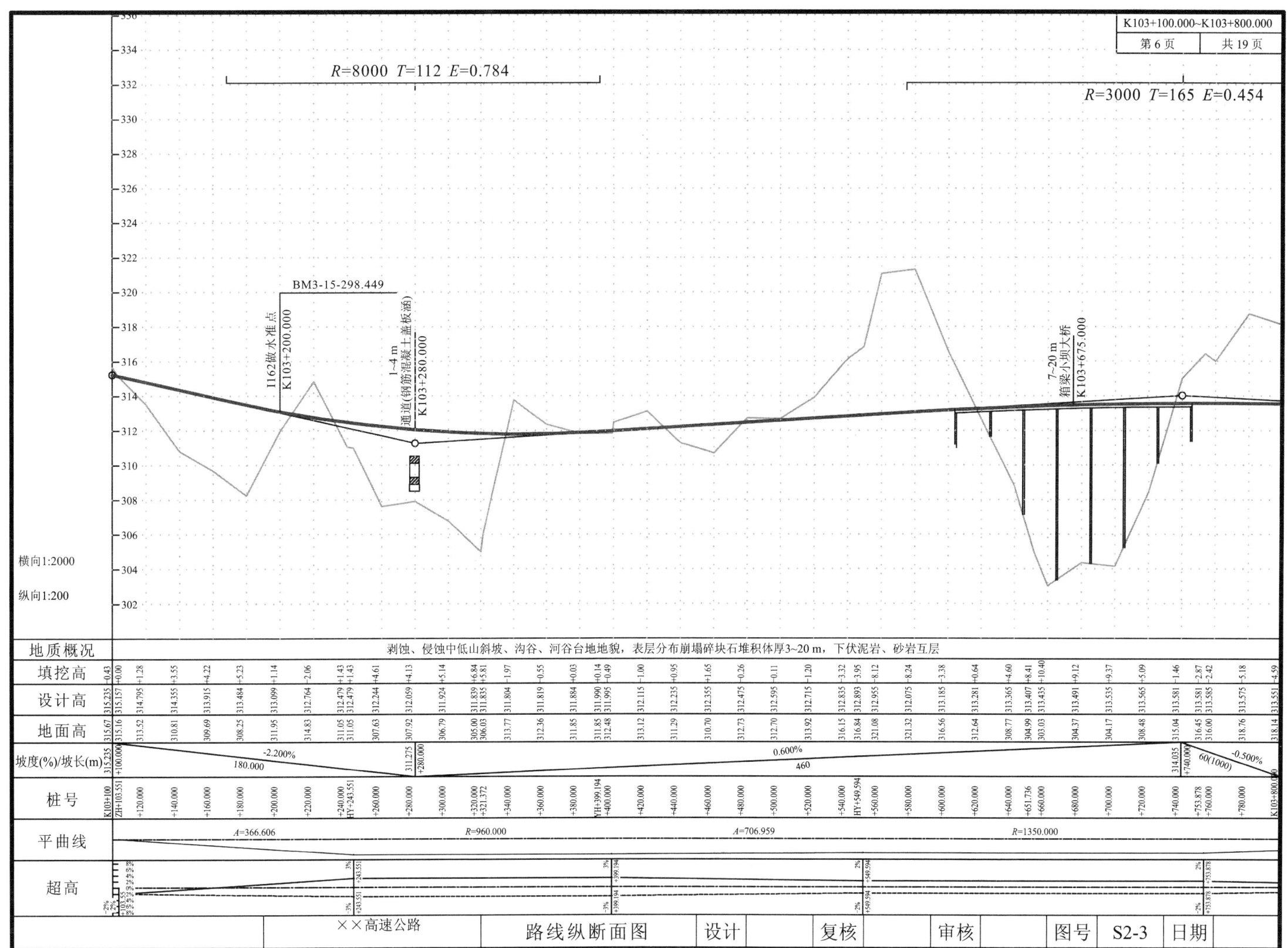

图3.12　路线纵断面图

表 3.15　路基设计表

××高速公路　　　　第 5 页　　共 15 页

| 平曲线资料 | 坡度坡长及竖曲线交点 | 竖曲线要素 | 桩号 | 地面高(m) | 设计高(m) | 填挖高度(m) 填 | 挖 | 路基宽度(m) 左 W₁ | W₂ | W₃ | 中央分隔带 W₀ | 右 W₃ | W₂ | W₁ | 以下各点与设计高的高差(m) 左 B₁ | B₂ | B₃ | ELS | 右 B₃ | B₂ | B₁ | 备注 |
|---|---|---|---|---|---|---|---|---|---|---|---|---|---|---|---|---|---|---|---|---|---|---|
| 1 | 2 | 3 | 4 | 5 | 6 | 7 | 8 | 9 | 10 | 11 | 12 | 13 | 14 | 15 | 16 | 17 | 18 | 19 | 20 | 21 | 22 | 23 |
| JD9 左34°48′13.63″ R₁=960 R₂=1350 A₁=366.606 Aₜ=706.959 A₂=563.250 L_{s1}=140 L_{st}=150.400 L_{s2}=235 T₁=402.436 T₂=505.871 L=885.327 | 2.200% 179.094 | 凸 R=8000.000 T=112.000 E=0.784 | K103+000 | 320.530 | 317.332 |  | 3.198 | 0.50 | 1.50 | 8.00 | 1.50 | 8.00 | 1.50 | 0.50 | −0.210 | −0.190 | −0.160 | 0.000 | −0.160 | −0.190 | −0.210 |  |
|  |  |  | K103+020 | 320.700 | 316.935 |  | 3.765 | 0.50 | 1.50 | 8.00 | 1.50 | 8.00 | 1.50 | 0.50 | −0.210 | −0.190 | −0.160 | 0.000 | −0.160 | −0.190 | −0.210 |  |
|  |  |  | K103+040 | 324.685 | 316.523 |  | 8.162 | 0.50 | 1.50 | 8.00 | 1.50 | 8.00 | 1.50 | 0.50 | −0.210 | −0.190 | −0.160 | 0.000 | −0.160 | −0.190 | −0.210 |  |
|  |  |  | K103+060 | 323.923 | 316.095 |  | 7.828 | 0.50 | 1.50 | 8.00 | 1.50 | 8.00 | 1.50 | 0.50 | −0.210 | −0.190 | −0.160 | 0.000 | −0.160 | −0.190 | −0.210 |  |
|  | 315.235 |  | K103+080 | 321.137 | 315.655 |  | 5.482 | 0.50 | 1.50 | 8.00 | 1.50 | 8.00 | 1.50 | 0.50 | −0.210 | −0.190 | −0.160 | 0.000 | −0.160 | −0.190 | −0.210 |  |
|  | K103+099.094 |  | K103+099.094 | 315.67 | 315.235 |  | 0.43 | 0.50 | 1.50 | 8.00 | 1.50 | 8.00 | 1.50 | 0.50 | −0.210 | −0.190 | −0.160 | 0.000 | −0.160 | −0.190 | −0.210 |  |
|  |  |  | K103+099.094＝K103+100　　短链 0.906 |  |  |  |  |  |  |  |  |  |  |  |  |  |  |  |  |  |  |  |
|  | 315.235 |  | K103+100 | 315.669 | 315.235 |  | 0.434 | 0.50 | 1.50 | 8.00 | 1.50 | 8.00 | 1.50 | 0.50 | −0.210 | −0.190 | −0.160 | 0.000 | −0.160 | −0.190 | −0.210 |  |
|  | K103+100 |  | K103+103.551 | 315.156 | 315.157 | 0.001 |  | 0.50 | 1.50 | 8.00 | 1.50 | 8.00 | 1.50 | 0.50 | −0.210 | −0.190 | −0.160 | 0.000 | −0.160 | −0.190 | −0.210 |  |
|  |  |  | K103+120 | 313.515 | 314.795 | 1.280 |  | 0.50 | 1.50 | 8.00 | 1.50 | 8.00 | 1.50 | 0.50 | −0.214 | −0.194 | −0.163 | 0.000 | −0.145 | −0.172 | −0.192 |  |
|  |  |  | K103+140 | 310.809 | 314.355 | 3.546 |  | 0.50 | 1.50 | 8.00 | 1.50 | 8.00 | 1.50 | 0.50 | −0.226 | −0.206 | −0.173 | 0.000 | −0.093 | −0.110 | −0.130 |  |
|  |  |  | K103+160 | 309.692 | 313.915 | 4.223 |  | 0.50 | 1.50 | 8.00 | 1.50 | 8.00 | 1.50 | 0.50 | −0.244 | −0.224 | −0.189 | 0.000 | −0.017 | −0.021 | −0.041 |  |
|  | 2.200% 180.000 |  | K103+180 | 308.251 | 313.484 | 5.233 |  | 0.50 | 1.76 | 8.00 | 1.50 | 8.00 | 2.05 | 0.50 | −0.271 | −0.251 | −0.206 | 0.000 | 0.068 | 0.085 | 0.065 |  |
|  |  |  | K103+200 | 311.955 | 313.099 | 1.144 |  | 0.50 | 3.25 | 8.00 | 1.50 | 8.00 | 4.45 | 0.50 | −0.332 | −0.312 | −0.222 | 0.000 | 0.148 | 0.230 | 0.210 |  |
|  |  |  | K103+220 | 314.826 | 312.764 |  | 2.062 | 0.50 | 4.74 | 8.00 | 1.50 | 8.00 | 5.00 | 0.50 | −0.393 | −0.373 | −0.234 | 0.000 | 0.210 | 0.341 | 0.321 |  |
|  |  |  | K103+240 | 311.046 | 312.479 | 1.433 |  | 0.50 | 5.00 | 8.00 | 1.50 | 8.00 | 5.00 | 0.50 | −0.410 | −0.390 | −0.240 | 0.000 | 0.239 | 0.389 | 0.369 |  |
|  |  |  | K103+243.551 | 311.002 | 312.433 | 1.431 |  | 0.50 | 5.00 | 8.00 | 1.50 | 8.00 | 5.00 | 0.50 | −0.410 | −0.390 | −0.240 | 0.000 | 0.240 | 0.390 | 0.370 |  |
|  |  |  | K103+260 | 307.634 | 312.244 | 4.610 |  | 0.50 | 5.00 | 8.00 | 1.50 | 8.00 | 5.00 | 0.50 | −0.410 | −0.390 | −0.240 | 0.000 | 0.240 | 0.390 | 0.370 |  |
|  | 311.275 |  | K103+280 | 307.924 | 312.059 | 4.135 |  | 0.50 | 5.00 | 8.00 | 1.50 | 8.00 | 4.09 | 0.50 | −0.410 | −0.390 | −0.240 | 0.000 | 0.240 | 0.363 | 0.343 |  |
|  | K103+280 |  | K103+300 | 306.785 | 311.924 | 5.139 |  | 0.50 | 3.25 | 8.00 | 1.50 | 8.00 | 2.41 | 0.50 | −0.357 | −0.338 | −0.240 | 0.000 | 0.240 | 0.312 | 0.292 |  |
|  |  |  | K103+320 | 305.003 | 311.839 | 6.836 |  | 0.50 | 1.50 | 8.00 | 1.50 | 8.00 | 1.50 | 0.50 | −0.305 | −0.285 | −0.240 | 0.000 | 0.240 | 0.285 | 0.265 |  |
|  |  |  | K103+321.372 | 306.026 | 311.835 | 5.809 |  | 0.50 | 1.50 | 8.00 | 1.50 | 8.00 | 1.50 | 0.50 | −0.305 | −0.285 | −0.240 | 0.000 | 0.240 | 0.285 | 0.265 |  |
|  |  |  | K103+340 | 313.775 | 311.804 |  | 1.971 | 0.50 | 1.50 | 8.00 | 1.50 | 8.00 | 1.50 | 0.50 | −0.305 | −0.285 | −0.240 | 0.000 | 0.240 | 0.285 | 0.265 |  |
|  |  |  | K103+360 | 312.365 | 311.819 |  | 0.546 | 0.50 | 1.50 | 8.00 | 1.50 | 8.00 | 1.50 | 0.50 | −0.305 | −0.285 | −0.240 | 0.000 | 0.240 | 0.285 | 0.265 |  |
|  |  |  | K103+380 | 311.853 | 311.884 | 0.031 |  | 0.50 | 1.50 | 8.00 | 1.50 | 8.00 | 1.50 | 0.50 | −0.305 | −0.285 | −0.240 | 0.000 | 0.240 | 0.285 | 0.265 |  |
|  |  |  | K103+399.194 | 311.847 | 311.990 | 0.143 |  | 0.50 | 1.50 | 8.00 | 1.50 | 8.00 | 1.50 | 0.50 | −0.305 | −0.285 | −0.240 | 0.000 | 0.240 | 0.285 | 0.265 |  |
|  |  |  | K103+400 | 312.483 | 311.995 |  | 0.488 | 0.50 | 1.50 | 8.00 | 1.50 | 8.00 | 1.50 | 0.50 | −0.305 | −0.285 | −0.240 | 0.000 | 0.240 | 0.285 | 0.265 |  |
|  | 0.600% 460.000 |  | K103+420 | 313.120 | 312.115 |  | 1.005 | 0.50 | 1.50 | 8.00 | 1.50 | 8.00 | 1.50 | 0.50 | −0.300 | −0.280 | −0.236 | 0.000 | 0.236 | 0.280 | 0.260 |  |
|  |  |  | K103+440 | 311.285 | 312.235 | 0.950 |  | 0.50 | 1.50 | 8.00 | 1.50 | 8.00 | 1.50 | 0.50 | −0.288 | −0.268 | −0.226 | 0.000 | 0.226 | 0.268 | 0.248 |  |
|  |  |  | K103+460 | 310.703 | 312.355 | 1.652 |  | 0.50 | 1.50 | 8.00 | 1.50 | 8.00 | 1.50 | 0.50 | −0.271 | −0.251 | −0.211 | 0.000 | 0.211 | 0.251 | 0.231 |  |
|  |  |  | K103+480 | 312.731 | 312.475 |  | 0.256 | 0.50 | 1.50 | 8.00 | 1.50 | 8.00 | 1.50 | 0.50 | −0.252 | −0.232 | −0.196 | 0.000 | 0.196 | 0.232 | 0.212 |  |
|  |  |  | K103+500 | 312.703 | 312.595 |  | 0.108 | 0.50 | 1.50 | 8.00 | 1.50 | 8.00 | 1.50 | 0.50 | −0.234 | −0.214 | −0.180 | 0.000 | 0.180 | 0.214 | 0.194 |  |
|  |  |  | K103+520 | 313.915 | 312.715 |  | 1.200 | 0.50 | 1.50 | 8.00 | 1.50 | 8.00 | 1.50 | 0.50 | −0.220 | −0.200 | −0.168 | 0.000 | 0.168 | 0.200 | 0.180 |  |
|  |  |  | K103+540 | 316.155 | 312.835 |  | 3.320 | 0.50 | 1.50 | 8.00 | 1.50 | 8.00 | 1.50 | 0.50 | −0.211 | −0.191 | −0.161 | 0.000 | 0.161 | 0.191 | 0.171 |  |
|  |  |  | K103+549.594 | 316.841 | 312.893 |  | 3.948 | 0.50 | 1.50 | 8.00 | 1.50 | 8.00 | 1.50 | 0.50 | −0.210 | −0.190 | −0.160 | 0.000 | 0.160 | 0.190 | 0.170 |  |
|  |  |  | K103+560 | 321.078 | 312.955 |  | 8.123 | 0.50 | 1.50 | 8.00 | 1.50 | 8.00 | 1.50 | 0.50 | −0.210 | −0.190 | −0.160 | 0.000 | 0.160 | 0.190 | 0.170 |  |
|  |  |  | K103+580 | 321.317 | 313.075 |  | 8.242 | 0.50 | 1.50 | 8.00 | 1.50 | 8.00 | 1.50 | 0.50 | −0.210 | −0.190 | −0.160 | 0.000 | 0.160 | 0.190 | 0.170 |  |
|  |  |  | K103+600 | 316.563 | 313.185 |  | 3.378 | 0.50 | 1.50 | 8.00 | 1.50 | 8.00 | 1.50 | 0.50 | −0.210 | −0.190 | −0.160 | 0.000 | 0.160 | 0.190 | 0.170 |  |
|  |  |  | K103+620 | 312.645 | 313.281 | 0.636 |  | 0.50 | 1.50 | 8.00 | 1.50 | 8.00 | 1.50 | 0.50 | −0.210 | −0.190 | −0.160 | 0.000 | 0.160 | 0.190 | 0.170 |  |

编制：　　　　　　　　　　　　复核：　　　　　　　　　　　　审核：

# 学习情境4　路线横断面结构

## 工作任务4.1　路基横断面组成分析和设计

### 【学习目标】

1. 熟悉路基标准横断面的组成；
2. 熟悉路基典型横断面的类型；
3. 了解公路建筑限界与用地范围；
4. 掌握路基横断面设计的过程和方法。

### 【任务描述】

利用××在建公路桥梁施工图文件、多媒体教学资源和教师的讲解，使同学们能掌握路基横断面设计相关知识和设计过程，并能看懂相关的工程图纸。

### 【学习引导】

本学习任务沿着以下脉络进行学习：

第一步，结合课件，教师讲解相关知识；

第二步，展示××在建公路施工图文件；

第三步，掌握路基横断面相关知识和设计要点，熟悉相关规范对横断面设计的要求，并学会应用相关知识看懂工程图纸。

 单元学习4.1.1　路基横断面组成和典型横断面

道路横断面图指道路中线上各点垂直于路线前进方向的竖向剖面图。道路横断面设计主要是进行路基横断面结构组成及尺寸设计。

#### 4.1.1.1　路基横断面的组成

道路横断面图是由横断面设计线和地面线所构成的。其中横断面设计线包括行车道、路肩、分隔带、边沟、边坡、截水沟、护坡道以及取土坑、弃土堆、环境保护等设施，如图4.1所示。高速公路和一级公路上还有变速车道、爬坡车道等。而横断面中的地面线是表征地面起伏变化的那条线，它是通过现场实测或由大比例尺地形图、航测像片、数字地面模型等途径获得的。路线设计中所讨论的横断面设计只限于与行车直接有关的那一部分,即各组成部分的宽度、横向坡度等问题,所以有时也将路线横断面设计称作"路幅设计"。

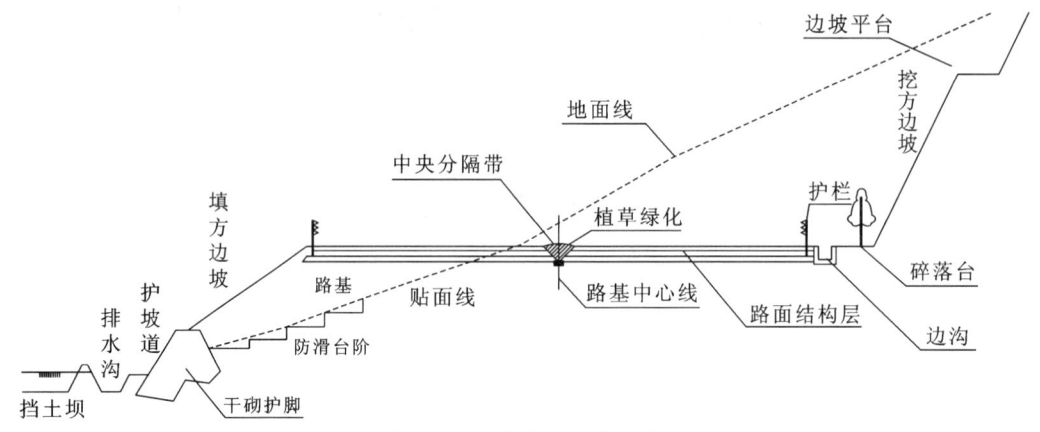

**图 4.1　路基横断面的组成**

### 4.1.1.2　标准路基横断面

（1）标准路基横断面简介

高速公路和一级公路的路基标准横断面左右幅或上下行用中央分隔带分开,其横断面由行车道、中间带、路肩以及紧急停车带、爬坡车道、变速车道等组成,如图 4.2(a) 所示。

二、三、四级公路的路基横断面由行车道、路肩以及错车道组成,如图 4.2(b) 所示。

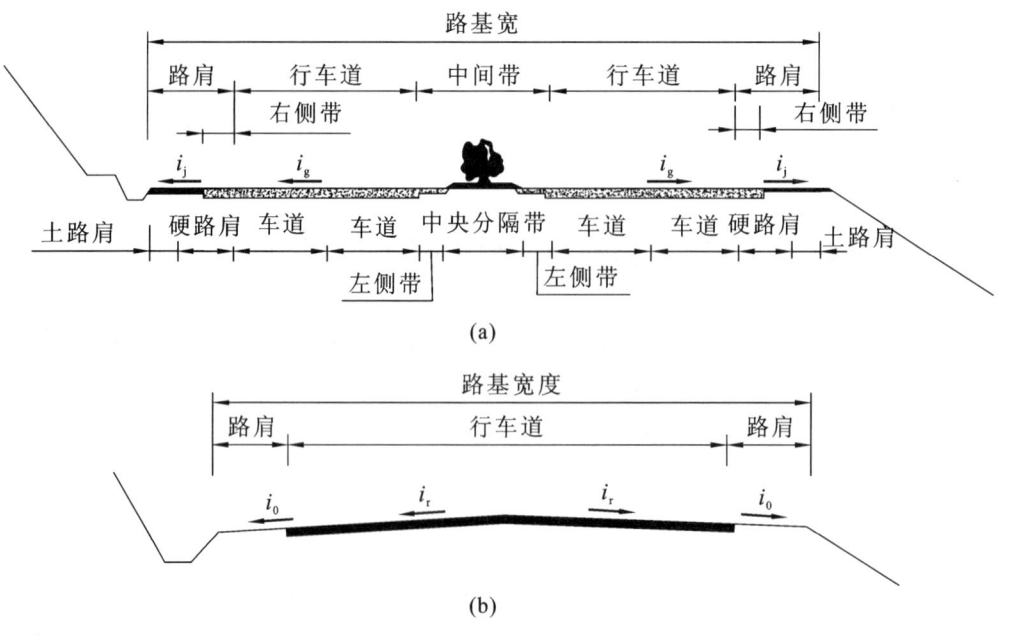

**图 4.2　各级公路标准横断面**

（a）高速公路及一级公路横断面；（b）二、三、四级公路横断面公路路基宽度为行车道与路肩宽度之和。当设有中间带、变速车道、爬坡车道、应急停车带时,还应包括这些部分的宽度(根据最新的《标准》,路基横断面各个组成部分均规定了一般值或最小值,不再规定各级公路路基总宽度)。

(2)路基横断面的一般组成及作用

① 行车道:供各种车辆行驶部分的总称。一条公路的车道数量主要根据该路的预测交通量和一个车道的设计通行能力来确定,行车道的基本数目应在一个较大路线长度内保持不变(表 4.1)。

表 4.1　各级公路车道数

| 公路等级 | 高速、一级 | 二级 | 三级 | 四级 |
|---|---|---|---|---|
| 车道数 | ≥4 | 2 | 2 | 2(1) |

注:四级公路应采用双车道,交通量小或困难路段可采用单车道。

一条车道的宽度必须能满足设计车辆在有一定横向偏移的情况下运行,并能为相邻车道上的车流提供余宽,所以汽车所需车道的宽度受车速、交通量、驾驶员的驾驶能力、会车等影响(表 4.2)。

表 4.2　各级公路车道宽度

| 设计速度(km/h) | 120 | 100 | 80 | 60 | 40 | 30 | 20 |
|---|---|---|---|---|---|---|---|
| 车道宽度(m) | 3.75 | 3.75 | 3.75 | 3.50 | 3.50 | 3.25 | 3.00 |

《标准》规定:

A. 八车道及以上公路在内侧车道(内侧第 1、第 2 车道)仅限小客车通行时,其车道宽度可采用 3.5m;

B. 以通行中、小型客运车辆为主且设计速度为 80km/h 及以上的公路,经论证车道宽度可采用 3.5m;

C. 四级公路采用单车道时,车道宽度应采用 3.5m;

D. 设置慢车道的二级公路,慢车道宽度应采用 3.5m;

E. 需要设置非机动车道和人行道的公路,非机动车道和人行道等的宽度,宜视实际情况确定。

② 路肩:位于行车道外缘至路基边缘,具有一定宽度的带状构造物。路肩的作用是:

A. 由于路肩紧靠在路面的两侧设置,具有保护及支撑路面结构的作用。

B. 供发生故障的车辆临时停放之用,有利于防止交通事故和避免交通紊乱。

C. 作为侧向余宽的一部分,能自己增进驾驶的安全和舒适感,这对保证设计车速是必要的,尤其在挖方路段,还可以增加弯道视距,减小行车事故。

D. 提供道路养护作业、埋设地下管线的场所。

E. 精心养护的路肩,能增加公路的美观。

各级公路的路肩宽度见表 4.3。

表 4.3　各级公路路肩宽度

| 公路等级(功能) | | 高速公路 | | | 一级公路(干线功能) | |
|---|---|---|---|---|---|---|
| 设计速度(km/h) | | 120 | 100 | 80 | 100 | 80 |
| 右侧硬路肩宽度(m) | 一般值 | 3.00 (2.50) | 3.00 (2.50) | 3.00 (2.50) | 3.00 (2.50) | 3.00 (2.50) |
| | 最小值 | 1.50 | 1.50 | 1.50 | 1.50 | 1.50 |
| 土路肩宽度(m) | 一般值 | 0.75 | 0.75 | 0.75 | 0.75 | 0.75 |
| | 最小值 | 0.75 | 0.75 | 0.75 | 0.75 | 0.75 |

| 公路等级(功能) | | 一级公路(集散功能) 和二级公路 | | 三级公路、四级公路 | | |
|---|---|---|---|---|---|---|
| 设计速度(km/h) | | 80 | 60 | 40 | 30 | 20 |
| 右侧硬路肩宽度(m) | 一般值 | 1.50 | 0.75 | — | — | — |
| | 最小值 | 0.75 | 0.25 | | | |
| 土路肩宽度(m) | 一般值 | 0.75 | 0.75 | 0.75 | 0.50 | 0.25(双车道) 0.50(单车道) |
| | 最小值 | 0.50 | 0.50 | | | |

注:① 正常情况下,应采用"一般值";在设爬坡车道、变速车道及超车道路段,受地形、地物等条件限制路段及多车道 公路特大桥,可论证采用"最小值"。

② 高速公路和作为干线的一级公路以通行小客车为主时,右侧硬路肩宽度可采用括号内数值。

③ 中间带:高速公路及一级公路上用于分隔对向车辆的带状构造物。

中间带的作用是:将对向车流分开,避免车辆任意调头,减少交通事故,提高通行能力;在中间带上种植花草灌木或设置防眩网,可以防止对向车灯产生的眩光,又美化路容和环境;为沿线设施的设置提供场地;为公路分期改建提供储备用地;显示行车道位置,起视线诱导作用。

有时为了便于养护作业和某些车辆在必要时驶向反向车道,中央分隔带应按一定距离设置中分带开口。开口段落一般情况下以每 2km 的间距设置为宜,互通式立体交叉、隧道、特大桥、服务区等设施的前后必须设置开口。

高速公路和一级公路整体式断面必须设置中间带。中间带由中央分隔带和两条左侧路缘带组成。左侧路缘带宽度见表 4.4。

表 4.4 左侧路缘带宽度

| 设计速度(km/h) | 120 | 100 | 80 | 60 |
|---|---|---|---|---|
| 左侧路缘带宽度(m) | 0.75 | 0.75 | 0.50 | 0.50 |

《标准》规定：

A. 高速公路和作为干线的一级公路,中央分隔带宽度应根据公路项目中央分隔带功能确定;

B. 作为集散的一级公路,中央分隔带宽度应根据中间隔离设施的宽度确定;

C. 左侧路缘带宽度不应小于表 4.4 的规定。设计速度为 120km/h、100km/h 且受地形、地物限制的路段或多车道公路内侧车道仅限小型车辆通行的路段,左侧路缘带可论证采用 0.5m。

④ 边坡:路肩的外边缘与坡脚(路堑则为边沟外侧沟底与坡顶)所构成的坡面,是支撑路基主体的重要组成部分。

⑤ 边沟:为汇集和排除路面、路肩及边坡流水在挖方或低填方路基两侧设置的纵向排水设施。

(3)路基横断面的特殊组成及作用

① 紧急停车带:高速公路和作为干线的一级公路右侧硬路肩宽度小于 2.5m 时,应设置紧急停车带,间距不宜大于 500m,宽度为 3.50m,长度不应小于 40m,主要是为了使发生故障的车辆因避让其他车辆能尽快离开行车道。紧急停车带如图 4.3 所示。

② 爬坡车道:高速公路、一级公路以及二级公路的连续上坡路段,当通行能力、运行安全受到影响时,宜设置爬坡车道,供慢速上坡车辆行驶。爬坡车道宽度不应小于 3.5m,六车道以上的高速公路可不设置爬坡车道。如图 4.4 所示。

图 4.3 紧急停车带

图 4.4 爬坡车道

③ 变速车道:互通式立体交叉、服务区、停车区、公共汽车停靠站、管理设施等的出入口处,以及高速公路、一级公路应设置加(减)速车道,供车辆驶入或驶离高速车流的车道,其宽度一般为 3.5m,如图 4.5 所示。

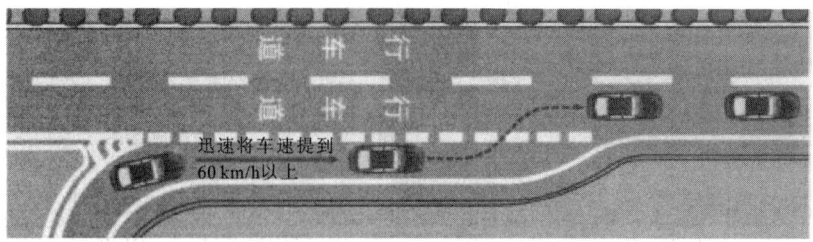

图 4.5　加速车道

④ 错车道:当采用单车道的四级公路及等外级公路时,在适当的可通视的距离内为供车辆交错避让而设置的加宽车道,如图 4.6 所示。

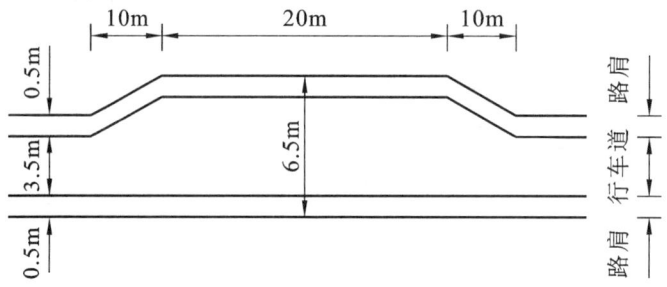

图 4.6　错车道

⑤ 护坡道:护坡道的作用是减缓路堤边坡的平均坡度,是保证路堤稳定的措施之一,如图 4.7 所示。当路堤填土高度小于或等于 2m 时可不设护坡道;当路堤填土高度大于 2m 时,应设置宽度为 1m 的护坡道;当路堤填土高度大于 6m 时,应设置宽度为 2m 的护坡道。为利于排水,护坡道表面应设置成向外侧倾斜 2% 的横坡。

⑥ 碎落台:是在路堑边坡坡脚与边沟外侧边缘之间或边坡上,为防止碎落物落入边沟而设置的具有一定宽度的纵向平台,如图 4.8 所示。碎落台宽度一般为 1.0～2.0m。

图 4.7　路堤护坡道

图 4.8　碎落台

⑦ 截水沟：是在路堤上方或路堑上方，为拦截由路堤或路堑上方流向路基的水流，保证路基稳定，在路堤上方或路堑坡顶以外设置的排水设施，如图 4.9 所示。

图 4.9　截水沟

#### 4.1.1.3　路基典型横断面

在公路几何线形设计中，通常把经常采用的具有代表性的公路路基横断面称为典型横断面。在典型横断面中，高于原地面的填方路基称为路堤[图 4.10(a)]；低于原地面的挖方路基称为路堑[图 4.10(b)]；在同一断面内，一部分填方一部分挖方的路基称为半填半挖路基[图 4.10(c)]。由于自然地形、地质条件的多样性，由此产生一系列类似的断面形式，它们在公路设计中经常被采用，如图 4.10 所示。此外，为了保证路基稳定和行车安全，根据实际需要设置取土坑、弃土堆、护坡道、碎落台、堆料坪等，这些都是路基主体工程不可缺少的部分。

（1）常用的典型横断面

① 路堤

路堤指填筑在地面线以上的路基形式，也称填方路基。路堤包括一般路堤、矮路堤、陡坡路堤、高路堤、浸水路堤（沿河路堤）、护脚路堤、挖沟填筑路堤、吹（填）砂（粉煤灰）路堤等。

填土高度小于 18m（土质）或 20m（石质）的路堤为一般路堤，如图 4.10(a) 所示。

填土高度小于 1.0m 的路堤称为矮路堤，在填土高度小于 0.5m 时，为保证路基最小填土高度以及能顺利地排除路面、路肩和边坡表面水，应设置边沟。

平原区公路为满足填土需要，将路基两侧或一侧的边沟断面扩大成取土坑的路基称为挖沟填筑路堤[图 4.10(j)]，但此时为保证边坡的稳定，应在坡脚与取土坑之间设宽度不小于 1m 的护坡道。

当填土高度大于 18m（土质）或 20m（石质）的路堤为高路堤，为保证边坡稳定，应采用折线形边坡。

在山区陡坡路段上填筑的路基称为陡坡路堤。当填方坡脚太远，为避免多占用耕地或拆迁其他建筑时，可采用图 4.10(i) 所示的护脚路基。

沿河路堤：指桥头引道和河滩路堤，如图 4.10(d) 所示。路堤浸水部分边坡，除应采用较缓和坡度外，尚应视水流情况采用相应的加固防护措施。

吹（填）砂（粉煤灰）路堤：为了保护边坡的稳定和植物的生长，边坡表层 1～2m 应用黏质土填筑，路床顶面可采用 0.3～0.5m 粗粒土封闭，如图 4.10(j) 所示。

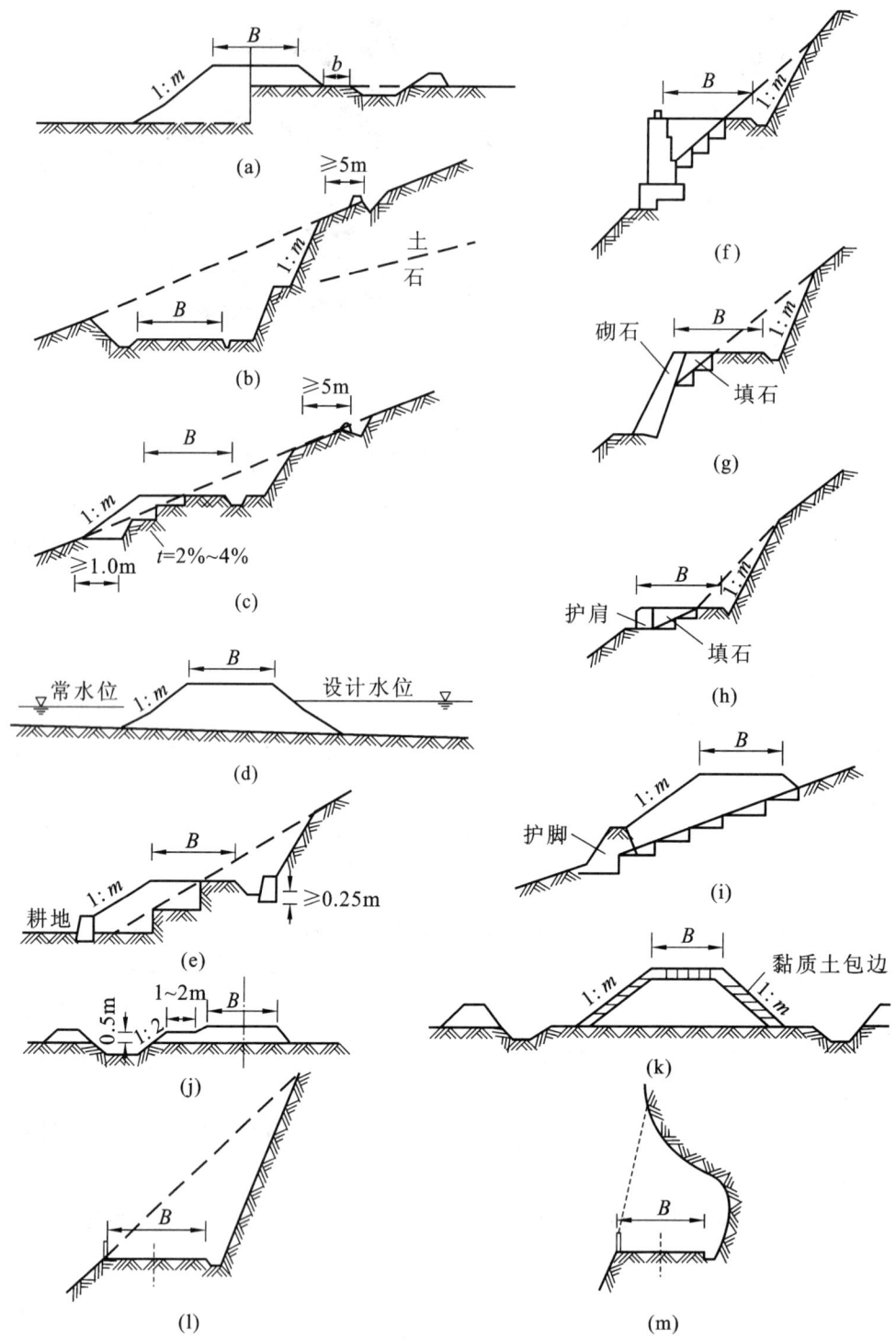

**图 4.10 路基典型横断面**

(a) 一般路堤; (b) 挖方路基; (c) 半填半挖路基; (d) 沿河路堤; (e) 矮墙路基; (f) 挡土墙路基; (g) 砌石路基;

(h) 护肩路基; (i) 护脚路基; (j) 挖沟填筑路堤; (k) 吹(填)砂(粉煤灰)路基; (l) 台口式路基; (m) 半山洞

② 路堑

路堑是指全部在原地面开挖而成的路基,也称挖方路基,如图 4.10(b) 所示。路堑路段均应设置边沟;为拦截和排除上侧地面水以保证边坡稳定,应在坡顶 5m 外设置截水沟。

挖路堑所废弃的土石方,应弃置于下侧坡顶外至少 3m,并做成规则形状的弃土堆;当挖方高度较大或土质变化处,边坡应随之做成折线形或台阶式边坡以保证稳定。

路堑还包括台口式路堑和半山洞。其中台口式路堑是指山体的自然坡面为路堑的下边坡[图 4.10(l)],适用于地质状况良好的地段;半山洞适用于整体坚硬的岩石层上[图 4.10(m)],为节省工程量采用的一种形式,应用时注意公路的安全和建筑限界的要求。

③ 半填半挖路基

当原地面横坡大,且路基较宽,需一侧开挖另一侧填筑时,为挖填结合路基,也称半填半挖路基。在丘陵或山区公路上,挖填结合是路基横断面的主要形式[图 4.10(c)]。当地面横坡大于 1∶5 时(包括一般路堤在内),为保证填土的稳定,应将原地面挖成台阶,台阶的高度应视填料性质和施工方法而定,挖方部分与一般路堑相同。

在陡坡路段,其路基的填土高度虽不大,但地面横坡较陡,坡脚太远且不易填筑时,可采用图 4.10(h) 所示的护肩路基;填土高度较大难以填筑,或地面横坡太陡以致坡脚落空不能填筑时,可采用图 4.10(g) 所示的砌石路基或图 4.10(f) 所示的挡土墙路基,前者是干砌或浆砌片石,能支持填土的稳定,片石与路基为一个整体,而挡土墙是不依靠路基也能独立稳定的支挡结构物;当挖方边坡土质松软易碎落时,可采用图 4.10(e) 所示的矮墙路基;当挖方地质不良可能产生滑塌时,可采用图 4.10(f) 所示的挡土墙路基。

各种典型路基横断面要结合实际地形选用,且应以路基稳定、行车安全、工程量小和经济适用为前提。

(2) 取土坑与弃土堆

取土坑分为路侧取土和路外集中取土两种。当地面坡度不大于 1∶10 的平坦地区,可在路基两侧设置取土坑。取土坑一般设置在地势较高的一侧,其深度和宽度应视取土数量、施工方法及用地许可条件而定。平原区一般深度为 1.0m。为防止坑内积水,路基坡脚与坑之间,当堤顶与坑底高差超过 2m 时,须设宽度为 1.0m 的护坡道,坑底设纵横排水坡及相应设施,如图 4.11 所示。

河流淹没地段的桥头引道两侧一般不设取土坑。河滩上的取土坑,应与调治构造物的位置相适应。一般距河流水位界 10m 以外,并不得长期积水从而危害路基或构造物的稳定。

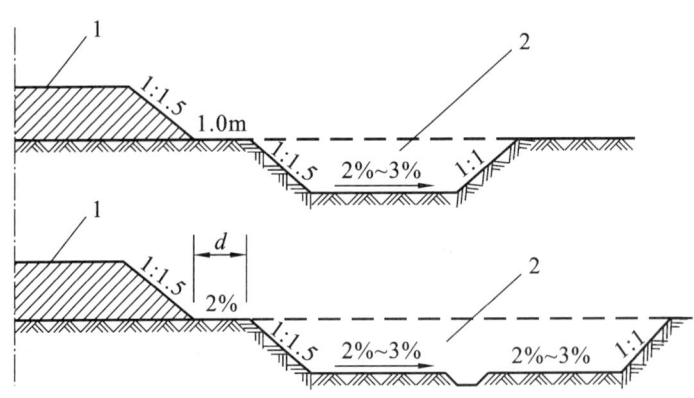

**图 4.11　取土坑布置**

1— 路堤；2— 取土坑

开挖路基的废方，应妥善处理，充分利用；如用于公路、农田水利、基建等，做到变废为宝，弃而不乱，对无法加以利用的弃土，应防止乱弃而造成水土流失，危害路基及农田水利，淤塞河道。

废方一般选择在沿线附近低洼荒地或路堑下坡一侧堆放。沿河路基的废石方，条件允许时，可以部分占用河道，但不能造成河道上游壅水，危及路基及附近农田。如需在路堑上侧弃土，要求堆弃平整，顶面具有适当横坡，并设置平台三角土埂及排水沟渠。积砂或积雪地段的弃土堆，为有利防砂防雪，一般设在迎风一侧。路堑深度大于 1.5m 时，弃土堆距坡顶至少 20m。浅而开阔的路堑两旁不得设弃土堆。

 **单元学习 4.1.2　公路建筑限界与用地范围**

### 4.1.2.1　公路建筑限界

公路建筑限界又称净空，是为保证车辆、行人的通行安全，对道路和桥面上以及隧道中规定的一定高度和宽度范围内不允许有任何障碍物侵入的空间界限。它由净高和净宽两部分组成。建筑限界的上缘边界线为水平线（超高路段与超高横坡平行），两侧边界线与水平线垂直（超高路段与路面垂直）。在横断面设计时，应充分研究各路幅组成要素与公共设施之间的关系，在有限的空间内合理安排、正确设计，公路标志、标牌、护栏、照明灯柱、电杆、行道树、桥墩、桥台等设施的任何部件不能侵入建筑限界之内。

我国《标准》规定各级公路建筑限界如图 4.12 所示。

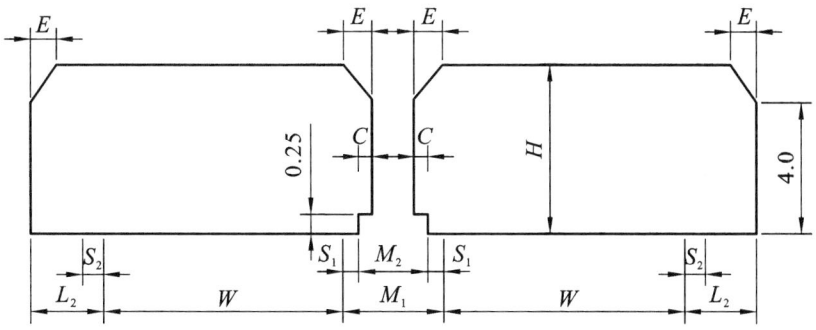

高速公路、一级公路(整体式)

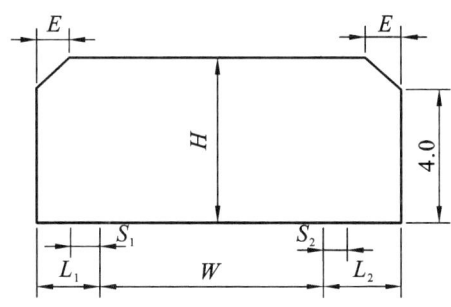

高速公路、一级公路(分离式)

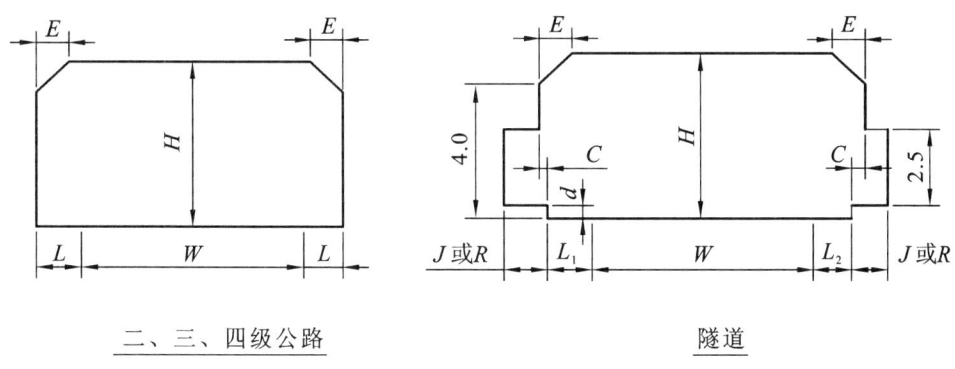

二、三、四级公路　　　　　　　　　　　　　　　　　　　　隧道

**图 4.12　公路建筑限界**(单位:m)

$W$— 行车道宽度;$C$— 当设计速度大于或等于100km/h时为0.5m,小于100km/h时为0.25m;$L_1$— 左侧硬路肩宽度;$L_2$— 右侧硬路肩宽度;$S_1$— 左侧路缘带宽度;$S_2$— 右侧路缘带宽度;$M_1$— 中间带宽度;$M_2$— 中央分隔带宽度;$J$— 隧道内检修道宽度;$R$— 隧道内人行道宽度;$d$— 隧道内检修道或人行道高度;$E$— 建筑限界顶角宽度,当$L \leqslant 1m$时$E = L$,当$L > 1m$时$E = 1m$;$H$— 净高,一条公路应采用一个净高,高速公路、一级公路、二级公路为5.00m,三级、四级公路为4.50m;$L$— 侧向宽度,高速公路、一级公路的侧向宽度为硬路肩宽度($L_1$ 或 $L_2$),其他各级公路的侧向宽度为路肩宽度减去0.25m

注:① 当设有加(减)速车道、紧急停车带、爬坡车道、慢车道、错车道时,建筑限界应包括相应部分的宽度。

② 八车道及八车道以上的高速公路(整体式),设置左侧硬路肩时,建筑限界应包括相应部分的宽度。

③ 桥梁、隧道设置检修道、人行道时,建筑限界应包括相应部分的宽度。

④ 检修道、人行道与行车道分开设置时,其净高一般为2.5m。

### 4.1.2.2　公路用地

公路用地是指为修建、养护道路及其沿线设施而依照国家规定所征用的地幅。对于不同类型的公路用地范围不同。

（1）新建公路：新建公路路堤两侧排水沟外缘（无排水沟时为路堤或护坡道坡脚）以外，路堑坡顶截水沟外边缘（无截水沟为坡顶）以外不小于 1m 的土地为公路用地范围，在有条件的地段，高速公路、一级公路不小于 3m，二级公路不小于 2m 的土地为公路用地范围。

（2）改建公路：现有公路保持不变，改建路段按新建公路确定。

（3）特殊情况（如立交、服务区、安全设施、风沙、雪灾等地段），应根据实际需要确定用地范围。

在公路设计图纸中，根据路线设计的平面图结合公路用地的要求，对路线两侧的公路用地情况，需要在设计文件中反映出来，见表 4.5。同时，在公路用地范围内涉及的树木青苗、砍树挖根、拆迁建筑物、拆迁电力、通信等情况都要统计出来，因为这也是公路建设造价的一部分内容，如图 4.13 所示。

S2-9 赔偿树木、青　　S2-10 砍树挖根数　　S2-11 拆迁建筑物　　S2-12 拆迁电力、
苗表　　　　　　　　量表　　　　　　　　表　　　　　　　　通信设施表

**图 4.13　公路征拆统计图表**

 ## 单元学习 4.1.3　　公路横断面结构

（1）路拱

为了迅速排除路面上的雨水，将路面做成由中间向两侧倾斜的拱形。选择路拱的大小与形状应考虑排水、行车安全等，同时对不同的路面类型和行车道宽度，应结合当地的自然条件、降雨强度等采用不同的路拱坡度。路拱的形式一般有抛物线形、直线接曲线形、折线形等。土路肩的横坡度一般较路拱横坡增加 1% ～ 2%。硬路肩一般与路面采用同一横坡，也可稍大于路面。

表 4.5　公路用地表

××高速公路工程　　　　　　　　　　　　　　　　　　　　　　　　　　　　　　S2-7　第 1 页　共 1 页

| 起终桩号 | 长度(m) | 所属单位 | 基本农田 水田(亩) | 基本农田 旱地(亩) | 基本农田 菜田(亩) | 农村集体耕地 水田(亩) | 农村集体耕地 旱田(亩) | 农村集体耕地 菜田(亩) | 工矿及住宅地(亩) | 林地(亩) | 果园(亩) | 荒地(亩) | 旧路(亩) | 河流沟渠(亩) | 灌木(亩) | 其他农用地(亩) | 备注 |
|---|---|---|---|---|---|---|---|---|---|---|---|---|---|---|---|---|---|
| K26+460~K27+100 | 640.0 | 中潮镇柏果树村 | 16.92 | | | | | | | | 7.04 | | | | | | |
| K27+100~K27+800 | 700.0 | 中潮镇柏果树村 | 29.34 | 3.05 | | | | | | 34.17 | 5.48 | | | | | | |
| K27+800~K28+500 | 700.0 | 中潮镇长春村 | 78.15 | 4.27 | | | | | | 23.47 | 22.72 | | | | | | |
| K28+500~K29+200 | 700.0 | 中潮镇长春村 | | 6.26 | | | | | | 28.91 | 5.06 | 2.88 | 7.87 | | 28.97 | | |
| K29+200~K29+900 | 700.0 | 中潮镇梨子园村 | 22.8 | 2.83 | | | | | | 15.4 | 1.24 | | | | 19.87 | | 料场 7.07 亩 |
| K29+900~K30+600 | 700.0 | 永从乡黄泥盘村 | | | | | | | | 5.08 | 25.44 | 7.03 | 0.19 | | 11.03 | | |
| K30+600~K31+300 | 700.0 | 永从乡黄泥盘村 | 17.86 | | | | | | | 32.2 | 34.53 | | | | | | |
| K31+300~K32+000 | 700.0 | 永从乡黄泥盘村 | 0.6 | | | | | | | | 49.22 | | | | | | |
| K32+000~K32+700 | 700.0 | 永从乡永从村 | 14.22 | | | | | | | 13.81 | 19.09 | | | | 3.01 | | |
| K32+700~K33+400 | 700.0 | 永从乡永从村 | 33.2 | | | | | | | 10.74 | | | | | 8.26 | | |
| K33+400~K34+100 | 700.0 | 永从乡永从村 | 22.16 | | | | | | | 4.55 | 18.05 | | | | 6.78 | | |
| K34+100~K34+800 | 715.15 | 永从乡永从村 | 28.39 | 5.74 | | | | | | 15.33 | | | | | 4.12 | | |
| K34+800~K34+980 | 180.0 | 永从乡永从村 | | | | | | | | 15.88 | | | | | | | |
| LK0+000~LK0+191.2 | 191.2 | 中潮镇柏果树村 | 3.13 | 3.89 | | | | | | | | | | | | | 料场 7.07 亩 |
| 总计 | | | 266.8 | 26.04 | | | | | | 199.57 | 187.87 | 9.91 | 8.06 | | 82.04 | | 料场 7.07 亩 |

（2）边沟

边沟是沿路基两侧布置的纵向排水设施，以排除路面、边坡表面的积水。边沟的纵坡一般与路线纵坡一致，当路线纵坡小于 0.3% 时，边沟仍应保持 0.3% ～ 0.5% 的最小纵坡。边沟的横断面形式多为梯形、矩形、三角形，如图 4.14 所示。

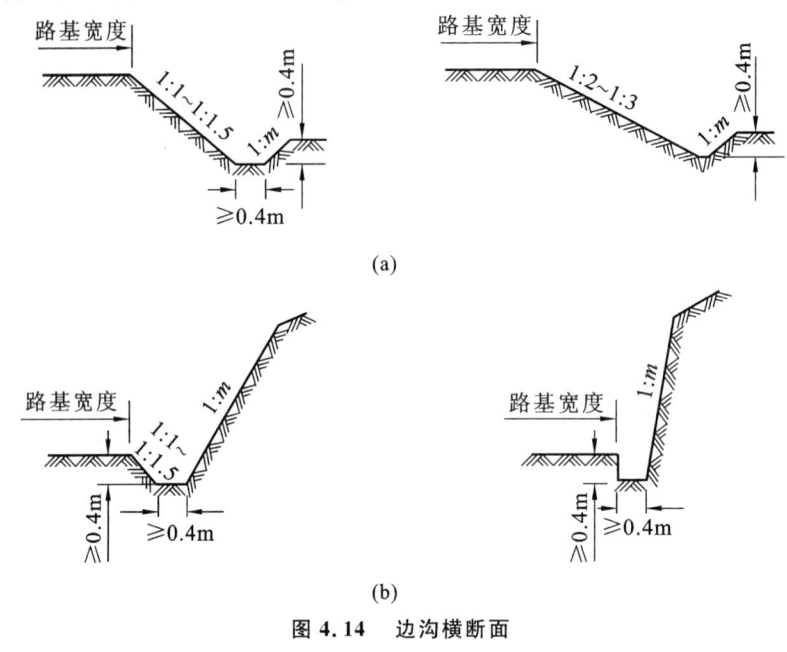

**图 4.14　边沟横断面**

（a）填方；（b）挖方

（3）边坡

路基边坡即路肩的外边缘与坡脚（路堑则为边沟外侧沟底与坡顶）所构成的坡面，是支撑路基主体的重要组成部分。路基边坡的坡度，用边坡的高度与宽度的比值来表示，如 1 : 0.5、1 : 1、1 : 1.5、1 : 1.75 等。

路基边坡坡度的大小，直接影响路基的稳定性和工程数量。坡度大，稳定性差，但工程数量少，坡度过大则边坡易产生滑塌等病害；坡度小，稳定性好，但工程数量大。因此，正确合理地确定边坡坡度，是公路横断面设计的主要内容之一。

路基边坡坡度的大小，取决于边坡的高度和土壤的性质，且与当地的气候、水文、地质等自然因素有关，选择时必须全面考虑，力求合理。

① 路堤边坡

路堤的边坡坡度，应根据填料的物理力学性质、气候条件、边坡高度以及基底的工程地质和水文地质条件进行合理的选定。

A. 填土路堤边坡

当地质条件良好，边坡高度不大于 20m 时，其边坡坡度不宜大于表 4.6 的规定值。对边坡高度大于 20m 的路堤，边坡形式宜采用阶梯形，边坡坡度必须进行稳定性分析计算确定，并应进行单独设计。

**表 4.6　路堤边坡坡度**

| 填料类别 | 边坡坡度 | |
| --- | --- | --- |
| | 上部高度（$H \leqslant 8$m） | 下部高度（$H \leqslant 12$m） |
| 细粒土 | 1：1.5 | 1：1.75 |
| 粗粒土 | 1：1.5 | 1：1.75 |
| 巨粒土 | 1：1.3 | 1：1.5 |

浸水路堤在设计水位以下部分的边坡坡度，不宜大于 1：1.75。

为了必要时便于汽车驶下公路进行疏散，在平原微丘区高度不超过 1.0m 的路堤，如用地条件许可，可采用不大于 1：3 的边坡。

B. 砌石路基边坡

填石路基应选用当地不易风化的片、块石砌筑，内侧填石；岩石风化严重或软质岩石路段不宜采用砌石路基。砌石顶宽不小于 0.8m，基底面向内倾斜，砌石高度不宜超过 15m。砌石内、外坡坡度不宜大于表 4.7 的规定值。

**表 4.7　砌石边坡坡度**

| 序号 | 砌石高度（m） | 内边坡度 | 外坡坡度 |
| --- | --- | --- | --- |
| 1 | $\leqslant 5$ | 1：0.3 | 1：0.5 |
| 2 | $\leqslant 10$ | 1：0.5 | 1：0.67 |
| 3 | $\leqslant 15$ | 1：0.6 | 1：0.75 |

② 路堑边坡

A. 土质路堑边坡

土质路堑边坡形式及坡度应根据工程地质条件、边坡高度、排水措施、施工方法，并结合自然稳定和人工边坡的调查及力学分析综合确定。边坡高度不大于 20m 时，边坡坡度不宜大于表 4.8 的规定值。边坡高度大于 20m 时，应进行单独勘察设计。

**表 4.8　土质路堑边坡坡度**

| 土的类别 | | 边坡坡度 |
| --- | --- | --- |
| 黏土、粉质黏土、塑性指数大于 3 的粉土 | | 1：1 |
| 中密以上的中砂、粗砂、砾砂 | | 1：1.5 |
| 卵石土、碎石土、圆砾土、角砾土 | 胶结和密实 | 1：0.75 |
| | 中密 | 1：1 |

注：黄土、红黏土、高液限土、膨胀土等特殊土质挖方边坡形式及坡度应按有关规定确定。

B. 岩质路堑边坡

岩质路堑边坡形式及坡度应根据工程地质与水文地质条件、边坡高度、施工方法,并结合自然稳定和人工边坡的调查综合确定。必要时可采用稳定性分析方法予以检算。边坡坡度不大于 30m 时,无外倾软弱结构面的边坡坡度按表 4.9确定。

表 4.9　岩质路堑边坡坡度

| 边坡岩体类型 | 风化程度 | 边坡坡度 | |
|---|---|---|---|
| | | $H < 20$m | $15$m$\leqslant H < 30$m |
| Ⅰ 类 | 未风化、微风化 | 1∶0.1～1∶0.3 | 1∶0.1～1∶0.3 |
| | 弱风化 | 1∶0.1～1∶0.3 | 1∶0.3～1∶0.5 |
| Ⅱ 类 | 未风化、微风化 | 1∶0.1～1∶0.3 | 1∶0.3～1∶0.5 |
| | 弱风化 | 1∶0.3～1∶0.5 | 1∶0.5～1∶0.75 |
| Ⅲ 类 | 未风化、微风化 | 1∶0.3～1∶0.5 | |
| | 弱风化 | 1∶0.5～1∶0.75 | |
| Ⅳ 类 | 弱风化 | 1∶0.5～1∶1 | |
| | 强风化 | 1∶0.75～1∶1 | |

注:① 有可靠的资料和经验时,可不受本表限制;
　　② Ⅳ 类强风化包括各类风化程度的极软岩。

对于有外倾软弱结构面的岩质边坡、坡顶边缘附近有较大荷载的边坡,其边坡坡度应通过稳定性分析计算确定。硬质岩石挖方路基宜采用光面、顶裂爆破技术。边坡高度大于 20m 的软弱松散岩质路堑,宜采用分层开挖、分层防护和坡脚预加固技术。岩石挖方边坡高度大于 30m 时,应进行高边坡单独处理设计。

##  相关技能

1. 能够熟练地看懂公路横断面图纸,对图纸中设计的各个组成部分的作用能够描述清楚。

2. 了解公路建筑限界与用地范围。

3. 了解与公路用地有关的公路设计文件中的相关表格和图纸,如地亩图、公路用地表等。

##  小组任务

1. 每 3～4 名学生组成一个工作小组,确定 1 名小组长,接受工作任务,做好工作准备。

2. 根据任务要求完成相关内容。工作内容主要包括××公路路线横断面图纸的识读,并能够描述出来。

3. 完成与公路用地相关的图纸和表格,并能够描述出来。

4. 回答指导老师的现场提问,接受看图能力的技能考核。

5. 完成工作任务后,每个小组讨论和自评,消化完成任务过程中的知识点。

# 工作任务 4.2　路基土石方数量计算、调配和施工图识读

## 【学习目标】

1. 掌握积距法计算路基横断面面积;

2. 能用平均面积法计算土石方数量;

3. 了解土石方调配原则和方法;

4. 能完成路基横断面设计文件的相关工作。

## 【任务描述】

利用××在建公路桥梁施工文件、多媒体教学资源和教师的讲解,使同学们能掌握路基土石方数量表的计算过程,并能进行土石方调配,能够绘制路基标准横断面图和横断面设计图,并能够编制路基土石方数量表。

## 【学习引导】

本学习任务沿着以下脉络进行学习:

第一步,结合课件,教师讲解相关知识;

第二步,展示××在建公路施工路基土石方调配表和相关横断面设计文件;

第三步,掌握路基横断面土石方数量计算和调配相关知识与设计要点。

 单元学习 4.2.1　路基横断面土石方量计算

路基土石方是公路工程的一项主要工程量,在公路设计和路线方案比较中,路基土石方数量的多少是评价公路测设质量的主要技术经济指标之一。在编制公路施工组织计划和工程概预算时,还需要确定分段和全线路基土石方数量。

地面形状是很复杂的,填、挖方不是简单的几何体,所以其计算只能是近似的,计算的精确度取决于中桩间距、测绘横断面时采点的密度和计算公式与实际情况的接近程度等。计算时一般应按工程的要求,在保证使用精度的前提下力求简化。

### 4.2.1.1　横断面面积计算

路基的填挖断面面积,是指断面图中原地面线与路基设计线所包围的面积,设

计标高高于地面线者为填,低于地面线者为挖,两者应分别计算。通常采用积距法和坐标法。

(1) 积距法

如图4.15(a)所示,将断面按单位横宽划分为若干个梯形和三角形,每个小条块的面积近似等于每个小条块中心高度与单位宽度的乘积:

$$A_i = bh_i$$

则横断面面积:

$$A = bh_1 + bh_2 + bh_3 + \cdots + bh_n = b\sum h_i$$

当 $b = 1\text{m}$ 时,则 $A$ 在数值上就等于各小条块平均高度之和 $\sum h_i$。

(2) 坐标法

如图4.15(b)所示,已知断面图上各转折点坐标 $(x_i, y_i)$,则断面面积为:

$$A = \frac{\sum (x_i y_{i+1} - x_{i+1} y_i)}{2}$$

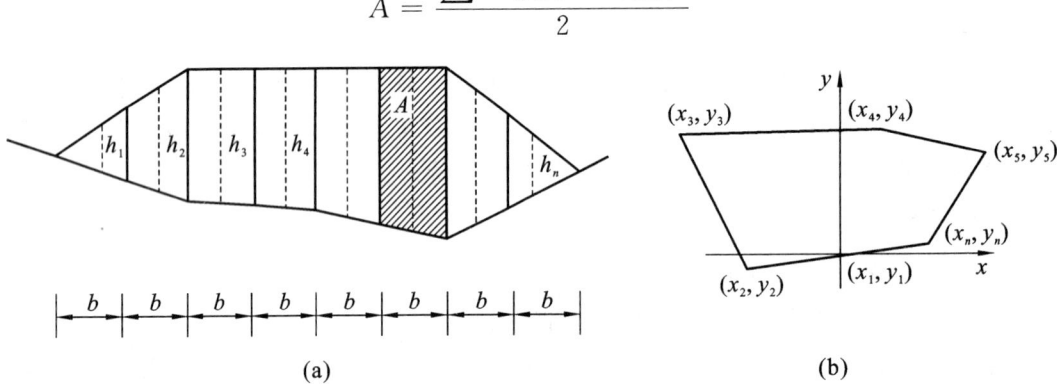

**图 4.15 横断面面积计算**

(a) 积距法;(b) 坐标法

坐标法的计算精度较高,适宜用计算机计算。

### 4.2.1.2 土石方数量计算

路基土石方计算工作量较大,加之路基填挖变化的不规则性,要精确计算土石方体积是十分困难的。在工程上通常采用近似计算。即假定相邻断面间为一棱柱体,则其体积为:

$$V = (A_1 + A_2)\frac{L}{2} \tag{4.1}$$

式中　$V$—— 体积,即土石方数量,$\text{m}^3$;

　　　$A_1, A_2$—— 相邻两断面的面积,$\text{m}^2$;

　　　$L$—— 相邻断面之间的距离,$\text{m}$。

此种方法称为平均断面法,如图 4.16 所示。用平均断面法计算土石方体积简便、实用,是公路上常采用的方法。

但平均断面法精度较低,只有当 $A_1$、$A_2$ 相差不大时才较准确。当 $A_1$、$A_2$ 相差较大时,则按棱台体公式计算更为接近,其公式如下:

$$V = \frac{1}{3}(A_1 + A_2)L\left[1 + \frac{\sqrt{m}}{1+m}\right]$$

$$(4.2)$$

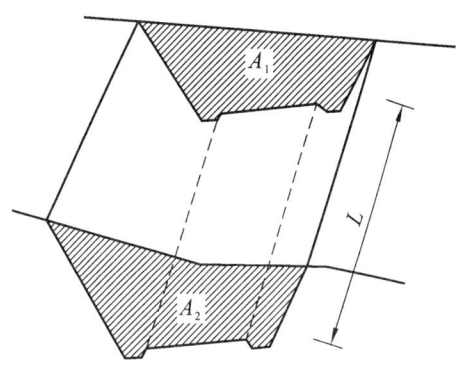

图 4.16　平均断面法

式中　　$m = A_1/A_2$,其中 $A_1 < A_2$。

用上述方法计算的土石方体积中,是包含了路面结构层体积的。若所设计的纵断面有填有挖且基本平衡,则填方断面中多计算的路面面积与挖方断面中少计算的路面面积相互抵消,其总体积与实施体积相差不大。但若路基是以填方为主或以挖方为主,则应在计算断面面积时将路面部分计入,也就是填方要扣除、挖方要增加路面所占的那一部分面积,特别是路面结构层厚度较大时更不能忽略。

计算路基土石方数量时,应扣除大、中桥及隧道所占路线长度的体积;桥头引道的土石方,可视需要全部或部分列入桥梁工程项目中,但应注意不要遗漏或重复;小桥涵所占的体积一般可不扣除。

路基工程中的挖方按天然密实方体积计算,填方按压实后的体积计算,各级公路各类土石方与天然密实方换算系数见表 4.10,土石方调配时注意换算。

表 4.10　路基土石方换算系数

| 公路等级 | 土石类别 | | | |
| --- | --- | --- | --- | --- |
| | 土方 | | | 石方 |
| | 松土 | 普通土 | 硬土 | |
| 二级及二级以上公路 | 1.23 | 1.16 | 1.09 | 0.92 |
| 三、四级公路 | 1.1 | 1.05 | 1.00 | 0.84 |

土石方数量计算还应注意的问题:

① 填、挖方数量分别计算(填、挖方面积分别计算);

② 土、石方应分别计算(土、石方面积分别计算);

③ 换土、挖淤泥或挖台阶等部分应计算挖方工程量,同时还应计算填方工程量;

④ 路基填、挖方数量中应考虑路面结构层所占的体积(填方扣除、挖方增加);

⑤ 路基土石方数量中应扣除大中桥所占的体积,小桥及涵洞可不予考虑。

**单元学习 4.2.2    路基横断面土石方调配及横断面设计成果识读**

土石方调配的目的是确定填方用土(石)的来源、挖方弃土(石)的去向,以及计价土石方的数量和运量等。通过调配合理地解决各路段土石方平衡与利用问题,从路堑挖出的土石方,在经济合理的调运条件下以挖作填,尽量减少路外借土(石)和弃土(石),少占用耕地以求降低公路造价。

### 4.2.2.1    土石方调配计算的几个概念

(1)平均运距

土方调配的平均运距,是从挖方体积的重心到填方体积的重心之间的距离。在路线工程中为简化计算起见,这个距离可简单地按挖方断面间距中心至填方断面间距中心的距离计算,称平均距离。

(2)免费运距

土石方作业包括挖、装、运、卸等工序,在某一特定距离内,只按土石方数量计价而不计运费,这一特定的距离称为免费运距。施工方法的不同,其免费运距也不同,如人工运输的免费运距为 20m,铲运机运输的免费运距为 100m。

在纵向调配时,当其平均运距超过定额规定的免费运距,应按其超运运距计算土石方运量。

(3)经济运距

填方用土石来源,一是沿路线纵向调运,二是就近路外借土。一般情况用路堑挖方调去填筑距离较近的路堤还是比较经济的。但如调运的距离过长,以至运价超过了在填方附近借土所需的费用时,移挖作填就不如在路堤附近就地借土经济。因此,采用"借"还是"调",有个限度距离问题,这个限度距离即所谓"经济运距",其值按下式计算:

$$L_{经} = \frac{B}{T} + L_{免}$$

式中    $B$——借土单价,元 /m³;

    $T$——远运运费单价,元 /(m³·km);

    $L_{免}$——免费运距,km。

经济运距是确定借土或调运的界限,当调运距离小于经济运距时,采取纵向调运是经济的;反之,则可考虑就近借土。

(4)运量

土石方运量为平均超运运距单位与土石方调配数量的乘积。

在生产中,例如工程定额是将人工运输免费运距 20m,平均每增运距 10m 划为一个运输单位,称之为"级"。当实际的平均运距为 40m,则超运运距 20m 时,则为两个运输单位,称为二级,在路基土石方数量计算表中记作 ②。

$$总运量 = 调配(土石方)数量 \times n$$

$$n = (L - L_免)/A$$

式中　　$n$——平均超运运距单位（四舍五入取整数）；

　　　　$L$——土石方调配平均运距，m；

　　　　$L_免$——免费运距，m；

　　　　$A$——超运运距，m，如人工运输 $A = 10m$，铲运机运输 $A = 50m$。

（5）计价土石方数量

在土石方计算与调配中，所有挖方均应予计价。但填方则应按土的来源决定是否计价，如果是路外就近借土就应计价；如果是移挖作填的纵向调配利用土石方，就不应再计价，否则形成双重计价。即计价土石方数量为：

$$V_计 = V_挖 + V_借$$

式中　　$V_计$——计价土石方数量，m³；

　　　　$V_挖$——挖方数量，m³；

　　　　$V_借$——借方数量，m³。

#### 4.2.2.2　土石方调配原则

（1）在半填半挖的断面中，应首先考虑在本路段内移挖作填进行横向平衡，多余的土石方再作纵向调配，以减少总的运量。

（2）土石方调配应考虑桥涵位置对施工运输的影响，一般大沟不作跨越运输，同时应注意施工的可能与方便，尽可能避免和减少上坡运土。

（3）为使调配合理，必须根据地形情况和施工条件，选用适当的运输方式，确定合理的经济运距，用以分析工程用土是调运还是外借。

（4）土方调配"移挖作填"固然要考虑经济运距问题，但这不是唯一的指标，还要综合考虑弃方和借方的占地，赔偿青苗损失及对农业生产影响等。有时路堑的挖方纵调作路堤的填方，虽然运距超出一些，运输费用可能高一些，但如能少占地、少影响农业生产，对整体来说未必是不经济的。

（5）不同的土方和石方应根据工程需要分别进行调配，以保证路基稳定和人工构造物的材料供应。

（6）位于山坡上的回头曲线路段，要优先考虑上下线的土石方竖向调运。

（7）土方调配对于借土和弃土事先同当地政府商量，妥善处理。借土应结合地形、农田规划等选择借土地点，并综合考虑借土还田、整地造田等措施。弃土应不占或少占耕地，在可能条件下宜将弃土平整为可耕地，防止乱弃乱堆，或堵塞河流，损害农田。

#### 4.2.2.3　土石方调配方法

土石方调配方法，目前生产上采用土石方计算表调配法，直接在土石方表上进行调配，其优点是方法简单，调配清晰，精度符合要求。该表也可由计算机自动完成。具体调配步骤如下：

（1）土石方调配是在土石方数量计算与复核完毕的基础上进行的，调配前应将可能影响运输调配的桥涵位置、陡坡大沟等注明在表旁，供调配时参考。

（2）计算并填写表中"本桩利用"、"填缺"、"挖余"各栏。当以石作填土时，石方数应填入"本桩利用"的"土"一栏，并以符号区别。然后按填挖方分别进行闭合核算，其核算式为：

$$填方 = 本桩利用 + 填缺$$
$$挖方 = 本桩利用 + 挖余$$

（3）在作纵向调配前，根据"填缺"、"挖余"的分布情况，选择适当施工方法及可采用的运输方式定出合理的经济运距，供土方调配时参考。

（4）根据填缺、挖余分布情况，结合路线纵坡和自然条件，本着技术经济少占用农田的原则，拟订具体调配方案。将相邻路段的挖余就近纵向调配到填缺内加以利用，并把具体调运方向和数量用箭头表明在纵向调配栏中。

（5）经过纵向调配，如果仍有填缺或挖余，则应会同当地政府协商确定借土或弃土地点，然后将借土或弃土的数量和运距分别填注到借方或废方栏内。

（6）调配完成后，应分页进行闭合核算，核算式为：

$$填缺 = 远运利用 + 借方$$
$$挖余 = 远运利用 + 废方$$

（7）本公里调配完毕，应进行本公里合计，总闭合核算除上述外，尚有：

$$跨公里调入方 + 挖方 + 借方 = 跨公里调出方 + 填方 + 废方$$

（8）土石方调配一般在本公里内进行，必要时也可跨公里调配，但需将调配的方向及数量分别注明，以免混淆。

（9）每公里土石方数量计算与调配完成后，须汇总列入"路基每公里土石方表"，并进行全线总计与核算。至此完成全部土石方计算与调配工作。

## 单元学习 4.2.3　横断面设计成果

路基横断面设计的主要成果是"两图两表"，即路基横断面设计图、路基标准横断面图、路基设计表与路基土石方数量表。

### 4.2.3.1　路基横断面设计图

路基横断面设计图是路基每一个中桩的法向剖面图，它反映每个桩位处横断面的尺寸及结构，是路基施工及横断面面积计算的依据，图中应给出地面线与设计线，并标注桩号、施工高度与断面面积。相同的边坡坡度可只在一个断面上标注，挡墙等圬工构造物可只绘出形状，不标注尺寸，边沟也只需绘出形状。横断面设计图应按从下到上、从左到右的方式进行布置，一般采用1：200的比例。如图4.17所示。

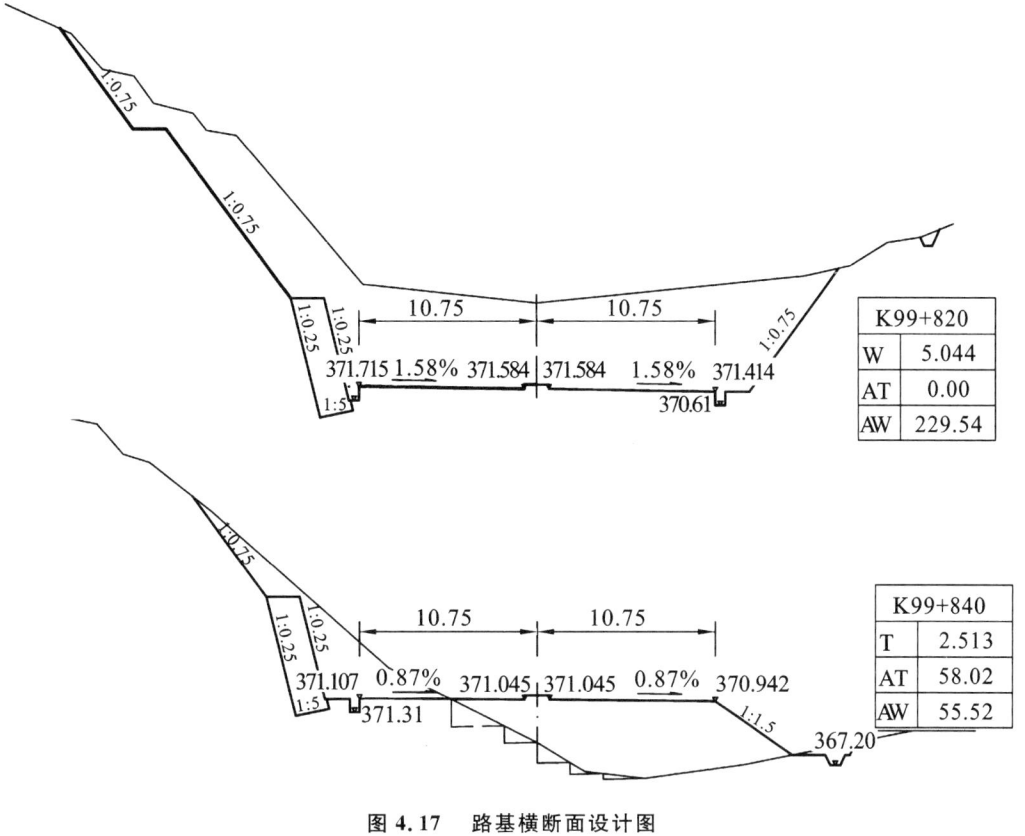

**图 4.17　路基横断面设计图**

### 4.2.3.2　路基标准横断面图

路基横断面设计图是将设计过程中所出现的所有路基形式进行汇总。它显示出了所有设计线(包括边坡、边沟、挡墙、护肩等)的形状、比例及尺寸,用以指导施工。这样路基横断面设计图就不必对每一个断面都进行详细的标注(其中很多断面的比例、尺寸都是相同的),避免了工作的重复与烦琐,也使横断面设计图比较简洁。如图 4.18 所示。

### 4.2.3.3　路基设计表

路基设计表严格地说不能只作为横断面设计的成果,它是路线设计成果的一个汇总,其前半部分是平面与纵面设计的成果。横断面设计完成后,再将"边坡"、"边沟"等栏填上。其中"边沟"一栏的"坡度"如不填写,表明沟底纵坡与道路纵坡一致,如果不一致,则需另外填写。

### 4.2.3.4　路基土石方数量表

路基土石方是公路工程的一项主要工程量,所以在公路设计和路线方案比较中,路基土石方数量的多少是评价公路测设质量的主要技术经济指标之一,也是编制公路施工组织计划和工程概预算的主要依据。其表格形式见表 4.11。

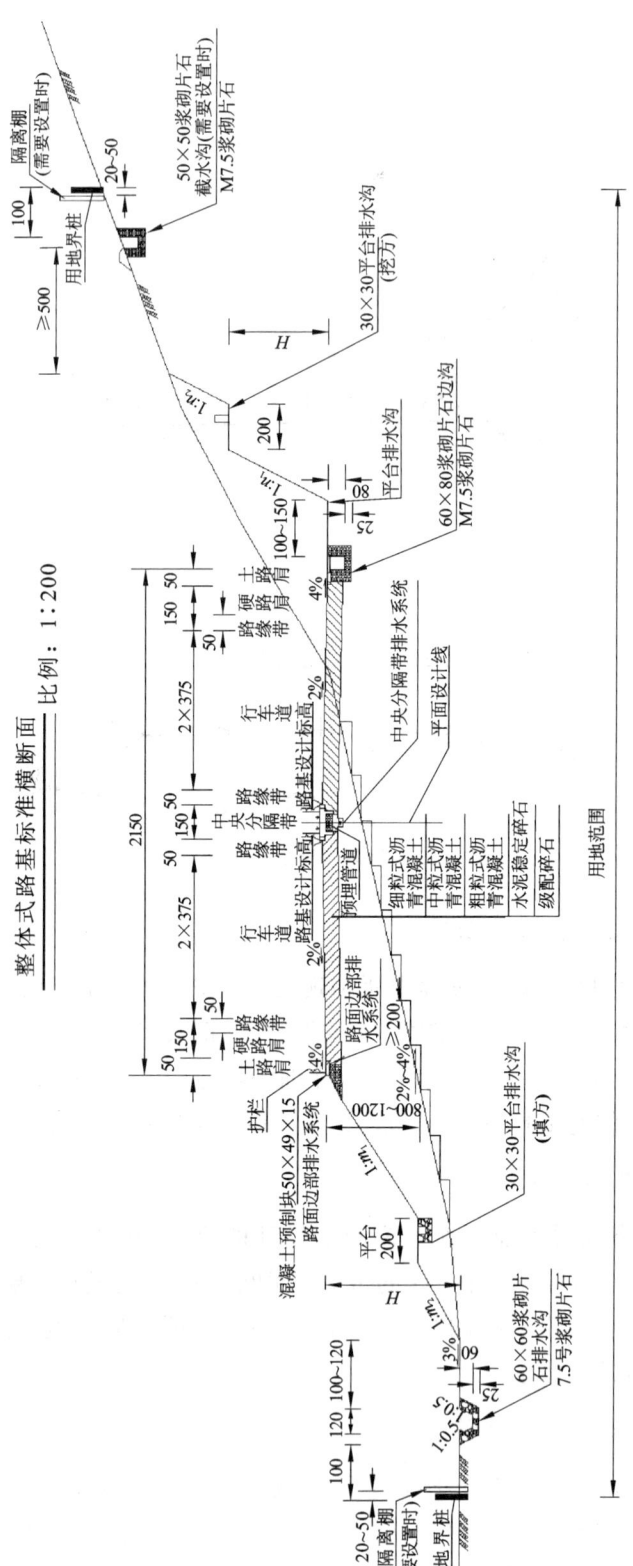

图 4.18 路基标准横断面设计图

## 表4.11　路基土石方数量表

| 桩号 | 断面面积(m²) 挖方 | 断面填方 填土 | 断面填方 填石 | 平均面积(m²) 挖方 | 平均填方 填土 | 平均填方 填石 | 距离 | 挖方(m³) 总体积 | 松土 % | 松土 m³ | 普通土 % | 普通土 m³ | 硬土 % | 硬土 m³ | 软石 % | 软石 m³ | 次坚石 % | 次坚石 m³ | 坚石 % | 坚石 m³ | 填方(m³) 总体积 | 填土 压实方 | 填石 压实方 | 本桩利用方 土方压实方 | 本桩利用方 石方压实方 | 余方 土方压实方 | 余方 石方压实方 | 欠方 土方压实方 | 欠方 石方压实方 |
|---|---|---|---|---|---|---|---|---|---|---|---|---|---|---|---|---|---|---|---|---|---|---|---|---|---|---|---|---|---|
| 1 | 2 | 3 | 4 | 5 | 6 | 7 | 8 | 9 | 10 | 11 | 12 | 13 | 14 | 15 | 16 | 17 | 18 | 19 | 20 | 21 | 22 | 23 | 24 | 25 | 26 | 27 | 28 | 29 | 30 |
| K95+100.00 | 314.5 | | | | | | | | | | 5 | | 20 | | 50 | | 25 | | | | | | | | | | | | |
| K95+120.00 | 139.3 | 4.1 | | 226.9 | 2.0 | | 20.00 | 4538 | | | 5 | 227 | 20 | 907 | 50 | 2269 | 25 | 1135 | | | 40 | 40 | | 40 | | 1028 | 3660 | | |
| K95+130.00 | 193.2 | | | 166.3 | 1.9 | | 10.00 | 1663 | | | 5 | 83 | 20 | 332 | 50 | 832 | 25 | 416 | | | 19 | 19 | | 19 | | 376 | 1337 | | |
| K95+140.00 | 201.2 | | | 197.2 | | | 10.00 | 1972 | | | 5 | 99 | 20 | 394 | 50 | 986 | 25 | 493 | | | | | | | | 447 | 1608 | | |
| K95+145.79 | 142.8 | | | 172.0 | | | 5.79 | 996 | | | 5 | 50 | 20 | 199 | 50 | 498 | 25 | 249 | | | | | | | | 226 | 812 | | |
| K95+150.00 | 126.8 | 1.4 | | 134.8 | 0.7 | | 4.21 | 568 | | | 5 | 28 | 20 | 114 | 50 | 284 | 25 | 142 | | | 3 | 3 | | 3 | | 128 | 460 | | |
| K95+160.00 | 40.7 | 1.2 | | 83.8 | 1.3 | | 5.00 | 419 | | | 5 | 21 | 20 | 83 | 50 | 210 | 25 | 105 | | | 7 | 7 | | 7 | | 94 | 335 | | |
| K95+154~YK95+588(ZK95+646)为井干田大桥位置 | | | | | | | | | | | | | | | 5 | | 20 | | 50 | 25 | | | | | | | | | |
| K95+600.00 | 25.3 | 60.2 | | 25.3 | 49.0 | | | | 10 | | 30 | | | | 20 | | 40 | | | | | | | | | | | | |
| K95+610.00 | 39.7 | 37.3 | | 32.5 | 48.8 | | | | 10 | | 30 | | | | 20 | | 40 | | | | | | | | | | | | |
| K95+620.00 | 88.6 | 11.9 | | 64.2 | 24.6 | | | | 10 | | 30 | | | | 20 | | 40 | | | | | | | | | | | | |
| K95+630.00 | 111.8 | 5.7 | | 100.2 | 8.8 | | | | 10 | | 30 | | | | 20 | | 40 | | | | | | | | | | | | |
| K95+640.00 | 174.3 | 13.2 | | 143.1 | 9.4 | | | | 10 | | 30 | | | | 20 | | 40 | | | | | | | | | | | | |
| K95+650.00 | 215.6 | | | 194.9 | 6.5 | | 5.00 | 975 | 10 | 97 | 30 | 293 | | | 20 | 195 | 40 | 390 | | | 33 | 33 | | 33 | | 352 | 603 | | |
| K95+660.00 | 283.7 | | | 249.6 | | | 10.00 | 2496 | 10 | 250 | 30 | 749 | | | 20 | 499 | 40 | 998 | | | | | | | | 903 | 1628 | | |
| K95+680.00 | 528.1 | | | 405.9 | | | 20.00 | 8118 | 10 | 812 | 30 | 2435 | | | 20 | 1624 | 40 | 3247 | | | | | | | | 2934 | 5295 | | |
| K95+700.00 | 726.2 | | | 627.2 | | | 20.00 | 12544 | 10 | 1254 | 30 | 3763 | | | 20 | 2509 | 40 | 5018 | | | | | | | | 4533 | 8181 | | |
| K95+720.00 | 705.2 | | | 715.7 | | | 20.00 | 14314 | 10 | 1431 | 30 | 4294 | | | 20 | 2863 | 40 | 5726 | | | | | | | | 5174 | 9335 | | |
| K95+740.00 | 383.1 | 5.6 | | 544.2 | 2.8 | | 20.00 | 10884 | 10 | 1088 | 30 | 3265 | | | 20 | 2177 | 40 | 4354 | | | 56 | 56 | | 56 | | 3933 | 7042 | | |
| K95+760.00 | 218.8 | 5.1 | | 301.0 | 5.3 | | 20.00 | 6020 | 10 | 602 | 30 | 1806 | | | 20 | 1204 | 40 | 2408 | | | 106 | 106 | | 106 | | 2176 | 3820 | | |
| K95+780.00 | 36.3 | 8.8 | | 127.6 | 7.0 | | 20.00 | 2552 | 10 | 255 | 30 | 766 | | | 20 | 510 | 40 | 1021 | | | 140 | 140 | | 140 | | 923 | 1525 | | |
| K95+800.00 | 8.9 | 140.6 | | 22.6 | 74.7 | | 20.00 | 452 | 10 | 45 | 30 | 136 | | | 20 | 90 | 40 | 181 | | | 1494 | 163 | 295 | 163 | 295 | | | | 1036 |
| K95+820.00 | 17.6 | 221.0 | | 13.3 | 180.8 | | 20.00 | 266 | | | 40 | 107 | 40 | 106 | 20 | 53 | | | | | 3616 | 190 | 8532 | 190 | 58 | | | | 3368 |
| K95+840.00 | 20.0 | 86.8 | | 18.8 | 153.9 | | 20.00 | 376 | | | 40 | 151 | 40 | 150 | 20 | 75 | | | | | 3078 | 268 | 82 | 268 | 82 | | | | 2728 |
| K95+860.00 | 24.1 | 88.4 | | 22.1 | 87.6 | | 20.00 | 442 | | | 40 | 177 | 40 | 177 | 20 | 88 | | | | | 1752 | 314 | 96 | 314 | 96 | | | | 1342 |
| K95+880.00 | 134.4 | 13.5 | | 79.3 | 51.0 | | 20.00 | 1586 | | | 40 | 635 | 40 | 634 | 20 | 317 | | | | | 1020 | 675 | 345 | 675 | 345 | 454 | | | |
| K95+900.00 | 113.8 | 2.7 | | 124.1 | 8.1 | | 20.00 | 2482 | | | 40 | 993 | 40 | 993 | 20 | 496 | | | | | 162 | 162 | | 162 | | 1767 | 377 | | |
| K95+920.00 | 10.1 | 39.0 | | 61.9 | 20.9 | | 20.00 | 1238 | | | 40 | 495 | 40 | 495 | 20 | 248 | | | | | 418 | 148 | 270 | 148 | 270 | 733 | | | |
| K95+940.00 | 6.3 | 113.4 | | 8.2 | 76.2 | | 20.00 | 164 | 10 | 16 | 30 | 50 | | | 30 | 49 | 30 | 49 | | | 1524 | 59 | 106 | 59 | 106 | | | | 1359 |
| K95+960.00 | 32.5 | 61.4 | | 19.4 | 87.4 | | 20.00 | 388 | 10 | 39 | 30 | 117 | | | 30 | 116 | 30 | 116 | | | 1748 | 141 | 2966 | 141 | 252 | | | | 1355 |
| K95+980.00 | 145.8 | 3.7 | | 89.2 | 32.5 | | 20.00 | 1784 | 10 | 178 | 30 | 536 | | | 30 | 535 | 30 | 535 | | | 650 | 650 | | 650 | | 645 | 513 | | |
| K95+986.31 | 233.0 | | | 189.4 | 1.8 | | 6.31 | 1193 | 10 | 120 | 30 | 355 | | | 30 | 359 | 30 | 359 | | | 11 | 11 | | 11 | | 429 | 769 | | |
| K96+000.00 | 538.2 | | | 385.6 | | | 13.69 | 5279 | 10 | 528 | 30 | 1583 | | | 30 | 1584 | 30 | 1584 | | | | | | | | 1907 | 3442 | | |
| K96+020.00 | 856.9 | | | 697.5 | | | 20.00 | 13950 | 10 | 1395 | 30 | 4185 | | | 30 | 4185 | 30 | 4185 | | | | | | | | 5042 | 9098 | | |
| K96+040.00 | 1180.4 | | | 1018.7 | | | 20.00 | 20374 | 10 | 2037 | 30 | 6113 | | | 30 | 6112 | 30 | 6112 | | | | | | | | 7364 | 13288 | | |
| K96+060.00 | 1151.8 | | | 1166.1 | | | 20.00 | 23322 | 10 | 2332 | 30 | 6996 | | | 30 | 6997 | 30 | 6997 | | | | | | | | 8430 | 15210 | | |
| K96+080.00 | 914.7 | | | 1033.3 | | | 20.00 | 20666 | 10 | 2067 | 30 | 6199 | | | 30 | 6200 | 30 | 6200 | | | | | | | | 7470 | 13478 | | |
| K96+094.01 | 576.2 | | | 745.5 | | | 14.01 | 10444 | 10 | 1044 | 30 | 3134 | | | 30 | 3133 | 30 | 3133 | | | | | | | | 3775 | 6812 | | |
| K96+100.00 | 465.8 | | | 521.0 | | | 5.99 | 3121 | 10 | 312 | 30 | 937 | | | 30 | 936 | 30 | 936 | | | | | | | | 1128 | 2036 | | |
| K96+120.00 | 252.5 | 5.6 | | 359.1 | 2.8 | | 20.00 | 7182 | 10 | 718 | 30 | 2154 | | | 30 | 2155 | 30 | 2155 | | | 56 | 56 | | 56 | | 2595 | 4629 | | |
| K96+140.00 | 113.3 | 1.8 | | 182.9 | 3.7 | | 20.00 | 3658 | 10 | 366 | 30 | 1098 | | | 30 | 1097 | 30 | 1097 | | | 74 | 74 | | 74 | | 1323 | 2311 | | |

| 桩号 | 填方(m³) | | | | | 借方 | | | | | | 废方 | | | | | | 备注 |
|---|---|---|---|---|---|---|---|---|---|---|---|---|---|---|---|---|---|---|
| | 远运利用方(压实方) | | | 土方运量 | 石方运量 | 土方 | 运距 | 运量 | 石方 | 运距 | 运量 | 土方 | 运距 | 运量 | 石方 | 运距 | 运量 | |
| | 土方 | 石方 | 调运示意 | | | | | | | | | | | | | | | |
| | m³ | m³ | | m³·级 | m³·级 | m³ | m | m³·级 | m³ | m | m³·级 | m³ | m | m³·级 | m³ | m | m³·级 | |
| 31 | 32 | 33 | 34 | 35 | 36 | 37 | 38 | 39 | 40 | 41 | 42 | 43 | 44 | 45 | 46 | 47 | 48 | 49 |
| K95+100.00 | | | | | | | | | | | | | | | | | | |
| K95+120.00 | | | | | | | | | | | | | | | | | | |
| K95+130.00 | | | | | | | | | | | | | | | | | | |
| K95+140.00 | | | 土2299石8212汽运至弃土场 | | | | | | | | | 2299 | 500 | 9196 | 8212 | 500 | 2000 | |
| K95+145.79 | | | | | | | | | | | | | | | | | | |
| K95+150.00 | | | | | | | | | | | | | | | | | | |
| K95+160.00 | | | | | | | | | | | | | | | | | | |
| K95+154~YK95+588(ZK95+646)为井干田大桥位置 | | | | | | | | | | | | | | | | | | |
| K95+600.00 | | | | | | | | | | | | | | | | | | |
| K95+610.00 | | | | | | | | | | | | | | | | | | |
| K95+620.00 | | | | | | | | | | | | | | | | | | |
| K95+630.00 | | | | | | | | | | | | | | | | | | |
| K95+640.00 | | | | | | | | | | | | | | | | | | |
| K95+650.00 | | | | | | | | | | | | | | | | | | |
| K95+660.00 | | | | | | | | | | | | | | | | | | |
| K95+680.00 | | | | | | | | | | | | | | | | | | |
| K95+700.00 | | | 土20928石28955汽运至弃土场 | | | | | | | | | 20928 | 1100 | 20928 | 28955 | 1100 | 28955 | |
| K95+720.00 | | | | | | | | | | | | | | | | | | |
| K95+740.00 | | | | | | | | | | | | | | | | | | |
| K95+760.00 | | | | | | | | | | | | | | | | | | |
| K95+780.00 | | | | | | | | | | | | | | | | | | |
| K95+800.00 | | | 石8474推运 | | | | | | | | | | | | | | | |
| K95+820.00 | | 8474 | | | | | | | | | | | | | | | | |
| K95+840.00 | | | | | | | | | | | | | | | | | | |
| K95+860.00 | | | | | | | | | | | | | | | | | | |
| K95+880.00 | | | | | | | | | | | | | | | | | | |
| K95+900.00 | | | 土2954石377汽运至弃土场 | | | | | | | | | 2954 | 1300 | 2954 | 377 | 1300 | 377 | |
| K95+920.00 | | | | | | | | | | | | | | | | | | |
| K95+940.00 | | | | | | | | | | | | | | | | | | |
| K95+960.00 | | | | | | | | | | | | | | | | | | |
| K95+980.00 | | | 石2714推运 | | | | | | | | | | | | | | | |
| K95+986.31 | | | | | | | | | | | | | | | | | | |
| K96+000.00 | | | | | | | | | | | | | | | | | | |
| K96+020.00 | | | | | | | | | | | | | | | | | | |
| K96+040.00 | | | | | | | | | | | | | | | | | | |
| K96+060.00 | | | 土42614石72715汽运至弃土场 | | | | | | | | | 42614 | 1500 | 42614 | 72715 | 1500 | 72715 | |
| K96+080.00 | | | | | | | | | | | | | | | | | | |
| K96+094.01 | | | | | | | | | | | | | | | | | | |
| K96+100.00 | | | | | | | | | | | | | | | | | | |
| K96+120.00 | | | | | | | | | | | | | | | | | | |
| K96+140.00 | | | | | | | | | | | | | | | | | | |

#### 4.2.3.5　其他成果

对于特殊情况下的路基(如高填深挖路基、浸河路基、不良地质地段路基等)应单独设计,并绘制特殊路基设计图。图中应出示缘石大样、中央分隔带开口设计图等。

 **相关技能**

1. 能够熟练地看懂公路横断面图纸和路基土石方数量表,对图纸中设计的各个组成部分的作用能够描述清楚。

2. 计算路基土石方填挖数量。

3. 进行路基土石方调配,并完成路基土石方数量计算表。

 **小组任务**

1. 每 3～4 名学生组成一个工作小组,确定 1 名小组长,接受工作任务,做好工作准备。

2. 根据任务要求完成相关内容。工作内容主要包括 ×× 公路路线横断面图纸和路基设计表中反映的横断面设计的相关知识的识读,并能够描述出来。

3. 完成路基土石方数量表和土石方的相关调配工作。

4. 回答指导老师的现场提问,接受看图能力的技能考核。

5. 完成工作任务后,每个小组讨论和自评,消化完成任务过程中的知识点。

 思考题与习题

1. 简述路基横断面的组成。

2. 计算表 4.12 中的各项内容。

**表 4.12　某路段路基土石方数量表**

| 桩号 | 横断面面积(m²) | | 平均面积(m²) | | 距离(m) | 挖方体积(m³) | 填方体积(m³) |
|---|---|---|---|---|---|---|---|
| | 挖 | 填 | 挖 | 填 | | | |
| K16＋000 | 60.0 | | | | | | |
| K16＋017 | 80.2 | | | | | | |
| K16＋025 | 86.4 | 14.0 | | | | | |
| K16＋037 | | 78.0 | | | | | |
| K16＋041 | | 69.6 | | | | | |
| K16＋050 | 78.4 | | | | | | |

3.路基边坡对路基稳定性和工程数量有何影响?路基边坡如何确定?

4.土石方调配过程中要遵循的原则是什么?

5.横断面设计内容是什么?

6.路拱横坡概念、作用是什么,大小如何确定?

# 学习情境5 选线与定线

## 工作任务5.1 选 线

【学习目标】

1. 掌握选线的原则；
2. 掌握选线的方法及步骤；
3. 掌握路线方案比选的方法；
4. 掌握平原地区选线的要点；
5. 掌握山岭区选线的方法。

【任务描述】

利用××已建公路施工图纸文件、多媒体教学资源和教师的讲解，使同学们能掌握路线选线的方法，并能进行路线方案的比选。

【学习引导】

本学习任务沿着以下脉络进行学习：

第一步，结合课件，教师讲解相关知识；

第二步，展示××在建公路施工图纸文件；

第三步，掌握路线选线的基本方法及步骤，学会应用相关知识看懂工程图纸，学会进行路线方案的比选。

 **单元学习5.1.1 概述**

公路工程选线是根据公路的使用任务、性质、等级和技术标准，在规划的起点、终点之间结合地形、地质、水文及其他沿线条件，综合平面、纵断面、横断面，在纸上或实地选出路线基本向、主要控制点，选出大中桥位、隧道位置，尽量绕避不良地质地段，提高路线技术标准，尽量降低工程造价；然后进行勘察和设计，根据纸上选线进行实地定线或根据纸上定线进行实地放线；经过技术经济比较和方案比选，确定最为合理的理想路线。

选线是公路勘测设计中重要的一项工作，可以说比具体的平面设计、纵断面设计、横断面设计、桥涵设计、隧道设计、路基路面设计、小桥涵及挡土墙设计、防护工程设计、绿化和环保设计等设计工作重要得多。其中路线基本走向、大中桥位、隧道位置、路线长短、技术标准的高低、路基土石方数量、征地拆迁等任何一项的不合理，都可能导致工程造价的不合理，对运营后的使用品质和耐久性，后续改建或新建高等级公路等后续规划带来永久弊端，或造成重复建设的巨大浪费。因此，新建或改建一条公路，必须做好选线工作，站在务实的角度，站在长久规划的高度，适当提高设计标准，特别是大中桥的设计标准，避免出现新建不久就拆除，使用不久就大修甚至破坏等状况的发生。

基于选线的重要性，并非通过本任务的理论学习就能熟练成为一个选线工程师，这是不切实际的想法。读者通过平面、纵断面、横断面和选线的基本理论学习，能够架构公路勘测设计的基本常识和基础；而选线的经验积累和水平的提高，需要读者在实际公路勘测设计中长期积累经验，总结教训，体验不同等级公路、不同地形条件、不同地质条件、不同地区条件、不同地物条件的勘测设计和选线，甚至参与典型工程的施工积累经验，参与典型公路工程的设计文件的评审讨论。只有这样，选线经验才足以积累，选线水平才能够得到提升。

### 5.1.1.1 选线的原则

（1）在公路规划及设计的各个阶段，应运用各种先进手段对路线方案做深入细致的研究，在进行多方案论证、比选的基础上，选定最优路线方案。

（2）路线勘测设计应在保证行车安全、舒适、迅速的前提下，做到工程量小、造价低、运营费用省、效益好，并有利于施工和养护。高等级公路尽量采用高标准，中低等级公路在工程量增加不大时尽量采用较高的技术标准，不要轻易采用小指标或极限指标，也不要片面追求高标准。

（3）选线应注意同农田水利的基本建设相配合，做到少占田地，并尽量不占高产田、经济作物或经济林等。

（4）通过名胜、风景、古迹地区的公路，应与周围环境、景观相协调，并适当照顾美观，注意保护原有自然状态和重要历史文物遗址。

（5）选线时应对工程地质和水文地质进行深入勘测调查，路线经过不良地质地带、大中桥跨越或隧道穿越时，应进行详细的地质勘察。对大中桥基础的原位地勘、断层破碎带勘测，以及瓦斯隧道等复杂不良地质地段的真实地勘显得尤其重要。经过一般不良地质地段，应采取防护加固措施；经过严重的不良地质地段时宜采取绕避或改线方案，无法绕避或改线时应采取相应的防护加固措施及其后续稳定性方案。

（6）选线时，中小桥桥位及短隧道位置原则上服从路线总体行进方向，但特大、大桥及中长隧道位置必须遵从以路线服从桥位（隧位）的原则，综合考虑路、桥、隧。

（7）选线时，应重视环境保护，综合考虑：路线对自然景观与资源可能产生的影响；征地拆迁的影响；路线对城镇布局、行政区划、农业耕作区、农田水利体系等产生的影响；噪声对居民的影响；汽车尾气对大气、水源、农田所造成的污染及影响；对自然环境、资源的影响和污染的防治措施及其对策。

### 5.1.1.2　选线的方法和步骤

在公路选线之前的规划过程中，可能规划出多种路线方案。选线的任务就是在多个可能的方案中选择出符合设计要求、技术经济合理的最优方案。影响线路的因素很多，它们之间有的互相矛盾，有的又互相制约，各个因素在不同场合的重要程度也不相同，最有效的办法就是通过分阶段，由粗到细，反复比选，得到最佳方案。选线步骤一般分为如下三步：

（1）全面布局

全面布局就是确定路线起点、终点和主要中间控制点，确定路线基本走向。即在路线总方向（路线的起点、终点和任务书规定必须经过的中间主要控制点）上，寻找出最合理的"通过点"作为主要控制点，这些主要控制点就基本决定了路线的走廊带。这步工作通常在比例为1∶10000的地形图上从较大范围内找出各种可能的路线方案，收集各个方案的有关资料，进行初步评选，确定几条有比较价值的方案。然后进行现场踏勘，经过多方案的比选，通过专业人员会商和建设单位认同，选择一个最佳推荐方案。

（2）逐段安排

逐段安排是在路线基本走向和主要控制点确定的基础上，以每相邻主要控制点之间划分段落，逐段地根据公路工程技术标准、现场地形、地质、水文、气候等自然条件选择局部加密控制点。这一过程基本流程与全面布局相似，只是这一过程不是全面性的，而是局部的，逐段进行安排的。加密局部控制点一般在比例为1∶2000的地形图上进行，初步确定局部加密控制点后，应安排相关专业人员共同到现场实地踏勘并核查、研究、比对，必要时进行调整或重新确定局部加密控制点。

（3）具体定线

具体定线就是在全面布局和逐段安排的基础上，具体落实公路中线的详细过程。这一过程的主要工作就是确定交点，确定交点转角，选择平曲线半径，布设大中桥、隧道、小桥涵的轴位，以便进行下一步的平面、纵断面和横断面设计工作。全面布局是决定路线基本走向的决策工作，是粗工作和总体工作，也是最为重要的工作；具体定线是具体性的工作，是精细工作，对路线基本走向、工程造价总体上影响不大。

**单元学习 5.1.2　路线方案比选**

路线方案是根据全面布局、逐段安排确定的路线基本走向和逐段安排结果，是根据公路的使用性质和其在公路网中的作用，综合考虑社会、经济、生活等各个方面因素和复杂的自然条件等拟定的路线基本走向和主要控制点。路线方案的选择是公路路线设计中最为根本的问题。路线方案比选就是选择出 2 ～ 3 个以上的路线方案，进行全面的技术经济比较，在深入调查研究的基础上，采纳专业人员的建议，尊重建设单位的意图，结合实际情况，综合考虑各个方面的因素，比较选择出最优方案。

### 5.1.2.1　影响路线方案选择的主要因素

① 路线在政治、经济、国防上的意义，国家或地方建设对公路的使用性质的要求；

② 路线在铁路、公路、水运、航空等综合交通运输系统中的作用，与沿线工矿、城镇等规划的关系，以及与沿线农田水利等建设的配合及用地情况；

③ 沿线地形、地质、水文、气象等自然条件的影响；

④ 公路要求的路线技术等级与实际可能达到的技术标准及其对路线使用性质的影响；

⑤ 路线长度、筑路材料来源、施工条件以及工程量、主材用量、造价、工期、劳动力等情况及其对运营、施工、养护等方面的影响；

⑥ 路线与沿线旅游景点、历史文物、风景名胜的关系等。

### 5.1.2.2　路线方案比选的方法和步骤

最佳推荐方案是通过诸多方案的比选确定的。两个控制点之间的自然条件越复杂、距离越长，可能的比选方案就越多，需要淘汰的方案也就越多。受目前设计手段以及自然条件的限制，不可能对每条路线方案都进行实地勘察，因而要尽可能收集已有资料，先在室内进行研究筛选，然后有的放矢地针对少数几条线路进行比选。

（1）收集资料

① 各种比例尺的地形图、地质图、卫星像片、航摄像片等有关资料。

② 交通量及交通组成等调查资料。

③ 相邻公路的主要技术标准，平面设计图、纵断面设计图和横断面设计图，交通路及设计、施工和运营资料。

④ 路线经过地区的地质、水文、气候等自然条件方面的有关资料。

⑤ 路线经过地区的城镇、工矿、铁路、航空、水利建设和规划资料。

⑥ 与路线方案有关的统计资料。

（2）初步拟订路线方案

根据确定的路线走向和公路等级,结合搜集的资料,在地形图上初步研究各种可能的路线走向。研究重点应放在地形、地质、地物较复杂,外界干扰多的路段。例如,可能沿哪些河流或溪流、冲沟;越过哪些垭口;路线经过城镇时,是穿越、靠近或用支线连接还是直接避开。

（3）确定比选方案

对初步拟订的各种可能的方案,在室内进行详细研究与对比,并征求当地路政部门及与路线有干扰的相关单位意见,将劣势明显的方案予以淘汰,并提出应进行现场视察或踏勘的路线方案。对于某些重要的或地形极为复杂的路线,有条件时还可以利用航测照片进行室内研究和初步比选,最终确定可比方案。

（4）野外勘查

按照室内初步研究提出的可比方案进行实地勘查,连同野外勘查中发现的新方案,都必须调查清楚,不遗漏一个可能的方案。

① 初步落实各控制点和加密局部控制点的具体位置,路网规范或建设单位所指定的控制点如确实因干扰或技术上有很大困难,造成方案不合理必须变动时,应及时反映,经过分析论证提出变动理由,报有关部门审定。

② 对路线、大桥、隧道均应提出推荐方案,对于确实因限于调查条件不能确定取舍的比较方案,应提出进一步勘测比较的范围和方法。

③ 分段提出采用技术标准和主要技术指标的意见。

④ 在深入勘查的基础上,通过比较,选定路线必须经过的控制点,如越岭线的垭口、跨越较大河流的桥位、与铁路或其他公路的交叉地点,以及应绕避的城镇和大型的不良地质地段等。

⑤ 分段估算各种工程量。如路基土石方数量,路面工程量,桥梁、涵洞、隧道、挡土墙等的长度、类型、工程量等。

⑥ 筑路材料调查。调查当地生产的砂石材料、路基填料,外购材料(如水泥、钢材)的价格、运距、运输方式、供应数量等情况。

⑦ 其他沿线民族风俗习惯等。

（5）确定推荐方案

对室内比选及野外勘查后确定的少数几个优劣难辨的方案,进行技术经济指标统计,经过技术经济指标对比及综合评价指标确定最佳推荐方案。

5.1.2.3　路线方案比选示例

某公路在作巴、安渡两点之间,有南、北线两个方案,如图 5.1 所示。

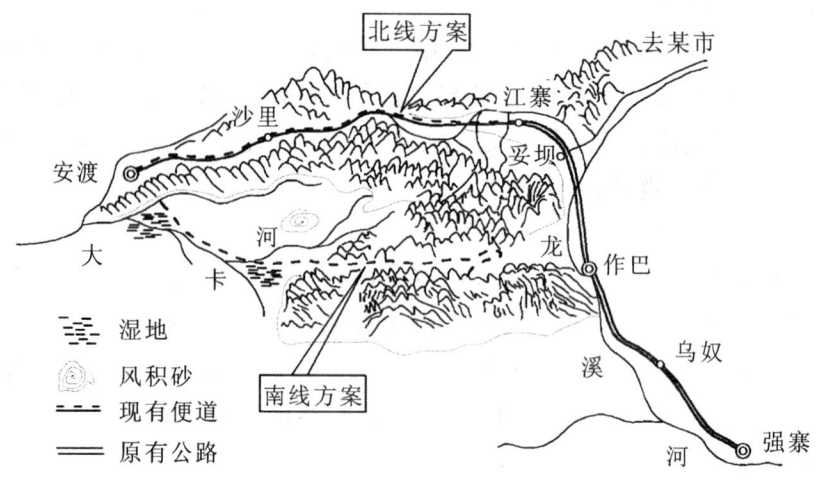

**图 5.1　路线方案比选示意图**

两个方案的技术经济指标见表 5.1。

**表 5.1　某公路南、北方案主要技术指标对比**

| 指标 | | 单位 | 南线方案 | 北线方案 |
|---|---|---|---|---|
| 路线长度 | | km | 118 | 141 |
| 其中:新建 | | km | 112 | — |
| 改建 | | km | 6 | 141 |
| 工程数量 | 土方 | 万 m³ | 83 | 103 |
| | 石方 | 万 m³ | 15 | 10 |
| | 路面 | 千 m² | 708 | 594 |
| | 桥梁 | m/座 | 1100/8 | 840/15 |
| | 涵洞 | 道 | 236 | 292 |
| | 防护 | m³ | 6300 | 1300 |
| 比较结果 | | | | 推荐方案 |

　　方案比选并非每项都进行比较,而是根据工程项目的具体情况,抓住可以比较的控制方案的重点指标,针对关键要素对比分析,选定一个切实可行的最佳推荐方案。该方案的比选主要从以下几个方面进行比较。

　　① 如路线仅连接作巴、安渡两地,则南线近 23km,显然直捷得多。但从公路网规划需要考虑,从安渡通往某市,则经南线通往某市反而绕远 11km,远不如北线直捷。

② 南线东侧有一段线形指标低，工程量集中。而北线沿线地形平坦，越岭时不需要展线，线形指标较高。

③ 整体工程量对比，北线除土石方工程量稍大外，桥梁、涵洞、防护、路面（北线均为老路改建，故路面工程量相对较小）等工程量均较南线略小。

④ 北线全线均为老路改建工程，有旧路或便道可以利用，在施工过程中的生产生活、材料运输等方面要比南线便捷得多。

综上所述，推荐北线方案。

 ## 单元学习 5.1.3　平原地区选线

### 5.1.3.1　平原地区自然特征

平原地区地势平坦，底面自然坡度平缓。耕地较多，在农耕区农田水系沟渠纵横交错，居民点多，建筑设施多，交通网较密，在天然河网、湖区，还密布有湖泊、水塘等。

平原地区一般不良地质现象较少，但有时会遇到软土和沼泽地段。另外，平原地区地面平坦，排水困难，地面易积水，地下水位较高；平原地区河流较宽阔，河道平缓，泥沙淤积，河床低浅，洪水泛滥时河面较宽。

### 5.1.3.2　平原地区路线特点

平原地区地形对路线的限制不大，高差不大。路线的基本线性应是短而直捷、顺直。两控制点之间，如无地物、地质等障碍物以及沿线的风景区、文物及居民点等，则两点直接连接的路线是最理想的。但是，平原地区一般农田密布、灌溉渠道网络纵横交错，城镇、工业区较多，居民点较为稠密，按照公路的使用性质，有时需要靠近，有时需要绕避，从而产生了路线的转折，虽然增长了距离，但是有时也是必要的。

平原地区选线，首先把路线走向内所确定经过的地点如城市、工厂、农场和乡镇、一级文物风景地点作为大控制点，然后再在大控制点之间进行实地勘察，了解农田优劣及地物分布情况，确定哪些可穿越，哪些应绕避，从而建立一系列中间控制点。

平原地区选线要充分考虑近期和远期相结合，在平面、纵断面线形上要尽量采用高标准，以便将来提高公路等级时能充分利用原有路基、桥涵等。

### 5.1.3.3　平原地区选线要点

综合平原地区自然特征和路线的特点，布线时应重点考虑以下几点：

（1）合理运用技术标准

平原地区路线，因地形平坦开阔，起伏不大，选线时没有纵断面高程限制，路线走向可自由选择，平面、纵断面和横断面都容易达到高标准，平原地区选择应趋向于高标准，尽量避免长直线末端设小半径平曲线。

平原地区路线经过居民点、河流等时,应特别注意平面技术指标的选用,做到既能满足平面半径、曲线间最小直线距离等关键平面指标,又能与居民点、河流等自然顺畅连接过渡,充分照顾居民点,充分利用最佳桥位与路线合理衔接。

(2)正确处理路线与农业的关系

平原地区新建公路需占用一些农田,但要尽量做到少占或不占高产优质农田。选线要从路线对国民经济的作用、对农业运输的效果、地形条件、工程数量、后期运营费用等方面全面分析与比较,既不能片面强求高指标而占用大片农田,也不能片面强调不占农田,而使路线弯弯曲曲,造成行车条件恶化。

(3)正确处理路线与城镇的关系

平原地区有较多的城镇、村庄、工业及其他设施,选线是应靠近但不宜直接穿越。国防公路和高等级公路,应尽量避免穿越城镇、工矿区及较密集的居民点,以减小相互干扰。考虑到公路对该地区的服务性能,路线又不宜相距太远,往往从城镇的边缘经过,做到"近城而不进城",利民而不扰民,既方便运输,又保证交通安全。

路线应尽量避开重要的电力、通信设施,必须靠近或穿越时,应与相关单位联系并取得认可,同时满足相关规范规定的最小水平距离和净高等指标。

(4)正确处理路线与桥位的关系

平原地区河流湖泊较多,桥涵工程多,路线跨越河流时,平面上应满足平曲线半径和曲线间最小直线距离、通视等要求,纵断面坡度平缓。

大、中桥桥位往往是路线的控制点,应在服从路线走向的原则下,综合考虑路、桥,选择有利的桥位布设路线,既要防止只顾路线顺直,不顾桥位条件,又要防止片面强调桥位,使路线绕线过长,标准过低。一般而言,桥位中线应尽可能与河流主航道水流流向正交,桥位应选择在通视条件良好、水文地质条件好、河道顺直、河道狭窄、与周围环境相协调、适宜修建引道并与城市接近的位置,这样既兼顾了桥梁工程规模的控制,又方便了居民的出行。

小桥涵位置原则上服从路线走向,但遇到斜交角度过大(夹角小于45°时),或河沟过于弯曲时,可考虑采取改沟或改移路线的方法。

 **单元学习5.1.4　山岭区选线**

### 5.1.4.1　山岭区自然特征

山岭区包括分水岭、起伏较大的山脊、陡峭的山坡,一般地面自然坡度在20°以上。在地形方面,山高坡陡,沟深谷窄;地质方面,山区土层薄、岩层厚、岩层产状和地质构造复杂;气候方面,山区暴雨多、山洪急、溪流水位变化幅度大、冲刷严重。山区主要自然特征表现在:

（1）山高谷深、地形复杂、山脉水系分明

由于山区高差大,加之陡峻的山坡和曲折幽深的河谷,形成了错综复杂的地形,使得公路路线弯急、坡陡、线形差,给公路勘测与设计和施工增添难度。另外,清晰的山脉水系也给山区公路选线提供了基本走向。

（2）石多、土薄、地质复杂

由于山区的地质层理和地壳性质在短距离内变化很大,地质构造现象如岩堆、滑坡、碎落、泥石流、冲刷等较多,它们直接影响着路线的位置和走向、路基的稳定性等。山区选线的工作中,应认真做好地质调查,掌握区域地貌和地质概况,摸清地质不良现象的规律,处理好路线与地质的关系,并在选线设计中采取必要的防护加固措施。

（3）水文条件复杂

山区河流曲折迂回,河岸陡峻,河床比降大,水流湍急,一般大多处于河流的发源地或上游河段;雨季暴雨集中,洪水历时短暂,猛涨猛落,流速快,流量大,冲刷和破坏力很大。在选线中应正确处理好路线和河流的关系,选择好桥位;对路基和桥涵等构造物应采取合理的加固方案,确保路基和桥梁的稳定性。

（4）气候条件多变

变化多端的山区地形地貌引起多变的气候。一般山区气温较低,冬季出现冰雪湿滑,昼夜温差大,山高雾大,空气较为稀薄,气压较低。选线和勘测设计时应充分考虑这些不利因素的影响。

综上分析,由于山区自然条件极其复杂,给山岭区选线带来了很大的难度。但山岭区山脉水系分明,这也给山区路线走向提供了依据,为选定路线的基本走向、确定控制点指明了方向。路线的走向有两种:顺山沿水方向,即山脊线、山腰线、沿溪线;横越山岭方向,即越岭线、跨河线。

其中沿溪线和越岭线是山岭区选线中最具代表性的两大类型。

### 5.1.4.2　沿溪线选线

沿溪线是指公路沿河谷方向布设的路线。

（1）沿溪线的优点

① 沿河流方向,路线方向明确。

② 有较平缓的纵坡,便于利用有利地形。

③ 很少有回头曲线。

④ 平面和纵断面矛盾少。

⑤ 容易提高标准,方便居民。

（2）沿溪线的缺点

① 受水威胁大,特别是低线位。

② 傍山时,偶尔遇到大石方段。

③ 沿线常有不良地质地段。

④ 小沟多,人工构造物多。

沿溪线路线布局,主要解决三个方面的问题。即选岸(路线选择走河流的哪一岸),定位(路线的线位放在什么高度),跨河桥位选择(路线选择在什么位置设置桥位跨越河流)。这三个问题往往是相互联系和相互影响的,选线时抓住主要矛盾,根据路线等级和使用性质,结合自然条件,因地制宜,处理好三者关系。

(3) 选岸

由于河谷两岸情况各有利弊,选线时应比较河流的地形、地质、水文等自然条件,充分考虑村镇的分布情况和农田水利的规划等因素,充分利用有利的一岸,在合适地点跨越河流,绕避因地形、地质和水文条件造成的复杂艰巨工程。当桥梁工程不复杂时,为了避开不利地形和不良地质地带,或为了争取缩短里程,提高线形标准,可考虑跨河换岸布线;但河流越宽,桥梁工程规模也越大,跨河换岸就越要慎重考虑。河岸的选择一般应结合以下几个方面,经过技术经济比较后确定。

① 根据地形、地质和水文条件选岸

这是影响河岸选择的主要因素。由于河谷两岸的情况各有利弊,选线时应充分调查和了解,尽量选择有利的一岸。路线应尽量选在地形平坦,有台地可利用,支沟较少、沟长较短,水文及地质条件良好的一岸。需要展线时,应选在支沟较大、利于展线的一岸。这些有利的条件交错出现在河流的两岸,选线时应深入调查,综合比较,决定取舍。如图 5.2 所示,乙方案为避让河左岸的两处陡崖,跨河利用右岸的较好地形,但经过夏村后,右岸出现更陡更长的悬崖,路线又需跨回左岸,在相对较短的里程范围内两次跨河,需新建中桥 2 座。甲方案一直走左岸,需要经过两处陡崖,虽然土石方工程量及防护工程量均较大,但施工难度较小,且综合比较后仍比新建两座中桥经济得多,因此,不宜跨河换岸。

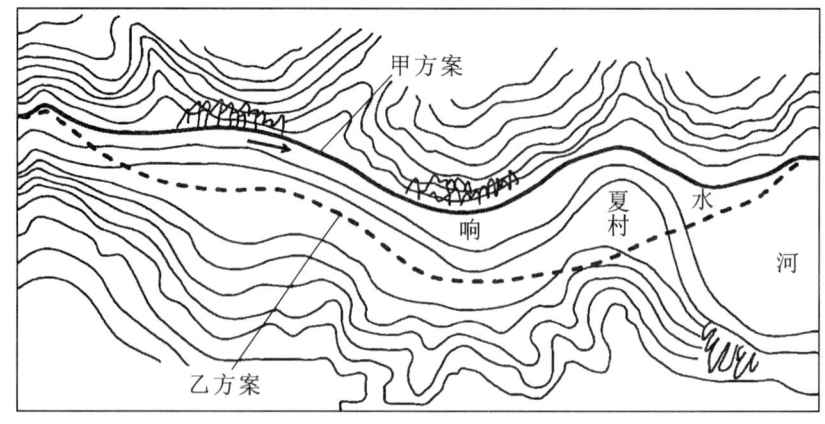

图 5.2　跨河换岸路线比较示意图

对区域性地质构造、滑坡、岩堆、崩坍、泥石流、岩溶、雪崩等严重不良地质地段,应认真调查其特征、范围及对路线的影响,应尽量选择跨河绕避。

② 积雪和冰冻地区选岸

积雪和冰冻地区的阳坡和阴坡、迎风面和背风面的气候差异很大,在不影响路线整体布局稳定的前提下,尽可能选择阳坡和迎风的一岸,以减少积雪、冰冻等病害。

③ 考虑村镇、居民点分布选岸

除了国防公路、高速公路、一级公路外,路线一般应尽量选择在村镇较多、人口较密的一岸,以方便居民出行。但应避免路线直接穿越居民点,结合"近城而不进城"的原则,并尽量与农田、水利规划相结合。

(4) 定位

沿溪线的线位高低,应根据河流两岸的地形、地质、水流情况,对河岸的影响等,结合技术标准和工程经济等综合因素考虑。其中最主要的因素是考虑洪水对路基的威胁,选线时做好洪水调查工作,把路线布置在规定的设计洪水频率对应的洪水水位影响线之上,以保证路基的稳定。

沿溪线按路线高度和设计水位的关系,有低线位和高线位两种。

① 低线位

低线位是指路基边缘的设计标高,比表 5.2 规定的设计洪水频率的技术水位加壅水高、波浪侵袭高和 0.5m 的安全高度的标高高出不多的线位。

**表 5.2　路基设计洪水频率**

| 公路等级 | 高速公路 | 一级公路 | 二级公路 | 三级公路 | 四级公路 |
| --- | --- | --- | --- | --- | --- |
| 设计洪水频率 | 1/100 | 1/100 | 1/20 | 1/25 | 按具体情况确定 |

低线位的优点是平面、纵断面线形比较顺直、平缓,易争取到较高标准,路基土石方工程量较小,填挖高度不大,路基自身稳定性较好;路线活动范围较大,便于利用有利地形和避让不良的地形、地质地段;便于直跨支流,必须跨越主流时处理自由度较大。最大缺点是受洪水威胁大,防护工程较多。

② 高线位

高线位是指路基边缘的设计标高,比表 5.2 规定的设计洪水频率的技术水位加壅水高、波浪侵袭高和 0.5m 的安全高度的标高高出较多的线位。高线位的优点是不受洪水侵袭,弃方比较容易处理。但由于线位较高,通常位于山坡上,路线必然随山势曲折弯曲,线形差,工程量大;遇"鸡爪"地形时,常常需要设置较高的挡土墙或其他构造物;避让不良地质地段和路线跨河时,比低线位困难,且工程规模较大。

（5）跨河桥位选择

按路线与河流的关系,跨河桥位的选择有跨支流和跨主流两类桥位。跨支流的桥位选择,一般属于局部方案问题,以桥位服从路线为主;而跨主流的桥位选择多属于路线布局的问题,以路线服从桥位为主。跨主流的桥位往往是路线基本走向的控制点,进行河岸选择时要认真研究好跨河桥位的地形、地质、水文、气候等条件,当路线由于地形、地质、水文、气候等原因需要换岸布线时,如果桥位选择不好,勉强跨河,将造成桥头引道线形差,或大幅增加桥梁工程造价。

① 跨河桥位选择要点

A. 桥位应选在河道顺直、河床稳定、上游附近无支流流入、河床狭窄的河段上。

B. 桥位处两岸地质良好,最好有裸露的未风化岩石处。

C. 桥位选择应考虑便于与支线衔接。

D. 桥位选择应照顾到当地的近期与远期规划。

② 沿溪线跨河典型桥位

A. 当路线要在 S 形河段跨河时,应在其腰部通过,以争取桥轴线与河流成较大交角,如图 5.3 所示。

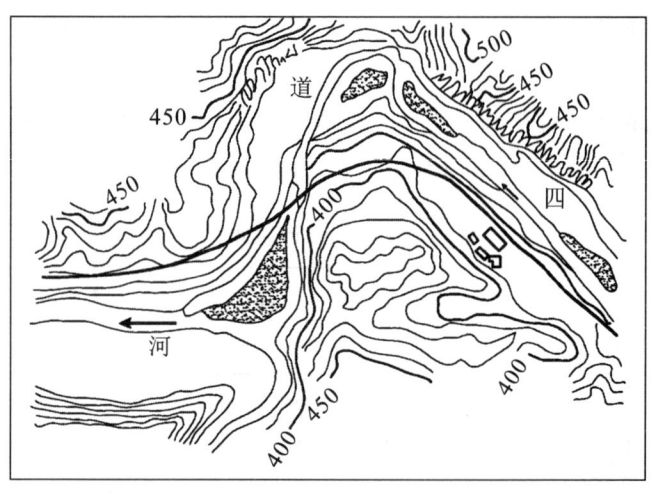

图 5.3 桥位在 S 形河流的腰部跨越

B. 在河湾附近选择有利位置跨越,但应注意河湾的水流对桥梁墩、台的冲刷,必要时采取相应的防护加固措施,如图 5.4 所示。

C. 在与路线接近平行的顺直河段上跨河,桥头引道难以顺适,这种情况应尽量避免设置桥位,如图 5.5(a)所示。当必须在这种河段跨越时,中、小桥可考虑设置斜交桥梁以改善线形;如为大桥或特大桥时,宜把桥头路线设置为勺形或布置一段弯引桥,或两者结合考虑。总之,桥头曲线要争取较大半径,以利行车,如图 5.5(b)所示。

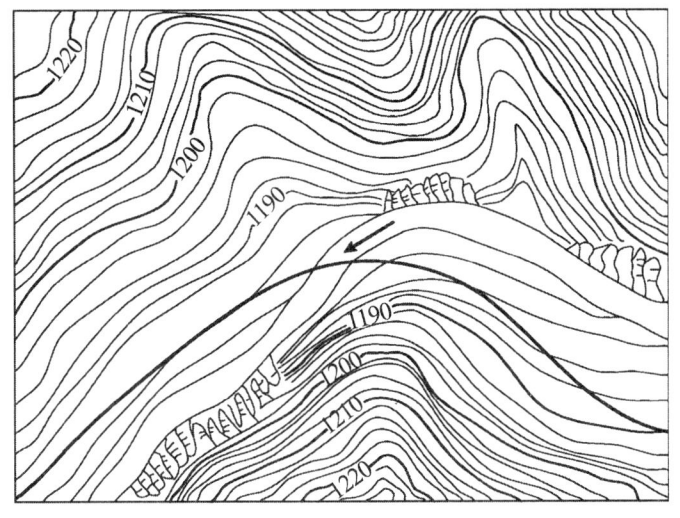

图 5.4　桥位在河湾处跨越

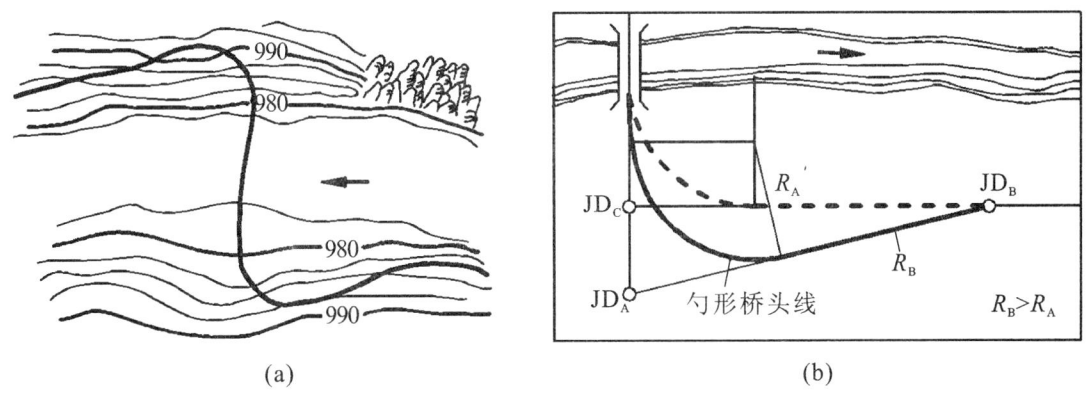

(a)　　　　　　　　　　　　　　　　　　　(b)

图 5.5　路线与河段平行时桥位跨越方式

D. 路线跨越支流的桥位,可采取从支流口直接跨越或绕进支流上游跨越两种方式,如图 5.6 所示。

### 5.1.4.3　越岭线选线

越岭线路线最大特点就是平面和纵断面的矛盾,简单来说就是平面距离短、纵断面高差大。越岭线主要就是解决平面路线长度如何克服高差的问题。例如,某一越岭地点垭口到山脚的高差为 100m,按照平均纵坡 5.0% 的标准路线需要水平距离为 2000m,可垭口到山脚的水平距离仅仅 500m 左右,公路如何选线才能使路线按标准、规范规定的纵坡将从山脚到垭口通过呢?在山脚和垭口高程都不变的情况下,这就需要延长水平距离(即展线),以减小平均纵坡,使得公路以小于 5.0% 的平均纵坡越过垭口。这就是很多山区公路出现"盘山公路"的主要原因。

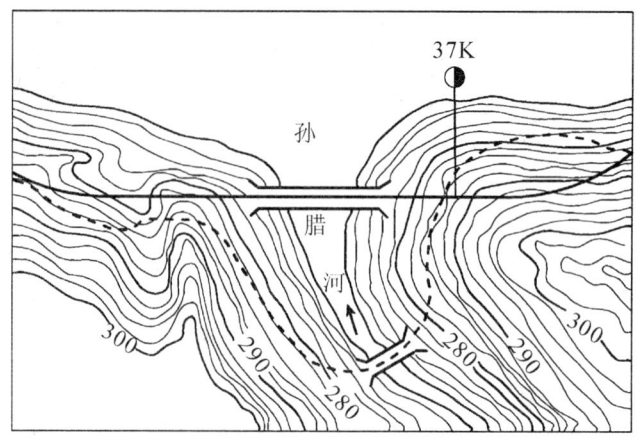

**图 5.6　桥位在支流适当位置跨越**

（1）越岭线的优点

① 路线布局不受河谷限制，活动余地较大。

② 不受洪水威胁和影响。

③ 当采用隧道方案时，路线短捷且隐蔽，有利于国防和运营。

（2）越岭线的缺点

① 里程较长、线形较差、指标较低。由于路线受水平距离和高差矛盾的限制，纵断面线形较差，复杂地形常常出现急弯与陡坡相组合的线形，工程量较大。

② 施工、养护、运营条件差。越岭线线位高，远离河谷，施工用水、砂石材料的运输不方便；回头展线路段，上下线重叠施工较为困难。

越岭线布设应解决的主要问题是垭口的选择、过岭标高的确定和垭口两侧的展线方案的拟订。这三者是相互联系、相互影响的，布设路线时应综合考虑。

（3）垭口的选择

垭口是越岭线方案的重要控制点，应在大致符合路线走向的范围内选择，应对垭口的位置、标高、展线和地质条件等综合考虑，选择满足设计要求的垭口。

① 根据位置选择垭口

垭口位置在基本符合路线走向的前提下，与两侧山坡展线方案结合考虑。首先考虑高差较小，而且展线降坡后能与山下控制点直接衔接，无须延长路线的垭口。其次考虑稍微偏离路线方向，但路线展线较顺直，且不过于增长路线里程的其他垭口。

② 根据标高选择垭口

垭口的高低及其与山下控制点的高差，对路线长短、工程量大小和运营条件有直接的影响，一般应选择标高较低的垭口。在寒冷地区，特别是积雪、冰冻地区，选择标高较低的垭口的路线对行车和养护非常有利。

③ 根据展线条件选择垭口

山腰线是越岭线的主要组成部分，而自然山体坡面的曲折程度、横坡陡缓、地质好坏等情况,与线形标准和工程规模大小有直接关系。因此,选择垭口应结合山坡展线条件一起考虑。如有地质条件较好、地形平缓、易于展线降坡的山坡,即使垭口位置略偏或标高略高,也不要轻易放弃该垭口位置,应对路线进行方案比选后再确定。

④　根据地质条件选择垭口

垭口一般地质构造薄弱,常有不良地质存在,应深入调查研究其地层构造,摸清其性质和对公路的影响。对地层软弱或松软土侵蚀型的垭口,只要注意岩层产状及水的影响,做好防护和排水工程设计,路线通过一般问题不大。对断层破碎带型及断层陷落型垭口,应尽量避开;必须通过时,应查清破碎带的大小及程度,选择有利部位通过,并采取可靠的工程防护措施确保路基稳定。对地质条件恶劣的垭口,应予以放弃。

(4)过岭标高的确定

垭口选择之后,过岭标高就直接关系到路线的长短、工程量的大小等,过岭标高越低,路线就越短,但路堑或隧道就越深、越长。因此,过岭标高应结合公路等级,技术标准,越岭地段的地形、地质以及两侧展线方案、过岭方式等因素经过技术经济比较来确定。这些因素相互影响、相互制约,必须全面分析与研究各种可能的比较方案,做出合理的选择。过岭方式有以下几种:

①　低填浅挖

当垭口处于两侧山坡平缓、垭口宽而厚的地形时,展线比较容易,宜采用低填浅挖的方式过岭,过岭标高基本上就是垭口的标高。

②　深挖垭口

当垭口比较瘦削时,常用深挖的方式过岭。深挖垭口,虽然土石方工程量比较集中,但由于降低了过岭标高,相应缩短了展线长度,总工程量并不一定增加。即使有所增加,也可以从改善行车条件、节约运营成本中得到补偿。当然,深挖垭口也就意味着路基边坡高度较高,土石方工程量较大,防护工程量也较大,所以在具体展线过程中,仍然要进行方案比选,确定最优方案。

③　隧道穿越过岭

当垭口挖深20m以上时,应与隧道方案进行技术经济比较。特别是垭口瘦削时,采用较短的隧道能大大降低路线高度,缩短里程,提高路线线形标准,同时也能避免因深挖路堑而造成的路基边坡不稳定的情况发生。另外为了绕避严重不良地质地段以及消除积水、结冰对公路的不良影响时,也应考虑隧道穿越过岭的方式。

一般来说,隧道标高越低,路线越短,技术标准也越容易提高,对汽车运营也越有利。但隧道标高过低,就会造成隧道越长,造价越高,工期越长。因此,隧道标高的选定通常根据越岭地段的地质条件,并以临界标高作为研究的基础。临界标高,指隧道造价和路线造价总和最小时相应垭口的过岭标高。

隧道标高的选定除了考虑经济因素外,还应考虑:

A. 综合考虑地质和水文条件,尽可能把隧道放在较好的地层中。

B. 隧道标高应设在常年冰冻线和常年积雪线以下,以保证施工和行车安全。

C. 根据施工期限和施工技术条件确定隧道长度。

D. 在不过分增加工程量的情况下,适当考虑远景规划和发展,尽可能把隧道标高降低。

（5）垭口两侧的展线

① 展线方式

越岭线的展线方式根据中间各个控制点间的地形、地质等情况,主要有自然展线、回头展线、螺旋展线三种方式。

A. 自然展线

自然展线,是以适当的坡度,顺着自然地形,绕山嘴、侧沟来延展水平距离,克服高差。自然展线的优点是走向符合路线的基本方向,行程与升降统一。与回头展线相比,线形简单,技术标准一般也较高,尤其是路线上下不重叠,对行车、施工、养护均有利。若路线所经地段地质稳定,无割裂状地形阻碍,布线时尽可能采用这种方案。

B. 回头展线

当控制点间的高差大,靠自然展线无法争取到水平距离以克服高差时,或因地形、地质条件限制,不宜采用自然展线时,路线可利用有利地形设置回头曲线进行展线,如图5.7所示。回头展线的布设是在同一坡面上,路线上、下线重叠,尤其是靠近回头曲线的上、下线相距很近,对于行车、施工、养护均不利,因此,不得已时方可采用回头展线方式。

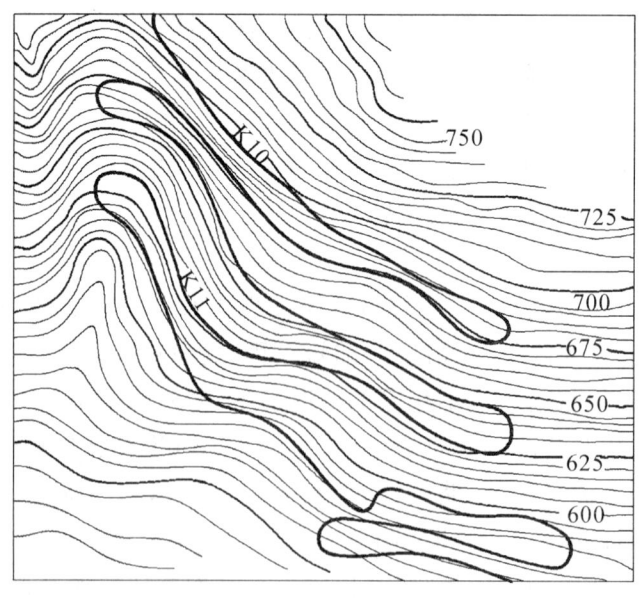

**图5.7　回头展线示意图**

为了尽可能消除回头展线对于行车、施工、养护的不利影响,要尽可能把回头曲线间的水平距离拉长,以分散回头曲线,减少回头曲线个数,减少路线上、下线重叠。

C. 螺旋展线

当路线受到限制,需要在某处集中提高或降低标高才能满足相应技术标准时,方可考虑采用螺旋展线。螺旋展线一般多在山脊利用山包盘旋,以旱桥或隧道跨越,或在峡谷内,路线就地迂回,利用桥梁跨越方式,如图 5.8 所示。螺旋展线由于线形太差,指标太低,一般只适用于三级及三级以下的低等级公路,二级公路经论证后仍需慎用。

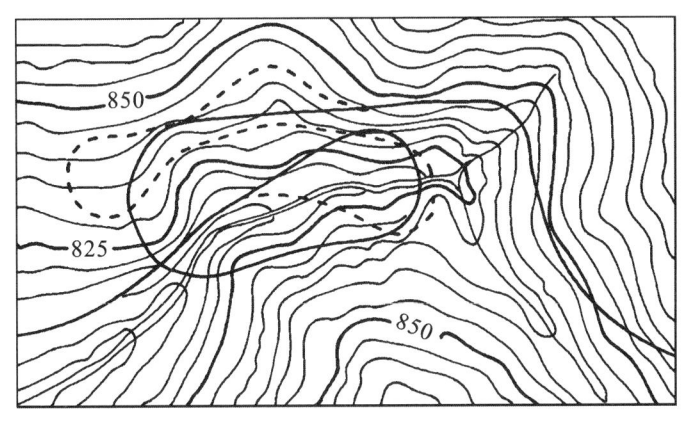

**图 5.8　螺旋展线示意图**

② 路线展线布局

越岭线的高差主要是通过垭口两侧山坡上的展线来克服的。虽然山坡地形千差万别,线形多种多样,但路线的布局首先要以纵坡为指导,综合考虑平、纵、横三方面。展线布局比选从纵坡的安排开始,其展线步骤如下:

A. 拟定路线大致走向

在调查或踏勘阶段确定的主要控制点间,进行广泛勘查,调查周围地形及地质情况,利用有利地形、地质条件的地段,粗略勘定路线纵坡,初步拟定路线可能的大致走向。

B. 试坡定线

试坡的主要目的是进一步落实初步拟定的路线走向的可能性,发现和加密中间控制点,发现局部比较方案。

试坡由已确定的控制点开始,一般多由垭口向下试坡。试坡选用的平均纵坡,应满足技术标准的规定。在试坡过程中,遇到必须避让的地物、工程艰巨及地质不良地段,以及拟采取回头曲线的地段,要把路线最适宜通过的位置,暂时作为一个中间控制点。如果该控制点和试坡线接近,纵坡不至于超过最大坡度或过于平缓,就把这个点的里程、标高记录下来,供以后调整落实时参考;如果该控制点和试坡线的高差仍较大,则应返回重新试坡。当一系列中间控制点暂定下来之后,路线布局大致就有轮廓了。

C. 分析落实控制点,确定布局方案

控制点有固定和活动之分,一种是位置和标高都不能改变,如某些受限制的回头曲线地段、必须利用的桥梁、必须通过的街道等;另一种是位置固定,标高可以活动,如垭口、重要桥位等;第三种是位置、标高都有活动余地的,如自然展线的跨沟地点、宽阔平缓山坡的回头曲线地段等。

控制点大多是有活动余地的。对活动范围小的控制点,可视为固定控制点,把位置、高程确定下来,然后再去研究固定控制点之间的、活动范围较大的那些控制点。通过适当调整,使路线线形更加合理,同时又不增大工程量。

活动性较大的回头曲线地段,可从前后两个固定控制点以适当的坡度分别从两端试坡交汇得出;活动性较小的回头曲线地段,由于受限制的因素较多,一般没有太大的调整,但两回头曲线间的水平距离应满足规范要求。

 **相关技能**

依托某公路的地形图,让学生根据给定的起、终点进行选线,并进行路线方案的比选。

 **小组任务**

1. 每名学生均承担工作任务,做好工作准备。

2. 根据任务要求完成相关内容。工作内容以××公路地形图为基础,让学生根据给定的起、终点进行选线,并进行路线方案的比选。

3. 回答指导老师的现场提问,接受相关知识点的考核。

4. 完成工作任务后,每名学生对自己的成果进行自评,提出自己的设计过程中做得好的地方以及存在遗憾的地方,以消化完成任务过程中的知识点。

# 工作任务 5.2　定　　线

## 【学习目标】

1. 掌握纸上定线的方法及步骤;

2. 掌握实地定线的方法;

3. 掌握纸上移线的方法。

## 【任务描述】

利用××已建公路施工图纸文件、多媒体教学资源和教师的讲解,使同学们能掌握纸上定线方法和纸上移线的方法。

**【学习引导】**

本学习任务沿着以下脉络进行学习：

第一步，结合课件，教师讲解相关知识；

第二步，展示××在建公路施工图纸文件；

第三步，掌握纸上定线方法的原理和步骤，学会看懂工程图纸，学会纸上移线的方法。

## 单元学习 5.2.1　纸上定线

纸上定线，是指在比例为 1 : 2000 的地形图上选线，在全面布局和逐段安排的基础上，具体落实路线交点、选择圆曲线半径、确定中桩（包括加桩、桥涵和隧道位置的加密桩），最后进行实地放线，并与现场校对核实，必要时进行调整或改线。

### 5.2.1.1　纸上定线的具体步骤

（1）定导向线

① 在大比例地形图上研究路线布局，拟定路线可能的基本走向，并选定最佳方案。

② 纸上放坡。根据等高线之间高差 $h$，平均纵坡 $i_p$（一般为 5% 左右），计算相邻等高线平均纵坡对应的水平距离 $l$，$l = \dfrac{h}{i_p}$，将卡规开度放到 $l$，进行纸上放坡，如图 5.9 所示。

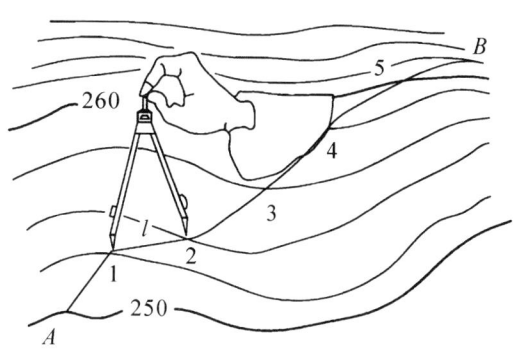

**图 5.9　纸上分段放坡**

某回头曲线纸上定线，如图 5.10 所示。$A$、$B$、$C$、$D$ 为控制点，按纸上放坡的方法定出点 $A$、$a$、$b$、$c$、$\cdots$、$D$，每相邻两点之间的坡度均为平均纵坡 $i_p$。选择 $B$ 点作为回头曲线控制点，是因为 $B$ 点附近地面横坡较为平缓，有足够的平面空间，容易满足回头曲线上、下线之间的水平距离要求。

③ 作导向线。连接 $A$、$a$、$b$、$c$、$\cdots$、$D$ 点，即为初始选线的导向线。

（2）修正导向线

$A$、$a$、$b$、$c$、$\cdots$、$D$ 点的连线作为初始导向线，可能存在各种问题，应检查其利用有利地形或绕避不良地质、水文等情况，予以修正。图 5.10 中，控制点 $B$ 处有利于布设回头曲线，但初始导向线没有充分利用，宜将两侧的导向线适当上移，将导向线进行修正，修正后的导向线为 $A$、$a'$、$b'$、$c'$、$\cdots$、$D$。

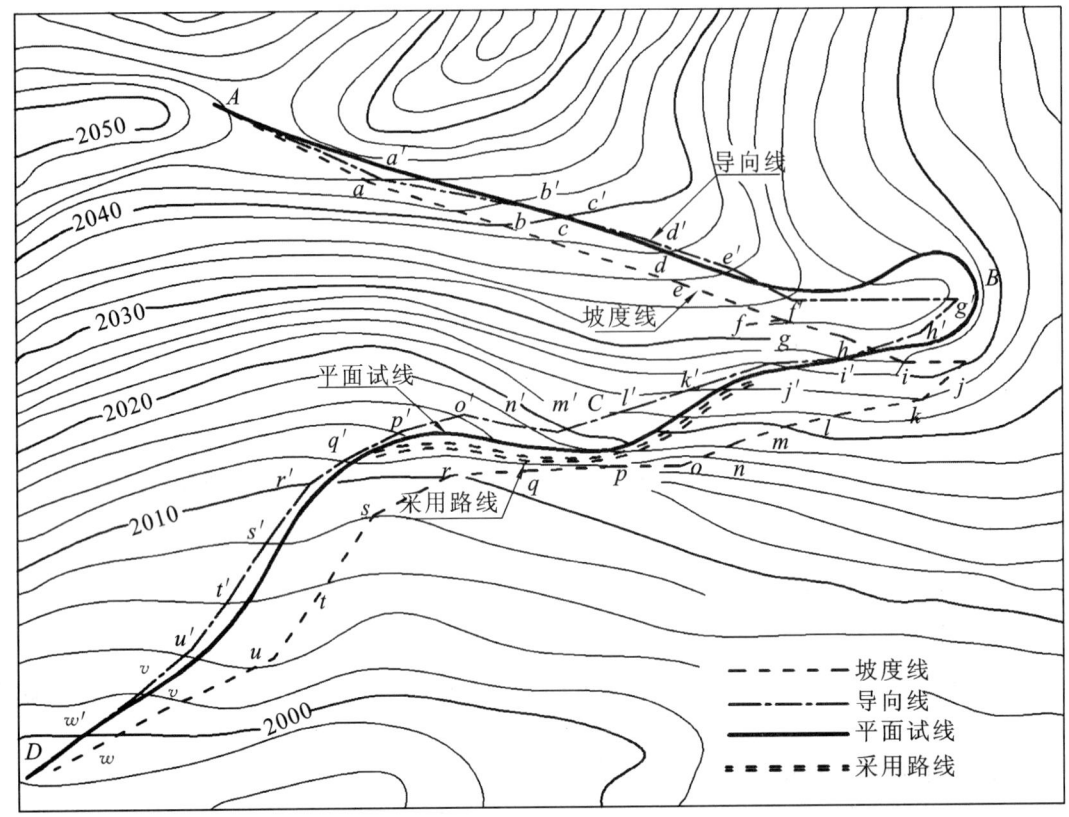

**图 5.10  纸上定线放坡示意图**

（3）穿线定交点

修正后的导向线由于距离较短，非常零碎，需要截弯取直。并进行反复校对，反复修改，在修正后的导向线上反复试线，最后定出交点 $JD_1$、$JD_2$、$JD_3$、⋯。

为了使路线更为经济合理，可在确定了交点的地形图上敷设曲线，确定中桩，并利用数字地面模型大致设计出纵断面和横断面。根据设计出的纵断面和横断面，反复校核，并对路线局部进行修改，最后定出线位。

纸上定线的过程是一个反复试线、反复比较、逐步趋于完善的过程，定线时要在满足标准的前提下结合自然条件，综合考虑平面、纵断面、横断面，反复进行，直到满足要求为止。

5.2.1.2  实地放线

纸上定线完成后，须将定线成果敷设到实际现场地面上，并做好相应的敷设标志。勘测设计单位组织路线、桥梁、隧道、路基、路面等相关专业的工程师共同到现场核对比较纸上定线和实地放线的吻合情况。现场比较核对后，吻合的段落可以直接采用；基本吻合的段落仅须做局部调整即可；完全与实际不符的段落应根据现场核对情况，重新研究新的方案，重新进行纸上定线，并现场放线，最后再次进行现场核对比较。

**单元学习 5.2.2　实地定线**

实地定线指在现场选线地点经过全面布局和逐段安排的基础上,具体落实路线交点、选择半径、确定中桩(包括加桩、桥涵和隧道位置),进行平面、纵断面和横断面测设的详细过程。实地定线的总体布局和逐段安排与纸上定线思路基本相同,只是实地定线是在现场定线而已。

5.2.2.1　实地定线的适用条件

实地定线的优点是直观,速度快,但容易缺乏总体全局观念,精度不高。

实地定线适用于公路等级较低,地质、地形条件较为简单,一阶段施工图设计方案较为明确的中小规模公路工程。

5.2.2.2　实地定线方法

(1) 以点定线

一般情况下定线的要点是以点定线,以线交叉于点。以点定线,就是在全面布局和逐段安排确定的控制点之间,结合各个方面因素进一步确定影响公路中线位置的小控制点,然后按照这些小控制点大致定出公路导线的方法。以线交叉于点,就是在小控制点的基础上,结合路线标准和前后路线条件,先确定交点或临时交点,根据交点连接出导线,并延长交点的方法。

① 加密小控制点

两控制点之间,一般不可能直接连成直线,常常需要设置交点,使路线顺应地形转弯,从而避开障碍物,利用有利地形,以达到技术经济合理的目的。加密小控制点,就是在实地寻找控制和影响公路中线位置的具体点位,一般小控制点有经济性和技术性两类。

A. 经济性控制点。经济性控制点主要是在路线穿过斜坡地段时,考虑到横向填挖平衡的因素而设置的控制点,其对应标高就作为路基设计标高。

B. 技术性控制点。技术性控制点是指按照技术指标(平面和纵断面技术要求)、不良地质水文地段、需要绕避的艰巨工程、地面障碍物、路基边坡稳定因素等,从技术上综合确定的控制点。

② 穿线定点

受各种因素限制的平面控制点比较多,而且这些点在平面上的分布又没有规律,同时由于路线受技术标准和平面线形组合的限制,不可能照顾到每一个控制点。穿线定点,就是根据技术标准和线形组合的要求,满足经济性控制点和技术性控制点,前后考虑,用穿线的办法延长直线,交汇出交点的方法。穿线定点时应注意:

A. 平曲线之间的直线需要有足够的长度。

　　B. 同向平曲线之间避免设置断臂曲线。

　　C. 注意行车视距要求,必要时增加挖方或清除障碍物或设置视距平台。

　　D. 长直线末端避免设置小半径平曲线。

　　E. 定线时应同时考虑纵断面线形指标,尽量不用极限纵坡,越岭线要避免设置反坡。

　　F. 尽量避免高路堤和深路堑。

　　G. 注意路线与桥涵和其他构造物的衔接。

　　(2) 放坡定线

　　① 放坡

　　放坡是指按照要求地设计纵坡(地形高差较大时按照平均纵坡),在实地找出地面坡度线的工作。

　　如图 5.11 所示,在山岭区或山岭重丘区,天然地面坡度一般大于 20°,而平均纵坡一般要求不超过 5%,路线由 A 点到 B 点,如果沿最大地面自然坡度方向 AB 前进,路线纵坡太大,显然不可能实施。如果路线沿等高线 AC 方向走,纵坡太平缓且偏离路线方向。寻找一个接近平均纵坡的从 AD 到 DB 方向,这样路线平均纵坡基本满足要求,且使路线较短。

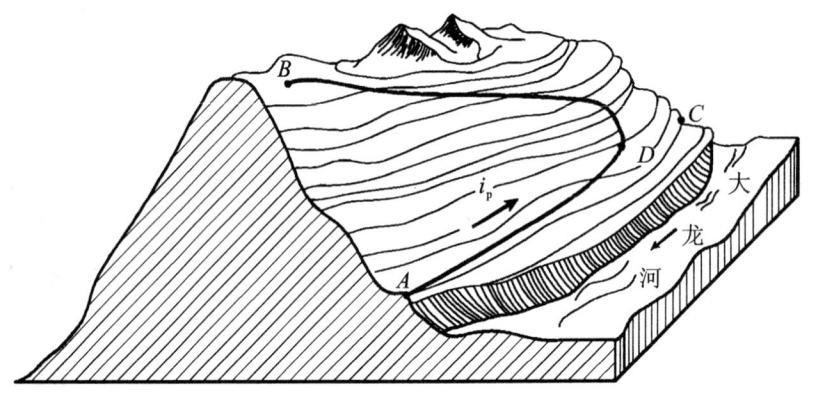

图 5.11　放坡示意图

　　② 定线

　　A. 作修正导向线

　　放坡后的坡度点就是概略的路基设计标高位置,而实地公路中线的位置对于路基的稳定和填挖工程量影响很大。图 5.12(a) 所示中线在坡度点的下方,则横断面以填方路堤形式为主;图 5.12(b) 所示中线正好穿过坡度点,则横断面以半填半挖形式为主;图 5.12(c) 所示中线在坡度点的上方,则横断面以挖方路堑形式为主。

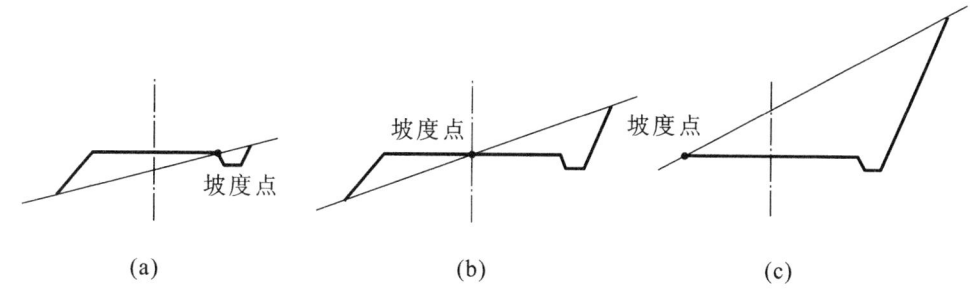

**图 5.12　中线与坡度点在横断面上的位置**

如图 5.13 所示，根据坡度线 $A_0$、$A_1$、$A_2$、$A_3$、…，结合地面横坡考虑路基稳定性和工程经济即可确定合适的中线位置，并插上花杆（或标志）。连接 $B_0$、$B_1$、$B_2$、$B_3$、…，即为修正的导向线。根据经验，一般情况当地面横坡在 $1:5$ 以下时，中线在坡度点上下放对路基稳定和工程经济影响不大；当地面横坡在 $(1:5)\sim(1:2)$ 时，中线与坡度点重合为宜；当地面横坡大于 $1:2$ 时，中线宜在坡度点上方，以形成全挖的台口式断面为宜。

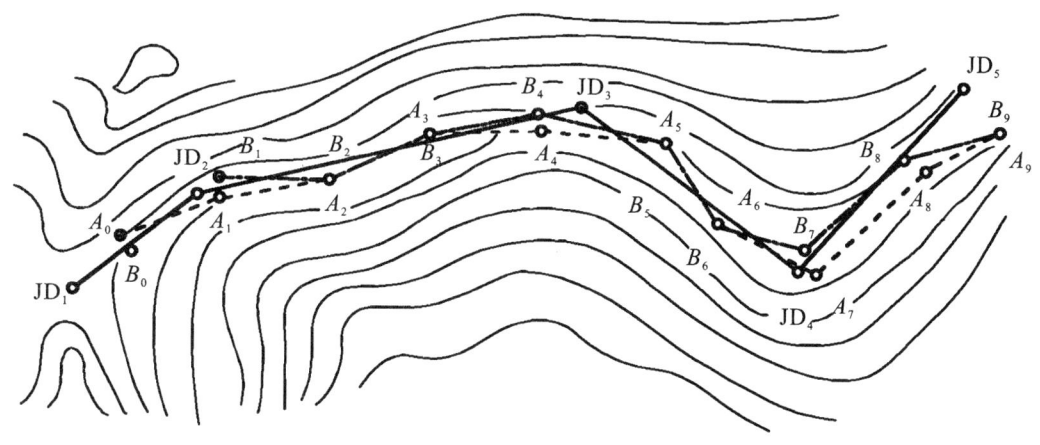

**图 5.13　实地放坡定线示意图**

B. 穿线定点

修正导向线 $B_0$、$B_1$、$B_2$、$B_3$、… 具有纵坡合理、横断面上位置最佳的一条折线，但是它无法满足平面线形标准要求，需要截弯取直，使平面、纵断面和横断面结合协调，穿出与地形相适应并符合标准的直线，各相邻直线相交即定出交点 $JD_1$、$JD_2$、$JD_3$、$JD_4$、…。实际现场有的交点需要反复核对、逐步修改，最终达到满意（符合选线意图、满足设计标准、技术经济合理）为止。

③ 选择平曲线半径，敷设中桩

交点确定后，现场确定交点的平曲线半径，计算平曲线或缓和曲线要素，并敷设中桩，选择隧道、桥位，进行平面、纵断面和横断面设计和桥隧设计。

**相关技能**

依托某公路的地形图,让学生根据给定的起、终点进行选线,通过路线方案的比选确定最终方案。

 **小组任务**

1. 每名学生均承担工作任务,做好工作准备。

2. 根据任务要求完成相关内容。工作内容以上一选线的工作任务为基础,让学生根据选线的成果,通过路线方案的比选确定最终方案。

3. 回答指导老师的现场提问,接受相关知识点的考核。

4. 完成工作任务后,每名学生对自己的成果进行自评,提出自己的设计过程中做得好的地方以及存在遗憾的地方,以消化完成任务过程中的知识点。

 **思考题与习题**

1. 选线的方法和步骤有哪些?

2. 越岭线路线布局需要解决哪些问题?

3. 沿溪线路线布局需要解决哪些问题?

4. 沿溪线有哪些优缺点?

# 参 考 文 献

[1] 中华人民共和国交通运输部.公路工程技术标准(JTG B01—2014)[S].北京:人民交通出版社,2015.

[2] 中华人民共和国交通部.公路勘测规范(JTG C10—2007)[S].北京:人民交通出版社,2007.

[3] 中华人民共和国交通部.公路路线设计规范(JTG D20—2006)[S].北京:人民交通出版社,2006.

[4] 陈方晔,李绪梅.公路勘测设计[M].北京:人民交通出版社,2009.

[5] 金仲秋.公路设计技术[M].北京:人民交通出版社,2007.

[6] 张雨化.道路勘测设计[M].北京:人民交通出版社,1997.

[7] 张维全.道路勘测设计[M].北京:人民交通出版社,2007.

[8] 朱永明.公路勘测设计[M].北京:人民交通出版社,1997.

[9] 秦建平.道路工程[M].4 版.武汉:武汉理工大学出版社,2012.

[10] 何景华.公路勘测设计[M].北京:人民交通出版社,1993.

[11] 张廷楷.高速公路[M].北京:人民交通出版社,1991.

[12] 金仲秋,夏连学.公路设计[M].北京:人民交通出版社,2003.

[13] 俞高明,金仲秋.公路工程[M].北京:人民交通出版社,2005.

[14] 田平.公路勘测设计[M].北京:机械工业出版社,2005.